Neuester
Plan
von
WIEN
und
Sophien Brücke
An der Donau
Kleine Erdberger L.
Erdberger Linie.
Fürst Liechtenstein Pall. u. Gart.
Landstrasse
Kirchen Platz
Hauptstrasse
C.
31.
Schlachthaus
K.K. Artillerie Kaserne
Gartenbau Gesellschaft
K.K. Münz Gebäude
Glacis
Wien-Fluss
Villa Metternich
Rennweg
Hafen des Neustädter - Schiffahrts - Canals
Verbindungsbahn
Artillerie Etablissement
im Bau
Belvedere-Linie.
nach Bruck an der Leitha
Werkstätte
Favoriten
Wieden
30.
34.
D
Hauptstrasse
Feld - Gasse
29.
25.
26.
28.
Nord
Ost
West
Süd
33.

Die Stadt
von gestern

Thomas Hofmann
Beppo Beyerl

Die Stadt von gestern

Entdeckungsreise durch das verschwundene Wien

Für Ilse [illegible]
herzlichst

Styria
VERLAG

INHALT

KAPITEL III
VERGANGENE FREUDEN

KAPITEL IV
ALLES IN BEWEGUNG

KAPITEL V
AUS DEM ALLTAG VON GESTERN

Die »Zeit gibt die Bilder, ich spreche nur die Worte dazu, und es wird eigentlich nicht so sehr mein Schicksal sein, das ich erzähle, sondern das einer ganzen Generation – unserer einmaligen Generation, die wie kaum eine im Laufe der Geschichte mit Schicksal beladen war«, sagt Stefan Zweig in seinem epochalen Werk *Die Welt von gestern* mit dem Untertitel *Erinnerungen eines Europäers,* in dem er kurz vor seinem Tod aus autobiografischer Sicht Mode, Alltag, Erziehungssystem, Sexualmoral und Wertesystem der Gesellschaft in den letzten Jahren der k. u. k. Monarchie beschrieb.

»Die Zeit gibt die Bilder« – dieser wunderbare Satz Stefan Zweigs ist auch für uns zum Leitfaden unserer Zeitreise in verschwundene Lebenswelten geworden. Wir greifen Bilder und Geschichten von »damals« auf, wir lenken unseren Fokus auf Bauwerke, Einrichtungen und Institutionen der Stadt, die zerstört, versunken, verloren und nicht mehr vorhanden sind. In manchen Fällen sind diese Einrichtungen in einem ersten Schritt aus dem Stadtbild und in einem zweiten Schritt möglicherweise bereits aus unserem Bewusstsein verschwunden. Dabei sind wir weit davon entfernt, uns von nostalgischen Stimmungen und dem obligatorischen Raunzer »Früher war alles besser« leiten zu lassen. Nein, uns geht es um eine Erinnerungskultur, die es schafft, jene Erscheinungen, Objekte, Institutionen und vor allem auch die damit verbundenen menschlichen Schicksale noch einmal – in Text und Bildern – festzuhalten, die einst das Stadtbild prägten.

Das Gestern heute erleben

Zur Einstimmung

Wir waren selbst überrascht, als wir bei unseren Recherchen herausfanden, wie viele Molkereien einst ungezählte Milchgeschäfte in Wien belieferten, auf welchen Pisten die Wiener im Winter Ski gefahren sind – eine befand sich sogar in einer Bahnhofshalle – und welche Theater sie damals besuchen konnten. Wobei unser »Damals« im 19. Jahrhundert beginnt und im »Vorgestern« endet.

Vielfach sind es Bauwerke, die das Wien von gestern repräsentierten. Neben diesen verschwundenen Orten geht es auch um Institutionen – wie die DDSG – oder ethnische Gruppen wie die Tschechen oder Juden und ihre große Bedeutung für die ehemalige kaiserliche Residenzstadt.

Warum es diese Einrichtungen nicht mehr gibt? Nun, dafür gibt es verschiedene Ursachen. Viele mussten, um ein bequemes Wort zu verwenden, der Zeit weichen, sie waren dem vorwärtsdrängenden Fortschritt im Wege, wurden »überrollt«. Andere wiederum fielen Katastrophen zum Opfer, andere wiederum wurden »Opfer« einer geänderten politischen Situation.

Mögen Sie, geschätzte Leserin, geneigter Leser, bei der Lektüre auf für Sie neue Fakten stoßen, Altes wiederentdecken und das Wissen um die Wienerstadt erweitern. Stoßen sie auf Ihnen bekannte Tatsachen, so freuen wir uns, Ihre Erinnerung wieder auffrischen zu können. Vermissen Sie Aspekte, Orte und Gebäude, bleiben Sie uns dennoch gewogen. Wir wollten kein Lexikon des Unterganges verfassen, sondern Ihnen einen bunten Reigen der lebendigen Wiener Welt von gestern zeigen.

Thomas Hofmann und Beppo Beyerl im Sommer 2018

KAPITEL I

DIE
ZEIT
GIBT
DIE
BILDER

Das einstige Fischertor in der Nähe des Fischmarkts, der sich am Donaukanal beim heutigen Morzinplatz befand, wurde im August und September 1859 geschliffen.

Vom langen Fall der Mauer

Ende und Renaissance der Wiener Stadtmauer

Er begann wie ein Liebesbrief, der Befehl zum Abriss der Stadtmauer. Hier der Originalwortlaut: »Lieber Freiherr v. Bach! Es ist Mein Wille, daß die Erweiterung der inneren Stadt Wien mit Rücksicht auf eine entsprechende Verbindung derselben mit den Vorstädten ehemöglichst in Angriff genommen und hiebei auch auf die Regulirung und Verschönerung Meiner Residenz- und Reichshauptstadt Bedacht genommen werde. Zu diesem Ende bewillige Ich die Auflassung der Umwallung und Fortifikationen der inneren Stadt, so wie der Gräben um dieselbe. [...]« Bei genauerem Durchlesen könnte man den Wortlaut des Kaisers vom 20. Dezember 1857 weniger als Liebeserklärung an den Herrn Freiherrn von Bach, er war damals die rechte Hand des Monarchen, interpretieren, als darin eine narzisstische Liebeserklärung des Kaisers an sich selbst sehen. Doch die Deutung der Worte »Regulirung und Verschönerung Meiner Residenz«, ob selbstverliebt oder »nur« höflich, soll von anderen vorgenommen werden. Wir konzentrieren uns auf den Fall der Mauern.

Datiert ist das *»Allerhöchste Handbillet«,* es gab ja damals weder Schreibmaschinen noch Computer, mit 20. Dezember. Veröffentlicht wurde es am 25. Dezember 1857 in der *Wiener Zeitung,* man könnte es auch als Weihnachtsgeschenk betrachten. Oder als eine Art »To-do-Liste« für die nächsten Jahre. Der kaiserliche Businessplan informierte über die von ihm gewünschten Bauvorhaben. »Auf die Herstellung öffentlicher Gebäude, namentlich eines neuen General-Kommando's, einer Stadt-Kommandantur, eines Opernhauses, eines Reichsarchives, einer Bibliothek, eines Stadthauses, dann der nöthigen Gebäude für Museen und Gallerien ist Bedacht zu nehmen und sind die hiezu zu bestimmenden Plätze unter genauer Angabe des Flächen-Ausmaßes zu bezeichnen.«

Eine Umwallung gab es seit den Zeiten der Römer, die ihr Legionslager Vindobona nach außen hin mit einer Mauer schützten. Man fand Reste dieser Mauer zwischen Donaukanal und dem Hohen Markt, aber auch bei der Rotenturmstraße. Auf die Mauerrelikte einer späteren Phase stieß man bei der Naglergasse. Sie blieb wohl in großen Teilen erhalten und schützte noch die frühmittelalterliche Stadt, die sogenannte »Burg«.

Nachdem Wien zur Residenz der Babenberger geworden war, wuchs die Bedeutung der Stadt, ein neuer Befestigungsgürtel wurde notwendig. Das Lösegeld für Richard Löwenherz kam da gerade recht – mit dem Silber, das man für seine Freilassung erhielt, finanzierte man um 1200 den Bau einer Ringmauer mit einzelnen Türmen, die das Bild des mittelalterlichen Wien bis in die Frühe Neuzeit prägte. Die Erste Türkenbelagerung 1529 zeigte jedoch eindringlich die Schwächen dieser Anlage auf, sie war der Feuerkraft der Kanonen nicht mehr gewachsen. In den Jahren 1531 bis 1672 wurde daher ein gewaltiges Bollwerk errichtet, das jedem Angriff trotzen sollte – Wien, die Stadt des Kaisers, wurde zur Festung.

Umgeben war die neue Stadtbefestigung von einem Graben, allgemein »Stadtgraben« genannt, der durch den Donauarm, den Ottakringer Bach und durch den Wienfluss bewässert werden konnte. Dem Stand der Festungstechnik folgend wurde die neue Stadtmauer nicht mehr mit Türmen, sondern mit Geschützterrassen, den »Bastionen«, versehen, die im Wienerischen zu »Basteien« wurden, und durch Mauerabschnitte, genannt »Kurtinen«, miteinander verbunden waren. Ergänzend dazu errichtete man in Abständen weitere Bollwerke, die »Ravelins« oder »Schanzen«, die nur über Brücken

Luigi Cagnola und Pietro Nobile lieferten die Pläne für den Bau des Äußeren Burgtors, das in den Jahren 1821 bis 1824 als jüngstes Stadttor errichtet wurde.

zugänglich waren und eine effiziente Bekämpfung der Belagerungstruppen ermöglichten. Vor der Stadtbefestigung befand sich das 300 m breite Glacis, ein unverbautes freies Feld. Ihre Feuerprobe bestanden die Befestigungen im Sommer 1683, als sie knapp zwei Monate lang gegen die Truppen Kara Mustafas verteidigt werden konnten. Nur ein einziger Ravelin, der Burgravelin, musste nach schweren Kämpfen von den Verteidigern aufgegeben werden.

Zur Zeit der Napoleonischen Kriege am Beginn des 19. Jahrhunderts hatten die Fortifikationen der Renaissance jedoch ihre Bedeutung verloren. Napoleon selbst ließ 1809 die Mauern zwischen Löwelbastei und Augustinerbastei sprengen. Das wäre ein geeigneter Zeitpunkt gewesen, um den Abriss der

Mauern gleich weiter voranzutreiben. Doch im biedermeierlichen Wien war man gedanklich noch nicht »extramural« eingestellt, es fehlten die dazu notwendigen Inspirationen. Und so wurden nur alle Ravelins und die Burgbastei abgetragen, 1817 hob Kaiser Franz I. den Charakter Wiens als Festung auf, gleichzeitig aber legte man die Festungsmauer zwischen Löwel- und Augustinerbastei bis zur heutigen Trasse Opernring–Burgring–Dr.-Karl-Renner-Ring vor und errichtete mit dem Äußeren Burgtor einen neuen Zugang zur »Inneren Stadt«. Das mächtige Tor ist daher, wenn man so will, der jüngste Teil der alten Wiener Stadtbefestigung.

Das Neutor entstand 1558 als Ersatz für das Werdertor. Heute erinnern nur mehr Neutor- und Werdertorgasse an diese ehemaligen Stadttore.

Der Grundstein für das Äußere Burgtor wurde im Beisein von Kaiser Franz I. am 22. September 1821 gelegt, den Plan lieferte der Italiener Luigi Cagnola, die Vollendung besorgte Peter Nobile. Die Eröffnung fand am elften Jahrestag der Völkerschlacht von Leipzig statt, das war der 16. Oktober 1824. Bauherr und Eröffnungsjahr prangen ringstraßenseitig in großen goldenen Lettern hoch oben an der Fassade des nunmehrigen neuen Äußeren Burgtores: »FRANCISCUS IMPERATOR AUSTRIAE MDCCCXXIV«.

In der nächsten Zeile, fast wie ein Untertitel, ist zu lesen: »LAURUM. MILITIBUS. LAURO. DIGNIS. MDCCCCXVI«. Für alle, die nicht (mehr) der lateinischen Sprache mächtig sind, liefern wir die Übersetzung: »Lob den Soldaten, die des Lobes würdig, 1916«. Mit anderen Worten: Jenes Tor, das sich einst Kaiser Franz I. als Denkmal gesetzt hatte, wurde mit 38 Lorbeerkränzen zum Ring hin und 45 zum Heldenplatz dekoriert. Und es mutierte zum Denkmal für jene Krieger, die während des Ersten Weltkrieges gefallen waren.

Dass das Äußere Burgtor in den Jahren 1933/34 zum »Heldentor« avancierte, für dessen Verwirklichung sogar der »Eiserne Wehrmann« reaktiviert wurde, zeigt einmal mehr, welche Interpretationen dieses Tor auch im 20. Jahrhundert zuließ.

Nach dem Zweiten Weltkrieg kam eine weitere Dimension dazu: Robert Kramreiter schuf 1965 im südwestlichen Flügel einen zusätzlichen Weiheraum zum Gedenken an die Opfer des österreichischen Widerstandes gegen den Nationalsozialismus. Der schwarze Steinkubus trägt die Inschrift »IM GEDENKEN AN DIE/OPFER IM KAMPFE/FÜR ÖSTERREICHS FREIHEIT«.

Eine feine Ironie der Geschichte ist es, dass mit dem Äußeren Burgtor ausgerechnet das jüngste der Stadttore erhalten blieb – alle anderen Tore sind verschwunden, wobei zum Zeitpunkt des beginnenden Abrisses noch folgende Tore existierten: Franzenstor, Schottentor, Neutor, Fischertor, Schanzeltor, Rotenturmtor, Franz-Josephs-Tor, Stubentor, Karolinentor, Altes Kärntnertor und Neues Kärntnertor. Nur mehr einige Namen erinnern an diese wichtigen »Eckpfeiler« in der Topografie Altwiens.

Auch die nicht realisierten Ideen bleiben unseren Augen verschlossen. Über diese wollen wir in der Folge berichten. Im März 1864 stellte Theophil Hansen im Österreichischen Kunstverein seine Ideen zur Umgestaltung des Äußeren Burgtores vor. Hansen, der gebürtige Däne, hatte mit dem Heinrichhof, dem Musikverein, dem Parlament und der Börse bleibende Wahrzeichen an der Ringstraße gebaut. Hansen wollte sowohl Kaiser Franz I. wie auch Kaiser Franz Joseph I. ein immerwährendes Denkmal setzen. Er hatte, so lesen wir in der Zeitung *Vaterland,* am 2. März 1864, folgende Pläne: »Als Hauptbekrönung des Mittelbaues erscheint die siegreich heimkehrende, von einem Viergespann gezogene Austria, welche die Friedenspalme über das Reich ausstreckt. Der die Säulen bekrönende, der Burg zugewandte Fries, welcher der Austria zum Sockel dient, ist mit Reliefs geschmückt, die den Kaiser Franz darstellen, umgeben von Feldherren, Staatsmännern, Gelehrten und Künstlern, welche sich unter seiner Regierung verdient gemacht haben. Als Pendant aus der entgegengesetzten Seite steht Kaiser Franz Josef, gleichfalls umgeben von den bedeutenden Männern seiner Zeit. Die Thürme, die den Mittelbau flankieren, sind mit Siegestrophäen gekrönt, und die friesartigen Reliefs an den oberen Vorderflachen derselben Thurme versinnbilden den Gewerbefleiß, den Handel, den Ackerbau, die Kunst und die Wissenschaft, wie sie unter der Obhut des Friedens gedeihen und blühen. Auf frei hervortretenden Sockeln am Fuß der Thürme sind die vier Hauptkronländer Oesterreichs dargestellt. Die beiden, als Wachthäuser dienenden Seitenflügel, die nun von fortificatorischen Rücksichten befreit, Dächer bekommen haben, enthalten in ihren Giebelfeldern plastische Darstellungen der Hauptflüsse Oesterreichs. Träte nun zu diesem reichen plastischen Schmuck vollends die Polychromie, die durch Gold und bunte Farben den starren, kalten Stein erwärmte und lebendig aufblühen ließe - die künstlerische Wirkung dieses in den edelsten Maßen gedachten Bauwerkes müßte eine bezaubernde sein.« Doch diese »Verschönerung« der Residenz wurde nie verwirklicht, und ebenso nicht verwirklicht wurde der Entwurf Otto Wagners für den Neubau des »Wien Museums« neben der Karlskirche. Bemerkenswert ist das Datum, an dem diese Pläne das Licht der Öffentlichkeit erblickten: Man schrieb den März 1864. Und zu dieser Zeit wurde an vielen Baustellen noch am Abriss der Mauern gearbeitet.

Für viele Jahre war Wien, und mit Wien meinen wir in erster Linie die »Innere Stadt«, eine einzige riesige Großbaustelle, auf der viel Staub im wahrsten Sinn des Wortes aufgewirbelt wurde. Und Staubquellen existierten allerorten.

Die erste Staubquelle war der schon beschrieben Abriss der Mauern. Dann folgte der Abrieb des Straßenpflasters durch die Hufeisen der Pferde, weiters die zahlreichen Baustellen des gründerzeitlichen Baubooms, dazu kamen noch die nicht gepflasterten Straßen, die nur allzu selten bespritzt wurden. Das alles war im Sommer nur sehr schwer zu ertragen; am besten mit einem Bier und einer gehörigen Portion Humor. Diesen servieren wir – statt des Bieres – in alter Frische als Zeitungszitat: »Wenn zur Weltausstellung auch Afrikaner aus der Wüste Sahara kommen, die werden eine Freud haben, sie werden glauben, sie sein zu Haus. Wenn man in der reizenden Oase sitzt, welche Wiener Bockkeller (Nußdorf) heißt, und man wendet den Blick gegen Wien, so sieht

Aus dem Atelier des Fotografen Charles Scolik (1854–1928) stammen zahlreiche Aufnahmen alter Stadttore, darunter die Aufnahme des Kärntner Tores von der Stadtseite aus.

man von der Weltstadt nix, gar nix, bloß eine unheimliche Staubwolken und in dieser Wolken loschiren wir!« (*Jörgel Briefe,* 3. August 1872).

Nach diesem kleinen Exkurs sind wir wieder zurück beim Abriss der Befestigungen. Wir wollten die amtlich gedruckten Fakten wissen. Details enthüllt die »Wiener Local-Chronik« im *Wiener Kommunal-Kalender* für das Jahr 1865. Auf Seite 221 für den 11. Juni 1864 lesen wir: »Bei der Franz Josephskaserne wird die Wegräumung der Stadtmauer beendet. Es war dieß der letzte Ueberrest des Mauergürtels von Wien, dessen Wegräumung am 28. April 1858 begonnen und somit in sechs Jahren zu Ende geführt wurde.«

Freilich war es nicht der letzte Rest. Heute besteht darüber Klarheit und wir wollen uns die Reste, über die die »Wiener Local-Chronik« so großzügig hinwegblickt, im Detail ansehen. Ebenso lohnt ein Blick auf die Aktivitäten im Zeitraum zwischen 28. April 1858 und 11. Juni 1864. Dazu zunächst eine höchst wienerische Facette aus dem Tagebuch des Geologen

Nachdem der Kaiser am 20. Dezember 1857 den Abriss der mittelalterlichen Stadtmauern angeordnet hatte, begann man im März 1858 beim Rotenturmtor mit dem Schleifen der Fortifikationen.

und Paläontologen Franz Ritter v. Hauer (1822-1899). Er sollte ab 1866 Direktor der k. k. geologischen Reichsanstalt und ab 1885 Intendant (= Generaldirektor) des k. k. Naturhistorischen Hofmuseums werden. Am 8. Oktober 1860 schrieb er über seine Nachmittagsaktivitäten: »Spaziergang mit Louise zu den niedergerissenen Stadtmauer-Theilen beim Neutor und Fischertor.« Ob er selber oder seine Frau Louise die Initiative – frei unter dem Motto: »Gemma Stadtmauer-Reste schauen!« – ergriffen hatte, wissen wir nicht.

Wir starten indes unsere Tour »Gemma Stadtmauer schauen!« bei der U-3-Station Stubentor. Hier sichten wir überraschenderweise den Rest des einstigen Stubentors. Es wurde durch eine Ziegelmauer ergänzt und zeigt sich rund 1,5 Meter über dem Gehsteigniveau als breites Bollwerk, das zum Klettern und Posieren einladen würde. Auf einigen Tafeln lesen wir wichtige Informationen. Doch das Wichtigste zuerst: »Das Besteigen der Mauerflächen ist aus Sicherheitsgründen verboten! Eltern haften für ihre Kinder.«

Nun zur Historie. Das ganz alte Stubentor stand schon um 1200 hier, es besaß einen »Schwarzen Turm«. Von 1555 bis 1566 wurde es umgebaut und erhielt ein Glockentürmchen, 1831 folgte die klassizistische Fassade. Der Abriss begann im 1858er-Jahr. Geht man die Stiegen hinunter, kommt man auf die Sohle des einstigen Grabens, der sich vor der Mauer befand. Hier warf man in alten Zeiten, wie bei allen Gräben, Müll hinunter. Die Stadtarchäologen haben die mittelalterlichen Scherben ausgegraben, inventarisiert, untersucht und wieder hingelegt. Wir sehen sie unter dicken, fast immer beschlagenen Scheiben zu unseren Füßen. Einige Details in der Mauer, die ursprünglich stolze 22 m (!) hoch war, fallen auf: Unten erkennen wir überwiegend große, wohl behauene Kalk- und ein paar Sandsteinblöcke, nach oben hin folgen Ziegel.

Weiter geht's über den Straßenzug der Stubenbastei zur Coburgbastei: Hier erhebt sich mit der Hausnummer 4, allerdings hoch oben, das 1845 vollendete Palais Coburg. Die Ziegelmauer in den Gehsteigniederungen ist, wie könnte es anders sein, der Rest einer Bastei.

Von hier wandern wir dann weiter durch die Schellinggasse bis zur Walfischgasse, diese entlang bis zur Albertina. Hoch oben neben dem 64 m langen Soravia-Wing von Hans Hollein erhebt sich seit 1899 das bronzene Reitermonument Erzherzog Albrechts – ein Werk von Caspar von Zumbusch. Die erhöhte Lage verdankt Erzherzog Albrecht der einstigen Augustinerbastei. Mit dem Albrechtsbrunnen, der auch als »Danubiusbrunnen« bekannt ist, und den zehn Figuren in den Nischen wurde der einstige Festungscharakter geschickt kaschiert. Durch den Burggarten gelangt man zum vorher schon in aller Ausführlichkeit beschriebenen Äußeren Burgtor.

Der nächste Rest der Stadtmauer, die Mölkerbastei, zeigt sich wieder etwas martialischer. Sie befindet sich gegenüber der Universität, hinter dem Obelisken des Liebenberg-Denkmals. Ursprünglich hieß sie auch Schottenbastei, benannt nach den »Schotten«, der dort in der Nähe befindlichen Benediktinerabtei und dem »Schottengymnasium«. Zwischen dem Straßenzug Mölker Bastei und Schreyvogelgasse erhebt sich die Ziegelmauer, die unschwer an eine alte Befestigung erinnert. Zu ihren Füßen wächst auf einer Böschung eine gepflegte »G'stetten«, auf Wienerisch einige Bäume und Büsche. Die wichtigsten unter ihnen sind die im Mai weiß blühenden Holunderstauden (*Sambucus nigra*). Wichtig deswegen, weil schräg gegenüber das Wirtshaus »Zum Holunderstrauch« alle Hungrigen und Durstigen zur Einkehr einlädt. Wir gehen davon aus, dass es hier ein botanisch-gastronomisches Naheverhältnis gibt. Beim Wirt des Holunderstrauches in der Schreyvogelgasse 3 erfahren wir Essentielles zum Thema Geographie: »... denn das Weinviertel beginnt in der Schreyvogelgasse« *www.holunderstrauch.at.*

Werfen wir noch zwei Blicke auf die Höhen der Bastei. Das große Haus mit der Nummer 8 ist das Pasqualatihaus: Hier hatte Beethoven eine seiner zahlreichen Wohnungen in Wien bezogen. Das Haus Schreyvogelgasse 10, das sogenannte »Dreimäderlhaus«, vermittelte biedermeierliche Gemütlichkeit. Der Name geht auf die von dem Literaten Rudolf Hans Bartsch erfundene Mär zurück, dass Franz Schubert hier ein G'spusi mit den drei Töchtern eines Glasermeisters namens Franz Tschöll gehabt haben soll – die zweimal verfilmte Romanze um Hannerl, Hederl und Heiderl ist leider nur Legende.

Bei der Tour rund um den Ring gelangen wir nun zum Franz-Josefs-Kai. Bei der Rotenturm-

Das Stubentor (links), das 1831 eine klassizistische Fassade erhielt, aus der Perspektive der Vorstadt. Beim Schottentor (oben) wirkt die Schottengasse beinahe wie ein Nadelöhr.

straße biegen wir ein und sehen hoch oben an der grauen Hausfassade von Nr. 23 an der Ecke zum Fleischmarkt ein Keramikkunstwerk mit dem Roten Turm samt Stadttor.

Für die letzte Stadtmauerreminiszenz müssen wir uns in den Untergrund begeben. In der U-1-Station Schwedenplatz (Fahrtrichtung Leopoldau) fallen uns in einer dunklen Mauernische zwei steinerne Wappen der einstigen Gonzagabastei ins Auge. Hier erfahren wir noch, dass die 1646 errichtete Bastei vom Salzgries Nr. 2 bis zum Franz-Josefs-Kai Nr. 29 reichte. Besagter Herr Gonzaga war Fürst, General und Stadtkommandant von Wien im Jahre 1643.

Zum Glück wurde das Schleifen der Stadtmauern nicht mit letzter Konsequenz durchgeführt. So bieten die verbliebenen Reste der Mauern heute wohl gepflegte Anknüpfungspunkte für unzählige wienerische G'schichterln über unsere Geschichte – gut, dass es sie noch gibt!

Nicht unbedingt eine glückliche Lösung: Das Hauptportal der Breitenfelder Pfarrkirche öffnet sich zum Gürtel.

Gestörte Blicke, freie Plätze

Verhallte Proteste einer wachsenden Metropole

Täglich ändert sich das Stadtbild um Nuancen. Täglich wird irgendwo etwas abgerissen, täglich wächst da oder dort ein neues Bauwerk in die Höhe. Das war etwa im Biedermeier noch anders, Franz Grillparzers berühmtes Wort aus *König Ottokars Glück und Ende* – »Hast du vom Kahlenberg das Land dir rings besehn, So wirst du, was ich schrieb und was ich bin, verstehn« – nahm für sich durchaus längerfristige Gültigkeit in Anspruch. Die Änderungen im Weichbild der Stadt waren noch überschaubar – im wahrsten Sinn des Wortes. Damals waren es fast ausschließlich Kirchtürme, die aus dem Häusermeer aufragten und zur Orientierung dienten. Das hatte auch der kritische *Kikeriki,* ein humoristisches Wochenblatt, erkannt: »Wenn man Wien von einer Anhöhe betrachtet, so bemerkt man auf den ersten Blick, daß in Wien auf das religiöse Bedürfniß besonders Rücksicht genommen, und daß wahrhaftig an Kirchen kein Mangel ist. So religiös nun auch der Gedanke sein mag, neue Kirchen zu bauen, erlaubt sich Kikeriki doch darauf hinzuweisen, – welchen Weg die Krankenträger oft zurücklegen müssen, um in ein Spital zu gelangen. Nachdem nun die Barmherzigkeit auch eine religiöse Pflicht und in unseren Kirchen noch Platz für Hunderttausende von Frommen erübrigt, während im Allgemeinen Krankenhause kein Raum für Kranke mehr Vorhanden sein soll – fragt Kikeriki nochmals: Was brauchen wir jetzt nothwendiger: Neue Kirchen oder neue Spitäler?« (1. Februar 1866). Aber seit dem 29. August 1872, das war jener Tag, an dem die Kuppel der Rotunde auf ihre endgültige Höhe in 84 m gehievt wurde, hatte Wien eine neue »weltliche« Landmark. Sie sollte bis zum

17. September 1937 bestehen, als die Rotunde ein Raub der Flammen wurde und die Kuppel in die Tiefe krachte. Ab November 1932 besaß Wien mit dem Hochhaus in der Herrengasse einen weiteren profanen Orientierungspunkt.

Ob der Blick vom Kahlenberg oder der Blick vom Belvedere auf Wien, jener legendäre »Canaletto-Blick«, der heute wieder für heiße Diskussionen sorgt: Der sich harmonisch darbietende Blick auf die Stadt oder auch nur auf einzelne Bereiche der Stadt war den Wienern immer ein Anliegen.

Kopfschüttelnd betrachten wir einige Fälle, die – weil heute ohnehin schon alles verbaut ist, und wir die Orte der Erregung gar nicht anders kennen – einst für Entrüstungen und heute für Schmunzeln sorgten. Bleiben wir noch kurz bei den humoristischen Wochenzeitungen. Der *Figaro* war eines dieser heute längst schon vergessenen Wiener Blätter, die mit Witz und Satire unterhalten wollten. Für seine Leser hatte der eher liberal ausgerichtete *Figaro* immer wieder »Nützliche Vorschläge« parat, so stellte er am 9. Juni 1860 die nicht unberechtigte Frage: »Warum läßt man ferner den schönen grünen Höhenzug vom Kahlenberg bis gegen Hütteldorf so unerquicklich für das Auge des Beschauers durch den Steinbruch bei Sievering unterbrochen werden? Könnte man diesen Steinbruch nicht hinter die Berge verlegen und an dessen Stelle einen kleinen Park mit Seen u. dgl. anlegen?«

Hier hätte man das beleidigte Auge schon damals durch Rekultivierung versöhnlich stimmen können, die Steine wären dann auch auf der nördlichen Seite abgebaut worden. Doch auf der Sieveringer Seite waren sie allemal näher. Dies war nicht unwichtig, denn der Bedarf an Baumaterial in der zweiten Hälfte des 19. Jahrhunderts war enorm. Otto Wagner realisierte seine großen Infrastrukturprojekte, die Stadtbahn und die Regulierung des Wienflusses, mit riesigen Blöcken aus Flysch-Sandsteinen der Wienerwaldsteinbrüche. Neben den Sieveringer Brüchen bediente er sich auch bei den Brüchen im Rosental oder im Halterbachtal in Hütteldorf.

Aus dem vom *Figaro* gewünschten See in Sievering wurde nichts. Stattdessen erklärte man 1997 die stillgelegten Sieveringer Steinbrüche per Bescheid der MA 29 zum Naturdenkmal. Man könnte sagen, dass sie posthum geadelt wurden. Da bei Naturdenkmälern ohnehin alles tabu ist, wachsen sie schön langsam zu – die Hoffnung auf »den schönen grünen Höhenzug vom Kahlenberg bis gegen Hütteldorf« lebt also, sprich: wächst Jahr für Jahr.

Wer einen See sehen will, wird im Rosental fündig. Zwei winzig kleine Gewässer, der Silbersee und ein Teich im Dehnepark, stoßen vor allem bei Fröschen und Kröten auf breite Akzeptanz. So gesehen wurde dem Wunsch des *Figaro* doch noch Rechnung getragen.

Wir gehen zurück von der Peripherie der Vororte zu den wachsenden Vorstädten. Just an der gemeinsamen Grenze beider, dem heutigen Gürtel – eigentlich wäre »Demarkationslinie« der bessere Ausdruck, da sich einst hier der Linienwall befand – errichtete Otto Wagner eines der größten städtebaulichen Projekte: die eben erwähnte Stadtbahn; die heutige U 4 bzw. U 6.

Bereits 1852 – also fünf Jahre vor dem Abriss der Wiener Stadtmauer – gab es erste Ideen für eine »Wiener Stadteisenbahn«. Es sollte indes noch 40 Jahre dauern, ehe man von 1892 bis 1898 die Gürtel- und auch die Vorortelinie baute; Voraussetzung dafür war die Schleifung des Linienwalls. Etwas zeitversetzt entstanden die Wiental- und die Donaukanallinie, die 1901 vollendet wurden. Da wie dort führen deren Trassen einmal über, dann unter dem Niveau der Straße in Tieflage, stellenweise sogar in echten Tunnels unter der Erde. Besonders spürbar ist der Wechsel, das

Der weithin sichtbare Steinbruch im Gspöttgraben lieferte einst Gesteine für die Bauprojekte Otto Wagners; heute wird das Naturdenkmal von der Natur zurückerobert.

Auf und Ab zwischen Hoch- und Tieflage der Trasse, entlang des Gürtels, der heutigen U6.

Hoch- oder Tieflage, oben oder unten, Ausblick oder Tunnelblick, diese Fragen ließen damals niemanden kalt. Konkret ging es um den Blick zur damals im Bau befindlichen Breitenfelder Kirche, am inneren Gürtel beim Uhlplatz, der damals – recht einfallslos – schlicht Kirchenplatz hieß. Am 9. Mai 1894 wurde der Grundstein zum Gotteshaus gelegt. Mehr als vier Jahre später erfolgte dessen Weihe (hl. Franz v. Assisi). Mittendrin, im April 1896, machte eine Hernalser Bürgerinitiative von sich hören. Sie forderte die »Frei-

Im Dezember 1907 kämpfte im Vorfeld des geplanten Baus für das Museum der Stadt Wien ein prominentes Personenkomitee für den Erhalt der freien Sicht auf die barocke Karlskirche.

haltung des Platzes vor der neuen im Bau befindlichen Breitenfelder Kirche« (*Reichspost,* 10. April 1896). Konkret wollte man den Bau der Wiener Stadtbahn stoppen und am Hernalser Gürtel statt der Hochlage eine Tieflage erwirken. Dazu hatte Oberingenieur Waldvogel eigens einen Plan entworfen. Auch der renommierte Ingenieur- und Architektenverein verwendete sich für diese Umplanung und empfahl dem Ministerium, eine Tieferlegung der Trasse in Erwägung zu ziehen. Das Ressort gestand zwar ein, dass diese Variante prinzipiell machbar sei, aber da deren Durchführung eine »nicht unwesentliche Vertheuerung und auch eine namhafte Verzögerung« – so die Antwort des Eisenbahnministers (*Neue Freie Presse,* 26. April 1896) – mit sich gebracht hätte, blieb alles beim Alten; was das bedeutete, haben wir heute vor Augen. Doch den freien Blick auf die Breitenfelder Kirche scheint heute niemand zu vermissen. Sándor Békési, Kurator im »Wien Museum«, hat ein verkehrshistorisches Detail recherchiert; so fanden Trauungen trotz Stadtbahn bis nach 1945 beim Eingang an der Gürtelseite statt, erst nach dem massiven Ansteigen des Verkehrs wurde der Haupteingang von dort verlegt.

Ein Jahrzehnt später ging es schon wieder um die drohende Verbauung eines freien Blicks auf eine Kirche. Diesmal waren die Ausmaße der Erregung massiver und die Geschütze, die gegen das Bauvorhaben aufgefahren wurden, bedeutend schwerer. Es ging nicht um irgendeine Kirche am Gürtel, sondern um DIE barocke Kirche der Stadt: Der Blick auf die Karlskirche war gefährdet. Kaiser Karl VI. hatte sie einst bei Johann Bernhard Fischer von Erlach in Auftrag gegeben, nun glaubte man das 1739 vollendete Gotteshaus durch einen Museumsbau gefährdet. Der Platz links von der Karlskirche sollte mit dem neu zu errichtenden Historischen Museum der Stadt Wien verbaut werden.

Zunächst zum Museum: 1887 war das Historische Museum der Stadt Wien gegründet worden, die Sammlungen befanden sich im 1883 vollendeten Rathaus. Da es dort bald zu eng wurde, beschloss der Stadtsenat 1895 einen Neubau. Namhafte Architekten wie Friedrich Ohmann und Otto Wagner legten ausgefeilte, eindrucksvolle Entwürfe vor, die aber nicht zur Ausführung kamen. Es spießte sich an der Wahl des Bauplatzes neben der Karlskirche. Dann kam der Erste Weltkrieg. In den mageren Jahren der Zwischenkriegszeit überlegte man, das Museum im Palais Coburg, im Palais Auersperg oder im Alten Rathaus unterzubringen. Während des Zweiten Weltkrieges hatte man andere Sorgen, sodass erst in den 1950er-Jahren der etwas nüchtern-funktionale Bau von Oswald Haerdtl entstand, den wir heute als Wien Museum kennen.

Wenden wir uns der Standortdebatte im Dezember 1907 zu. Ein Personenkomitee, dem unter anderem Hans Graf Wilczek, Großgrundbesitzer, Erbauer der Burg Kreuzenstein und Ehrenbürger der Stadt Wien, Dr. Gustav Jurie v. Lavandal, Generalchefarzt des souveränen Malteser Ritterordens, und Fürst Franz von und zu Liechtenstein angehörten, legte Unterschriftenlisten auf. In der Kunsthandlung Artaria auf dem Kohlmarkt, in den Buchhandlungen Gerold (Stephansplatz), Braumüller (Graben) und Leo (Heinrichhof) konnte man folgende Petition unterstützen: »Die Unterzeichneten ersuchen den Bürgermeister und den Gemeinderat der k. k. Reichshaupt- und Residenzstadt Wien, nicht zulassen zu wollen, daß an der für das neue Museum in Aussicht genommenen Stelle neben der Karlskirche überhaupt ein Bauwerk errichtet werde.

Die Karlskirche, dieses herrliche Wahrzeichen Wiens, ist ursprünglich von den Erbauern als freistehend gedacht worden und daher nicht nur für den Blick von vorn, sondern auch für den von der Seite berechnet. Es wäre also eine schwere Versündigung gegen den Geist des Bauwerkes und gegen den künstlerischen Ruf der Stadt Wien, wenn die einzige noch erhaltene Profilansicht der Kirche, die vom Schwarzenbergplatz aus, verschwände.

Die Unterzeichneten sind überzeugt, daß es für den beabsichtigten Museumsbau selbst nur vorteilhaft wäre, wenn ein Platz gewählt würde, bei welchem der Architekt mehr Raum zur Verfügung hätte und in der vollen Entfaltung seiner Ideen nicht gehindert wäre, wir es auf dem Karlsplatz gerade mit Rücksicht auf die Kirche der Fall sein müßte.«

Freilich: Verhindert wurde der Museumsbau an dieser Stelle nicht, lediglich verzögert. Vor gar nicht so langer Zeit gab es einen Wettbewerb für die Erweiterung des Wien Museums. Als Ende 2015 der Plan einer Aufstockung als Siegerprojekt hervorging, ließ im nächsten Jahr auch die benachbarte Zürich Kosmos Versicherung, deren schlichter Bürobau zwischen Karlskirche und Wien Museum steht, mit dem Wunsch nach einer Aufstockung aufhorchen. Sofort formierte sich im Internet die Plattform »rettetdiekarlskirche.at«, die in wenigen Tagen hundert Contra-Unterschriften gesammelt hatte. Auch die *Kronen Zeitung* griff das Thema auf, »Schützt unser Stadtbild« (11. März 2018), ja sie fand mit ihrer Wortschöpfung »Glasfurunkel« nahezu eine poetische Bezeichnung.

Der Karlsplatz ist und war seit jeher ein heißes Eisen, das bei jeder baulichen Veränderung in den Händen brannte. Wir wollen einen Blick riskieren auf jene Zeit, in der der Wienfluss noch offen und unverbaut war und nur an wenigen Stellen auf Brücken überquert werden konnte. Dem Kunsthistoriker Karl von Lützow, einem gebürtigen Deutschen, der 1863 nach Wien kam, waren diese Querungen ein besonders Herzensanliegen. Sein beruflicher Werdegang begann als Privatdozent an der Wiener Uni, ging weiter über die Akademie und fand schließlich an der Technischen Hochschule (heute: TU) seine Vollendung, wo er 1882 zum ordentlichen Professor der Kunstgeschichte ernannt wurde. Der Karlsplatz war sein Vorgarten. Ging er in die Innere Stadt, querte er trockenen Fußes über die Elisabethbrücke den Wienfluss. Als Kunsthistoriker freute er sich natürlich ganz besonders über jene acht Statuen, allesamt Promis der Wiener Stadtgeschichte, die am 19. November 1867 enthüllt worden waren. Als man Mitte der 1890-er Jahre den Wienfluss am Karlsplatz verbauen wollte, war er empört und aufgebracht. In einem Artikel »Die Zerstörung der Wienbrücken« in der *Neuen Freie Presse* vom 30. Juli 1895 verwehrte er sich gegen den Abriss der erwähnten Elisabethbrücke, weiters der Schwarzenbergbrücke am gleichnamigen Platz und der Tegetthoffbrücke, die in Verlängerung der Johannesgasse zum Heumarkt führte. Die Aussage der Stadtväter, dass dadurch ein Straßenzug entstehe, der breiter als die Ringstraße ist, konnte ihn nicht trösten. »Und diese breite Straßenöde soll uns den Fluß und den Park ersetzen?« Seine Wortwahl mutet beim Thema Brücken nahezu schwärmerisch und philosophisch an. »Ihre Schönheit beruht auf der Idee der Vereinigung. Wenn auch die gedankenlose Menge Tag für Tag rastlos über das Brückenpflaster eilt und in diesem nichts Anderes sieht, als eine gewöhnliche Straße: der Denkende erblickt in der Brücke eine der wichtigsten Schöpfungen der menschlichen Cultur. Nur wer an Stelle des Herzens einen Pflasterstein im Busen trägt, kann kalt und grausam an die Zerstörung einer Brücke schreiten, es sei denn, daß ihr Zustand selbst das Eingreifen veranlaßte. Die drei nach den Plänen des Wiener Bauamtes mit der Vernichtung bedrohten Brücken sind die schönsten und gediegensten Leistungen ihrer Art in Wien.« Neben kunsthistorischen Argumenten bemühte Karl von Lützow auch einen der einflussreichsten Männer des damaligen Wien, Eduard Suess. Damit suchte er Unterstützung von naturwissenschaftlicher Seite. »Ja, noch mehr: die Ueberwölbung des Wienflusses birgt in sich eine der furchtbarsten Gefahren für das Wohl und Wehe des in Rede stehenden Theiles der Stadt.«

Eduard Suess, Geologieprofessor und Ehrenbürger der Stadt Wien, war auch der »Vater der Ersten Wiener Hochquellenleitung«, die 1873 beim Hochstrahlbrunnen am Schwarzenbergplatz eröffnet worden war. Der Gelehrte wies in seiner Stellungnahme darauf hin, dass die Wien ein Wildbach sei, die Niederschläge ohne Versickerung rasch abfließen und die Wien somit große Wassermassen und eine erhebliche Geschiebefracht mit sich führen würde. Er forderte, dass das Querschnittsprofil allenfalls sehr groß sein müsste, musste aber zugeben, dass es keine vergleichbaren Projekte gäbe. Suess resümierte schließlich: »So groß daher meine Freude an dem Fortschritte unserer städtischen Arbeiten und so aufrichtig meine Sympathie für die schaffenden Persönlichkeiten ist, kann ich Ihre Anfrage doch nur dahin beantworten, daß ich für diesen besonderen Theil der Arbeiten eine Verantwortung nicht tragen möchte.«

All das nützte nichts. Die drei Brücken wurden 1897 gesperrt und abgerissen, der ganze Bereich wurde verbaut. Dass die Wiesenflächen vor dem Konzerthaus und beiderseits des Schwarzenbergplatzes im 21. Jahrhundert ein seichtes, spitzgrabenähnliches Profil aufweisen, ist eine gärtnerische Hommage an das einstige Flussbett der Wien. Ob es Karl von Lützow, der 1897 verstarb, trösten würde, dass die acht Marmorstandbilder, die einst die Elisabethbrücke zierten, nun am Rathausplatz stehen, wissen wir nicht. Immerhin bekam der streitbare Ästhet ein Ehrengrab am Wiener Zentralfriedhof (Nr. 9/Gruppe 14 A), und im 14. Bezirk wurde eine Gasse nach ihm benannt.

Blick auf das von Adolf Loos für die Kaufleute Goldman & Salatsch erbaute Haus, das im Jahr 1910 wegen seiner schmucklosen Fassade für einen Skandal sorgte.

Erloschene Erregungen

Skandale, die wir heute belächeln

In jedem Reiseführer stehen sie, jedes halbwegs gebildetes Kind kennt sie, Fiaker erzählen die Geschichten vom Looshaus und vom »Krauthappel«. Die glatte Fassade, die nachträglich angebrachten Blumenkisterln am Michaelerplatz und die goldene Blätterkuppel der Secession sorgten vor mehr als 100 Jahren für Schlagzeilen und Polemiken. Wir folgen den einstigen Erregungen im O-Ton. Heute sind die Aufreger von damals kein Thema mehr, wir sind beinahe stolz darauf. Ziehen wir Vergleiche zwischen dem, was damals war und was angesichts ähnlicher Projekte heute in Wien geredet wird, müssen wir bekennen: Wien war und ist eine Metropole der Nörgler und Besserwisser.

Wenn *Die Bombe* einschlug, Pardon *erschien,* es ist nämlich von einer Wochenzeitschrift die Rede, die sonntäglich erschien, dann war Unterhaltung garantiert. Moderne Humoresken feinster Klinge brachten aktuelle Themen auf den Punkt. Im November 1898 war das neu eröffnete Gebäude der Secession DAS Thema in Wien. Die kunstbeflissenen Wienerinnen und Wiener konnten in diesen Tagen die zweite Ausstellung besichtigen. Die *Bombe* berichtete »Aus der Secession« und begann: »Von außen zuerst zu bewundern das Gebäude, genannt ‚Zum goldenen Krauthappel‹«. Unter diesem Spottnamen, der im Wienerischen zum Synonym für das Gebäude wurde, kennen wir die Ikone des Jugendstils. Dabei denkt man weniger an die gleichnamige Künstlervereinigung, die Trägergesellschaft des »Krauthappels«, deren erster Präsident Gustav Klimt war, als an den Bau Joseph Maria Olbrichs. Mitte November hatte Hans Grasberger in der *Wiener Zeitung* deutlichere Worte gefunden und eine umfassende Kritik, angefangen vom Standort über die Architektur bis hin zum Gartenschmuck, verfasst. »Was als pikanter Versuch, als Künstler-Capriccio im Ausstellungsprater hingehen mag, paßt nicht in ein ernstes, architektonisches Viertel, das von der Karls-Kirche, der technischen Hochschule, der Kunstakademie und den Hofmuseen sein Gepräge bekommt. Auffallen muß da inmitten ein Bauwerk mit ägyptischen Pylonen, assyrischen Wandelfiguren an den Wänden, der Parodie einer Kuppel, den grünen gläsernen Pultdächern dahinter wie über einem Magazin und mit dem decorativen Firlefanz, der unter den Händen der Modernen so bald schon monoton geworden. Verweilen wir einen Augenblick angesichts dieser Quasikuppel. Eigentlich ist sie eine goldene Kugel, die an vier sie umgebenden und überragenden ›Stockerln‹ eingehängt zu sein scheint. Bedeutet sie die beginnende Weltherrschaft der Moderne? Möglich; denn organisch hängt sie mit dem Bau nicht zusammen, sie ist lediglich ein Tafelaufsatz über der Thoranlage. Die Seitenflächen des Baues sind belebt von kranzschwingenden Tänzerinnen in enger Gewandung, die nur um die Knöchel herum sich weitet und faltet. Also mit Absicht unbeholfen-archaistisch! Und ähnlich stylisirt sind auch die Bäumchen, die da und dort die Eingänge flankiren. Freier Styl und geflissentliche Stylbefangenheit, so will's der aus alten und neuen Formen zusammengeschweißte Compromißstyl!« (14. November 1898)

Bei solchen Expertenmeinungen wollen wir mit Interesse die Person des Schreiberlings hinterfragen. Der 52-jährige Grasberger, ein gebürtiger Steirer, studierte in Wien Jus, verdiente sein Brot aber als Journalist. 1865 wechselte er vom *Österreichischen Volksfreund* zur *Presse* und wurde nach zwei Jahren Korrespondent in Rom. Hier interessierte er sich für Kunst und war dann bis 1883 als Kunstkritiker und Feuilletonist tätig, ehe er in die Redaktion der *Wiener Zeitung* übersiedelte. So gesehen war ihm die Kunst kein fremdes Thema. In kreativen Schaffensphasen übte er sich als Lyriker in steirischer Mundart; dass er angesichts dieser Vita kein Verfechter der Avantgarde war, wundert wohl keinen mehr.

Auch die *Reichspost* thematisierte am 13. November 1898 die Kuppel. »Das Originellste ist die goldene, einem Laubdach ähnelnde Kuppel. Es ist so ziemlich Alles anders, als bei sonstigen Wiener Bauten, nur die Jubiläums-Ausstellung im Prater hatte ähnliche Pavillons gezeitigt. Anders als die Anderen! Hierin haben Sie, Verehrteste,

Die Fassade der Secession war einst sogar bewachsen. Die Kuppel aus vergoldeten Lorbeerblättern wurde als »Quasikuppel« von den Kritikern verspottet, der Wiener Volksmund nannte sie »Krauthappel«.

das Wesen der Secession. Die Secessionisten wollen originell um jeden Preis sein.« Tags zuvor hatte auch das *Neue Wiener Journal* seinen Augen auf das »Krauthappel« gerichtet: »Die durchbrochene Kuppel ist doch zu sehr eine Curiosität und wird manches constructive Gefühl verletzen. Man sagt freilich, es soll eigentlich keine Kuppel sein, sondern eine Baumkrone. Auf den ersten Anblick eine hübsche Idee: eine Baumkrone, unter deren Schutz die wahre Kunst zur Entwicklung gelangen soll. Aber es ist ja doch eine Kuppel! Und wenn es ein Blätterdach ist – ist es die Aufgabe der Architektur irgend eines Stiles, und sei er der secessionischeste, öffentliche Bauten mit Blätterdächern zu krönen?«

Kehren wir zurück ins Herz der Stadt, zur Hofburg, dem Zentrum imperialer Macht, versetzen wir uns ins Jahr 1910. Nehmen wir die *Neue Freie Presse* vom 4. Dezember, das war damals ein Sonntag, und vertiefen wir uns in »Das Haus gegenüber der Burg«, so der Titel des Feuilletons auf der ersten Seite.

Um seine Kritiker zu versöhnen, entwarf Adolf Loos Blumenkisterln, die sogar im Grundbuch eingetragen wurden. Im Sommer waren Blumen, im Winter Blattpflanzen verordnet worden.

Doch zunächst ein paar Sätze, um die Ausgangslage zu skizzieren. Es geht um das Eckhaus zwischen Herrengasse und Kohlmarkt, das heute allgemein als Looshaus weit über die Grenzen des Landes, ja sogar des alten Europa bekannt geworden ist. Einst stand hier das sogenannte »Dreilauferhaus«, dessen Name sich von den herrschaftlichen »Laufern« ableitete, jenen jungen Männern, die als Herolde den Kutschen ihrer adeligen Herren voranliefen. Gegenüber in der Herrengasse erhebt sich eine Ikone des Historismus, das Palais Herberstein, das Architekt Karl König 1897 erbaut hat. Jener König, der auch den riesigen Philipphof schräg hinter der Oper ebenso wie das Postament des Mozartdenkmales errichtet hat. Auftraggeber des Neubaus war die Firma Goldman & Salatsch, ein exklusiver Herrenausstatter, mit der noblen Adresse Graben 20. Im Jahre 1909 erhielt der 1870 in Brünn geborene Adolf Loos den Bauauftrag. Loos war zunächst nach Amerika übersiedelt, ehe er sich 1896 in Wien niederließ, wo er als Architekt und Journalist arbeitete. »Das Haus gegenüber der Burg« war sein erstes Haus überhaupt. Die schmucklose Fassade war DER Skandal im Jahr 1910. Wenden wir uns wieder dem Feuilleton zu, dessen Stil nicht uninteressant ist, denn Leser und Leserin werden in der Unart des 21. Jahrhunderts mit »Du«, angesprochen: »Wähle dir einen Standpunkt auf dem Michaeler Platze, um das neue Haus, das dort an Stelle des Dreilauferhauses errichtet wurde, näher zu betrachten, und alsbald wird sich irgendein Vorübergehender zu dir gesellen, der laut wiederholt, was du im Stillen gedacht, der seine Flüche dem häßlichen Hause ins Gesicht sagt und dann, Verwünschungen murmelnd, von hinnen geht. So allgemeines Mißfallen hat selten ein Bauwerk hervorgerufen, nicht einmal das ›Krautköpfel‹ der Sezession. Es ist aber auch von der untersten Schwelle bis zum Dachfirst nicht ein wienerischer Zug an dem neuen Hause zu entdecken. Erdgeschoß und Halbstock eitel Marmor, gewaltige Säulen aus einem Stück, die hohen Straßenwände, die Füllungen zwischen den mächtigen Spiegelscheiben, durchaus edles Material, kostbarer Marmelstein, darüber aber eine kahle Mauer ohne den Schatten eines Ornaments, von ganz schmucklosen Fensterlöchern durchbrochen, eine trostlose Dürftigkeit über dieser Marmorpracht, unten hui und oben pfui, ein Armeleutstil auf einen Parvenustil gepfropft – wie sollte es möglich sein, so grelle und offenbar kreuzmoderne Dissonanzen mit der uralten, historisch abgetönten Umgebung in Einklang zu bringen!«

Liest man weiter, wundert man sich, wie sehr sich der Autor dieser Zeilen alterierte und welche Vergleiche er fand. Er bedauerte die Lage des Hauses an dieser prominenten Stelle, an der Peripherie hätte es ihn weniger gestört. Er wünschte, es stünde am Broadway in New York, in einem europäischen Geschäftsviertel in Peking oder Yokohama, nur nicht in Wien. Diese Einstellung erinnert ein wenig an das Florian-Prinzip. Die Fenster beleidigten den Geschmack des Schreiberlings ganz besonders arg. »Hier werden die Fenster viereckig oder beinahe viereckig in die Mauer geschnitten, und daß sie sich schmuckrein dem Auge darbieten! Ganz ohne Sims, ohne Verdachung, ohne einrahmendes Ornament! Die Hauswand soll heute wie in geometrisch von der Maschine durchlochtes Brett erscheinen, und das Brett wurde ja bereits zum ästhetischen Prinzip erhoben. Zu den Schönheitsidealen der neuen Schule gehört die Tafel, die leere glatte Fläche, die kahle Mauer. Was man ehedem für Mangel an Erfindung hielt, ist jetzt ein Zeichen von Talent.«

Genug der Motzerei, drehen wir das Rad der Erregung ein wenig weiter. Im Juli 1911 gibt es zwei denkwürdige Ereignisse: Einmal am 24. Juli. Da verkündet der Auftraggeber des Gebäudes in einem schlechten Zeitungsinserat, das aussieht, als hätte es Adolf Loos selbst gestaltet: »Firma Goldmann & Salatsch sind von heute an am Michaelerplatz«. Und zweitens erschien ein Artikel weit ab von Wien, wo heftige Debatten tobten, in einer Berliner Zeitschrift: *Der Sturm. Wochenschrift für Kultur und Künste* publiziert in Nr. 70 ein Feuilleton unter dem Titel »Schönheit! Schönheit! Der Fall Adolf Loos.« Der Autor schrieb mit spitzer Feder gegen das sture Verharren der Wiener Kunstkritiker im Historismusstreit und präsentierte so eine Gegenschrift zu obigen Feuilleton der *Neuen Freien Presse.* Wir präsentieren die treffendsten Passagen im Originalwortlaut. »Nun gibt es in Wien einen Architekten. Er heißt Adolf Loos. [...] Der Künstler wurde beauftragt, ein Haus auf dem Michaelerplatz zu Wien zu bauen. Sein Auftraggeber ließ ihm volle Freiheit. Loos, für den das Ornament ein Verbrechen bedeutet, Loos, der erste, der vor zwanzig Jahren schon die Sinnlosigkeit des übernommenen oder unarchitektonisch gedachten Ornamentes erkannte, Loos baute ein Haus, ohne auf das Schönheitsbedürfnis seiner Zeitgenossen Rücksicht zu nehmen. [...] Das Haus war noch lange nicht fertig, als sich der bekannte

Sturm der Entrüstung erhob. Die Neurenaissance war gefährdet. Das Haus passte nicht in den Stil. Von diesem »Stil« darf in den nächsten hunderttausend Jahren nicht abgewichen werden. Die Zeitungen waren außer sich, ein Kunstkritiker sah sogar ›viereckige Fenster‹. Da griff das Stadtbauamt ein. Es hat in Wien die Aufgabe, darüber zu wachen, dass der Stadt die Neurenaissance erhalten bleibe, und dass ihre Einwohner nicht in der Entwicklung ihres Schönheitssinns durch Fehlen von Ornamentik aufgehalten werden. Es kam allerdings doch zu erheblichen Verkehrsstörungen, denn ganz Wien starrte sich monatelang die fehlenden Ornamente an. Während einer Abwesenheit des Künstlers erliess der Besitzer des Hauses ein Preisausschreiben, um die bewährte und verlangte Verschönerung der Fassade herbeizuführen. Adolf Loos protestierte nach seiner Rückkehr auf das Entschiedenste und er hatte den Erfolg, dass die Wiener Architektenvereine einstimmig beschlossen, sich nicht an der erwünschten Verschönerung zu beteiligen. Aber das Stadtbauamt kann es nun einmal ohne Neurenaissance und Ornamentik nicht aushalten. Es befahl dem Hausbesitzer innerhalb einer bestimmten Frist und unter Androhung einer unerhört großen Geldstrafe, die Fassade zu verschönern. [...]«. Ein Seitenhieb findet sich auch gegen den Architekten Karl König. »Das Stadtbauamt besteht auf seinen Schönheitssinn: mit Gott für König und Neurenaissance.« Nach einer langen Passage aus der *Fackel* von Karl Kraus, der pro Loos ist, schließt der Berliner Beitrag mit einem Aufruf. »Die paar Menschen, die in Deutschland etwas von Kunst verstehen und Einfluss haben, müssen alles aufbieten, um einen Roheitsakt zu verhindern, der an Adolf Loos und an der Kunst verübt werden soll.«

Was war passiert? Dem Beamten im Stadtbauamt war die Schmucklosigkeit ebenfalls ein Dorn im Auge. Es verlangte vom Besitzer eine Änderung. Dazu *Das Vaterland* vom 7. Mai 1911: »Nachdem die Firma Goldman und Salatsch vom Stadtbauamte beauftragt wurde, unter Erlag von 40.000 Kronen bis Ende Juni dieses Jahres die Fassade des ihr gehörigen Hauses am Michaelerplatz auszugestalten, hat sich die Firma veranlaßt gesehen, unter Mithilfe des Oesterreichischen Ingenieur- und Architekten-Vereines einen Wettbewerb zur Erlangung von Plänen für die künstlerische Ausgestaltung der Fassade auszuschreiben.« Als Preisgelder für die ersten vier Plätze wurden 2000 Kronen, 1500 Kronen, 1000 Kronen und 500 Kronen ausgeschrieben. In der Jury – man würde es nicht glauben – saß auch Hofrat Professor Karl König. Immerhin war auch Loos eingeladen worden, dem Gremium beizutreten. Otto Wagner hatte indes eine Teilnahme abgelehnt.

Nun, das Ganze hat – retrospektiv gesehen – doch ein Happy End gefunden. Loos verpasste seinem Haus selbstentworfene Blumenkisterln und konnte somit Schlimmeres abwenden. Die Blumenkisterln wurden im Grundbuch eingetragen, im Sommer waren Blumen und im Winter Blattpflanzen verordnet worden – das Stadtbauamt war zufrieden und Loos hielt am 11. Dezember 1911 in den Sophiensälen einen vielbeachteten Vortrag »Mein Haus am Michaelerplatz.«

Auch wenn sich die Besitzer, einst Goldman & Salatsch, heute die Raiffeisenbank Wien, in großen Lettern auf der Fassade verewigten, ist die Ikone der Moderne als »Looshaus« weltberühmt geworden.

RAIFFEISENBANK
WIEN
RAIFFEISENBANK

Feuilleton.

Mein erstes Haus!

VON ADOLF LOOS

»

Ich weiß nicht, wie ich dem Stadtbauamte für die Reklame danken soll, die sie mir mit dem Verbot, an der Fassade weiterzuarbeiten, gemacht hat. Ein lang behütetes Geheimnis kam damit ans Tageslicht: ich baue ein Haus.

Mein erstes Haus! Ein Haus überhaupt! Denn das hätte ich mir wohl nicht träumen lassen, daß ich auf meine alten Tage noch ein Haus bauen werde. Nach all meinen Erlebnissen war ich mir bewußt, daß wohl niemand so verrückt sein wird, sich ein Haus bei mir zu bestellen. Und daß es möglich wäre, meine Pläne bei irgend einer Baupolizei durchzudrücken.

Denn diesbezüglich hatte ich eine Erfahrung hinter mir. Es wurde mir die ehrenvolle Aufgabe zuteil, in Montreux, am schönen Ufer des Genfersees, ein Portierhäuschen zu errichten. Es lagen viel Steine am Ufer und da die alten Bewohner des Sees alle ihre Häuser aus diesen Steinen erbaut hatten, so wollte ich es ebenso tun. Denn erstens ist es billig, was doch wieder im Architektenhonorar zum Ausdruck kommt – man kriegt viel weniger – und zweitens haben sich die Leute weniger mit der Zufuhr abzumühen. Ich bin. grundsätzlich gegen das viele Arbeiten, meine Person nicht ausgeschlossen.

Sonst dachte ich an nichts Böses. Wer beschreibt daher mein Erstaunen als ich, zur Polizei vorgeladen, gefragt wurde, wieso ich, ein Fremdling, ein solches Attentat auf die Schönheit des Genfersees verüben könne. Das Haus sei viel zu einfach. Wo bleiben die Ornamente?! Mein schüchterner Einwand, daß der See ja selbst bei Windstille glatt und überhaupt ohne Ornamente sei und doch von manchen Menschen für ganz passabel erklärt werde, konnte die Argumente der Gegenseite nicht aufheben. Ich erhielt eine Bescheinigung, daß der Bau eines solchen Bauwerkes wegen seiner Einfachheit und daher Häßlichkeit verboten sei. Ich ging beglückt und selig nach Hause.

Beglückt und selig! Denn wer von allen Architekten des Erdballes hatte es von der Polizei schwarz auf weiß bekommen, daß er ein Künstler sei? Jeder von uns hält sich für einen solchen. Aber man glaubt es uns nicht immer. Manche glauben es diesem, manche jenem. Den meisten niemand. Mir mußten es alle glauben, sogar ich. Denn ich war verboten, polizeilich verboten, wie Frank Wedekind oder Arnold Schönberg. Oder besser, wie Arnold Schönberg verboten würde, wenn die Polizei die Gedanken in seinen Notenköpfen zu lesen verstünde.

Ich hatte das Bewußtsein, ein Künstler zu sein, eine Sache, die ich immer dunkel geschwant hatte und die mir nun die Polizei amtlich bestätigte. Und als guter Staatsbürger glaube ich nur dem Amtsstempel. Aber dieses Bewußtsein war teuer erkauft. Irgend jemand, vielleicht ich selber, hatte es ausgeplaudert und so kam es unter die Leute und keiner mehr wollte mit einem so gefährlichen Menschen, der doch ein Künstler immer ist, etwas zu tun haben. Man glaube aber nicht, daß ich müßig ging. Wenn jemand 1000 Kronen hatte und eine Wohnungseinrichtung brauchte, die wie 5000 Kronen aussah, so kam er zu mir. Ich hatte mich darin zum Spezialisten ausgebildet. Die aber, die 5000 Kronen hatten und für diesen Preis ein Nachtkästchen haben wollten, das wie 1000 Kronen aussah, gingen zu einem anderen Architekten. Da nun die erstere Menschenkategorie die zweite um ein bedeutendes überwiegt, so hatte ich vollauf zu tun. Man sieht, daß ich mich nicht beklagen kann.

Nun kam eines Tages ein Unglücklicher und bestellte bei mir die Pläne zu einem Hause. Es war mein Schneider. Dieser brave Mann – eigentlich zwei brave Männer – hatten mir Jahr für Jahr Anzüge geliefert und geduldig jeden ersten Jänner eine Rechnung geschickt, die, ich kann es nicht verhehlen, nie kleiner wurde. Ich konnte mich, und kann mich auch heute noch nicht, trotz den heftigen Remonstrationen meiner Mäzene, des Verdachtes erwehren, daß mir dieser ehrenvolle Auftrag zuteil wurde, um wenigstens eine Verkleinerung dieser Rechnung zu erzielen. Der Architekt bekommt nämlich eine Ehrengabe, das Architektenhonorar. Trotz dessen schönen Namens ist diese Ehrengabe nicht davor gefeit, von unbezahlten Rechnungen abgezogen zu werden.

Ich warnte die beiden braven Männer vor mir. Vergebens. Sie wollten unbedingt die Rechnung kleiner haben – Pardon – den Bau einem amtlich gestempelten Künstler übergeben. Ich sagte ihnen: wollt ihr, als derzeit, noch unbescholtene Männer partout die Polizei am Halse haben? Sie wollten es.

Es ist gekommen, wie ich es vorhergesagt habe. Im letzten Moment kam glücklicherweise Baurat Greil und winkte dem Büttel ab, der schon den Auftrag hatte, die Missetäter in den Gemeindekotter zu stecken. Es gibt außer der hohen Obrigkeit Gott sei Dank immer noch eine holdere Obrigkeit.

Das Haus wird bald fertig sein. Wie es mit meinen Anzügen bestellt sein wird, weiß ich noch nicht. Ein neues Haus wollen meine Bauherren nicht mehr bauen. Ich werde mich daher nach einem neuen Schneider umsehen müssen. Wenn dieser Mann ein ebenso unerschrockener Mäzen ist wie meine bisherigen Kleiderlieferanten, kann ich in zehn Jahren mein zweites Haus erstehen.

Der Morgen. Wiener Montagblatt, 3. Oktober 1910

Erntete heftige Kritik: das Mozartdenkmal von Viktor Tilgner an seinem ursprünglichen Standort vor dem heutigen Café Mozart.

Ver-rückte Figuren

Alte Helden, neue Plätze

Der Spruch Heraklits, »Alles fließt«, der sich im Übrigen auf einem Brückenpfeiler der Stubenbrücke befindet, die den dritten mit dem ersten Bezirk verbindet, scheint insbesondere für scheinbar fix verankerte Bauten zu gelten. Frei nach dem Motto »Nix is fix«, alles ist in Bewegung und Wandel, haben einige der bedeutendsten Denkmäler der Stadt im Laufe der Zeit ihren Standort verändert. Wir begleiten sie auf ihren Wegen von A nach B und werden Zeugen vergessener Ortsveränderungen.

Einmal mehr sind historische Ansichtskarten Belege dieser Veränderungsprozesse. So zeigen etwa alte Ansichten von jenem Platz, der den Namen »Am Hof« trägt, das Denkmal des legendären Kriegshelden Radetzky. Johann Joseph Wenzel Anton Franz Karl Graf Radetzky von Radetz. 1766 in Böhmen geboren, kämpfte in den Kriegen gegen Napoleon, nach den Schlachten von Aspern und Wagram 1809 wurde er zum Feldmarschallleutnant ernannt. Als Chef des Quartiermeisteramts unterstützte er dann Carl Fürst Schwarzenberg, dessen Denkmal sich im Übrigen auf dem Schwarzenbergplatz befindet, in der Völkerschlacht bei Leipzig im Oktober 1813. 1831 wurde er zum Generalkommandanten der österreichischen Armee in Lombardo-Venetien ernannt und 1848/49 schlug er in den Schlachten von Santa Lucia, Vicenza, Custozza, Mortara und Novara die sardinisch-piemontesischen Truppen und sicherte damit die Lombardei noch einmal für die Habsburgermonarchie.

Kaum ein anderer Kriegsheld war, sieht man einmal von Prinz Eugen ab, in der Gedächtniskultur der Monarchie derart präsent wie der 1858 in

Mailand verstorbene und in Kleinwetzdorf beigesetzte Radetzky, zumal ihm Johann Strauß Vater mit dem am 31. August 1848 uraufgeführten, sehr schneidigen Radetzkymarsch ein musikalisches Denkmal setzte, das in seiner Bekanntheit nur mit dem Donauwalzer (von Johann Strauß Sohn) mithalten kann. Dass der Mann, der auf stolze 72 Dienstjahre in der k. u. k. Armee verweisen konnte, bald ein repräsentatives Reiterdenkmal bekommen sollte, stand außer Zweifel – dass der reaktionäre Radetzky die Herrschaft Habsburgs in der Lombardei auf Verhaftungen und Hinrichtungen verdächtiger Patrioten gestützt hatte, störte niemanden. So wurde seitens des Denkmalkomitees unter der Leitung von Erzherzog Albrecht ab 1866 über eine Reihe von Standorten diskutiert. Die Entscheidung fiel, einer gewissen Logik folgend, auf den Platz vor dem damaligen Kriegsministerium. Dieses befand sich Am Hof (Nummer 2) neben der Kirche am Eck zur Bognergasse. Das bronzene Standbild wurde am 24. April 1892 in Anwesenheit des Kaisers enthüllt. Selbstverständlich mit allem nur erdenklichen militärischen Pomp, darunter mit 30 Gewehrsalven und 24 Kanonenschüssen, und unter Abspielen der Kaiserhymne. Der aus dem westfälischen Ort Herzebrock stammende Bildhauer Caspar Zumbusch (1830–1915), der schon 1888 das imposante Maria-Theresien-Denkmal geschaffen hatte, war der ausführende Künstler. Er stellte den Kriegsherrn in aufrechter Position sitzend dar, ähnlich den vier Reiterstatuen rund um das Maria-Theresien-Denkmal. Also von der Eleganz, die Fernkorn am Heldenplatz mit den beiden Reiterstandbildern von Erzherzog Karl und Prinz Eugen gezeigt hatte, keine Spur.

Als nun das Kriegsministerium ein neues Gebäude am Stubenring bezog, das wir heute als Regierungsgebäude mit Sitz gegenüber der Postsparkasse von Otto Wagner kennen, wurde auch

Das bronzene Standbild von Feldmarschall Radetzky wurde am 24. April 1892 Am Hof enthüllt und im Juli 1912 an seinen heutigen Standort am Stubenring transferiert.

das Radetzydenkmal in einer Nacht- und Nebelaktion im wahrsten Sinn des Wortes transloziert. Die *Neue Freie Presse* schreibt am 28. Juli 1912 über die nächtliche Translozierung Radetzkys: »... der um 1 Uhr nachts von seinem Platz Am Hof aufbrach und durch die Bognergasse über die Tuchlauben, die Brandstätte zum Riesentor der Stephanskirche zog, wo kurze Rast gehalten wurde. Die Überführung mußte geheim gehalten werden, da ein großer Menschenandrang gefährlich gewesen wäre.«

Gott sei Dank ging alles gut, lediglich auf der Ringstraße musste die Oberleitung der Tramway durchgezwickt werden, um der Statue Platz zu machen. Hier folgte am 27. Juli 1912 die nunmehr zweite Enthüllung. Doch für die Zierde des architektonisch martialischen Kriegsministeriums mit den zahlreichen Soldatenköpfen über den Fenstern gab es auch andere Pläne. So hätte es Oberbaurat Ludwig Baumann (1853–1936), der Erbauer des Ministeriums, der auch die beiden Brunnen dafür entworfen hatte, gerne gesehen, wenn der Löwe von Aspern, den Fernkorn geschaffen hatte, zum Kriegsministerium transferiert worden wäre. Nachzulesen im *Neuen Wiener Tagblatt* vom 8. Mai 1912 unter dem Titel »Der Löwe von Aspern auf der Ringstraße«.

Tatsächlich sollte es in diesem Grätzel nicht an Löwen als Symbole der Macht mangeln. So verzierte Baumann die beiden Brunnen mit wasserspeienden Löwenköpfen. Weiters platzierte er auch über den beiden Eingangstoren (ringseitig, wie auch zum Wienfluss hin in der Schallautzerstraße) Löwenköpfe. Zudem konnte man auch die nahe Aspernbrücke bei der Urania damals im Grunde als eine »Löwenbrücke« bezeichnen. Bei der ersten, 1864 eröffneten Brücke befanden sich beiderseits der Brückenköpfe, hüben wie drüben, neben den allegorischen Figuren *Krieg, Friede, Ruhm* und *Wohlstand* des aus Böhmen stammenden Steinbildhauers Franz Melnitzky insgesamt vier liegende Löwen. Auch die zweite Aspernbrücke, eröffnet am 1. Dezember 1919, wurde noch von den vier Löwen Melnitzkys bewacht. Nach deren Zerstörung im Jahr 1945 folgte 1951 die Errichtung der dritten (= heutigen) Aspernbrücke – allerdings ohne Löwen. Diese fanden in Niederösterreich ein würdiges Ausgedinge. Zwei blicken heute vor dem Hoyos'schen Schloss in Horn dem Besucher entgegen, die beiden anderen wachen vor Schloss Gobelsburg. Sie befanden sich ursprünglich bei Schloss Haindorf bei Langenlois und kamen erst später nach Gobelsburg.

Interessante Details enthüllte die Rathauskorrespondenz vom 3. März 1953. Demnach erbrachte ein steinernes Löwenpärchen 10.000 kg Weintrauben. Der Hintergrund dazu: Im Herbst 1945 hatte die Gemeinde Langenlois den Wiener Kindern Trauben gespendet, nun zeigte sich die Stadt Wien mit zwei Löwen erkenntlich.

In Kriegszeiten setzen zahlreiche Aktionen ein, um Spenden für bedürftige Opfer und Hinterbliebene zu sammeln. Während des Ersten Weltkrieges waren diverse Nagelaktionen besonders beliebt. Für eine fixe Spende durfte man dem »Eisernen Wehrmann«, einen Nagel einschlagen. Diese sehr populäre Art des Crowdfunding brachte durch die Masse der Nägel dann die gewünschten Geldmittel auf.

Auch Wien hatte einen »Eisernen Wehrmann«, heute ist er in den Arkaden des Wiener Stadtplanungshauses (Rathausstraße 14–16) zu bewundern. Genagelt wurde ursprünglich an anderer Stelle: auf dem Schwarzenbergplatz vor dem Denkmal des Fürsten Schwarzenberg. Die Anfänge der vom Bildhauer Josef Müllner geschaffenen Skulptur aus Lindenholz gehen zurück auf den Herbst 1914, in den ersten Märztagen 1915 wurde sie aufgestellt. Der erste Nagel war eigentlich ein k. k. Nagel des Kaisers. Doch nicht der greise

Die Löwen der einstigen Aspernbrücke befinden sich heute vor Schloss Gobelsburg und vor Schloss Horn in Niederösterreich.

Monarch selbst, sondern Erzherzog Leopold Salvator schlug ihn für Seine Majestät in den Knauf des Schwertes, der deutsche und der türkische Botschafter und Tausende Wiener taten es im nach. Getragen wurde die Aktion vom Komitee des Witwen- und Waisenhilfsfonds unter der Ägide von Prinzessin Hanna Liechtenstein. Wer helfen wollte, durfte um eine Krone einen »Waisenglücksnagel« ins Holz hämmern. Schon damals war vorgesehen, den Wehrmann, der bald mit einem Holzpavillon geschützt wurde, zur Erinnerung an diese schweren Zeiten ins Rathaus zu bringen. Da bis zum August 1916 nur 700.000 Kronen vernagelt worden waren, tauchte die Frage auf, warum man den Wehrmann nicht auf Rundtour durch die Wiener Bezirke schicken sollte. Im Oktober 1920 wurde der Wehrmann entfernt, seine Behausung diente als Infostand für den Tourismus. Doch aufgestellt war er noch nicht worden. Wo war er nur? »Er wird doch nicht ›Podagra‹ [= Gicht] bekommen haben«, sorgte sich ein Leser der *Illustrierten Kronen Zeitung* am 20. Juli 1925. Auch ein Jahr später war er immer noch nicht an der für ihn vorgesehenen [= heutigen] Stelle, die ein Vierzeiler des deutschnationalen Dichters Otto Kernstock zierte. Man fragte sich, wo denn der Wehrmann sei. Jetzt haben wir Zeit, kurz auf seinen Schöpfer zu verweisen: Das

Der »Eiserne Wehrmann«, heute in den Arkaden des Wiener Stadtplanungshauses (Rathausstraße 14–16), befand sich einst am Schwarzenbergplatz, um Geld für Opfer und Hinterbliebene des Ersten Weltkrieges zu sammeln.

bekannteste Werk des Bildhauers Josef Müllner (1879–1968) ist eigentlich das Lueger-Denkmal, das 1926 enthüllt wurde. Und eigentlich sollte der Herr Lueger am Rathausplatz aufgestellt werden.

Doch siehe da, plötzlich war der »Eiserne Wehrmann« wieder in der Öffentlichkeit präsent, er stand sogar auf seinem ursprünglichen Platz. Am 15. Mai 1934 zierte er die Titelseite der *Krone* (damals: *Illustrierte Kronen-Zeitung*), ein wirksameres Lebenszeichen als PR kann man sich kaum vorstellen. »Auf dem Schwarzenbergplatz steht nun wieder der Wehrmann in Eisen, jenes schöne, aus dem Krieg stammende Standbild, das in harter Zeit dem Dienst der Nächstenliebe geweiht war. Nun soll der Wehrmann in Eisen für das Heldendenkmal werben, soll mithelfen, daß die für das große Werk notwendigen Mittel aufgebracht werden. Schon Sonntag kamen tausende, um in das Standbild einen Nagel einzuschlagen.« Ziel war es, damit Mittel für das Heldenbuch zu sammeln, das alle Namen der gefallenen Helden in der Krypta des neuen Heldendenkmals im Äußeren Burgtor verzeichnen sollte.

Zur Erinnerung: Damals stand das Land im Zeichen des autoritären »Ständestaates«, die Republik Österreich war durch den *Bundesstaat Österreich* ersetzt worden, Engelbert Dollfuß war bis zu seiner Ermordung am 25. Juli 1934 Bundeskanzler. Auch diesmal sollte es nicht an prominenten Unterstützern für den Wehrmann mangeln, so kam auch Kardinal Innitzer höchstpersönlich und trieb einen goldenen Ehrennagel mit erzbischöflichem Wappen in das Holz.

Besagtes Heldendenkmal mit dem Schriftzug »1914 – Den Toten des Weltkrieges – 1918« ist in der Krypta des Äußeren Burgtores untergebracht und wurde am 9. September 1934 feierlich eröffnet. Hier sind auch die zehn Ehrenbücher mit den Namen der Gefallenen aufbewahrt, ehe sie 2012 dem Staatsarchiv übergeben wurden. Einen Monat später, am Freitag den 12. Oktober 2012, wurde der Eiserne Wehrmann in aller Herrgottsfrüh vom Schwarzenbergplatz zu seinem endgültigen Standort in den Arkaden des Amtshauses gebracht, wo er schon um 9 Uhr in der Früh fertig aufgestellt war.

Gar nicht weit weg vom Äußeren Burgtor befindet sich der Burggarten mit dem Mozartdenkmal, einem bei Touristen sehr beliebten Fotomotiv. Da die noble Adresse mit der großen Bedeutung des Komponisten korreliert, wird wohl jeder meinen, dass der »Wolferl« schon immer hier stand. Von wegen, die ersten Dekaden des Denkmaldaseins verbrachte der Salzburger Komponist bei der Albertina, vor dem heutigen Café Mozart, schräg gegenüber vom imposanten Philipphof. Dessen Architekt, Karl König, entwarf auch das 7,5 Meter hohe Mozartdenkmal. Die Figur Mozarts allerdings meißelte kein geringerer als der bekannte Steinbildhauer Victor Tilgner aus weißem Marmor. Tilgner, 1844 in Wien geboren, schuf Zeit seines Lebens unzählige Bauplastiken, die heute alle wichtigen Gebäude der Ringstraße zieren. Darunter sind die Naturforscher Alexander von Humboldt, Isaac Newton und Carl von Linné am Naturhistorischen Museum ebenso wie William Shakespeare am Burgtheater oder Homer vor dem

Parlament. Die Enthüllung seines Mozartdenkmals war dem großen Bildhauer leider nicht mehr vergönnt. Victor Tilgner starb am 21. April 1896, wenige Tage vor dem festlichen Akt.

Kaum war die Hülle gefallen und das Monument quasi dem öffentlichen Auge übergeben worden, gab es Stimmen für einen anderen Standort. Man plädierte für einen grünen Hintergrund mit Bäumen, um dem Denkmal mehr Wirkung zu verschaffen. Wie so oft in Wien gab es Kritik, stellvertretend dafür sei die *Montags-Zeitung* vom 27. April 1896 zitiert, die in einem gar nicht lobenden Artikel etwas zynisch meinte: »Aber vielleicht war es für den Meister ein Glück, daß er die Augen schloß, ehe er gewahr wurde, wie sehr man sein Werk durch die unglückliche Platzwahl geschädigt, und wie verhältnißmäßig wenig wahre Anerkennung er mit demselben bei seinem Volke gefunden hat.« Der Standort sollte sich freilich ändern. Das Denkmal, das beim Bombardement des Philipphofes am 12. März 1945 beschädigt worden war, wurde nach einer Restaurierung am 17. Juni 1953 im Burggarten erneut der Öffentlichkeit präsentiert. Zudem hatte man vor dem Denkmal eigens einen neuen Eingang geschaffen, diesmal umgeben vom Grün der Bäume. Nicht unerwähnt soll ein Vorschlag des Architekten Hans Peschl bleiben. Er schlug vor, das Denkmal vor dem Kursalon des Stadtparkes zu positionieren und lieferte auf der Titelseite des *Illustrirten Wiener Extrablatts* vom 9. April 1903 eine Visualisierung. Aus dem wurde nichts. Im Stadtpark – wenn auch nicht vor dem Kursalon – steht seit dem 26. Juni 1921 Johann Strauß Sohn, der Walzerkönig.

Eine weitere Verrückung, allerdings nur um wenige Meter auf die andere Straßenseite, betraf Ferdinand Raimund. Franz Vogl, ein eher unbekannter Bildhauer, schuf das Denkmal des Dichters, das am 1. Juni 1898 vor dem Volkstheater enthüllt wurde. Nicht im Zuge des Baus der U-Bahn bzw. deren Vorgängerlinie, der unterirdischen Zweierlinie, sondern bereits 1938 wurde der Biedermeier-Dramatiker in den Weghuberpark auf die andere Seite der Neustiftgasse transferiert. Die Versetzung im Oktober 1938 wurde von der NS-Gemeinschaft »Kraft durch Freude« (KdF), der Freizeitorganisation der »Deutschen Arbeitsfront«, die das damals noch »Deutsche Volkstheater« übernommen hatte, veranstaltet. Zur Entfernung schreibt das *Neue Wiener Tagblatt* vom 18. Oktober: »Mehrere Gründe waren maßgebend, daß die Entfernung dieses Denkmals von seinem bisherigen Standort schon seit langer Zeit geplant war. Die Verkehrstechniker behaupteten, daß es bei dem starken Verkehr, der an dieser Stelle während des ganzen Tages, insbesondere aber am Beginn und am Ende der Vorstellungen, zu verzeichnen ist, die Sicht behindert und daher zur Gefährdung der Straßenpassanten beitrage; die Baukünstler waren der Ansicht, daß durch das Denkmal die Architektonik des von Fellner und Hellmer geschaffenen Gebäudes beeinträchtigt wird. Andre wieder fanden es sonderbar, daß das Raimund-Denkmal vor dem Deutschen Volkstheater stehe, wo es doch in Wien ein Raimundtheater gebe. Da an allen diesen Einwänden etwas Richtiges ist, hat sich das Denkmalamt der Gemeinde Wien entschlossen, das Raimund-Denkmal zu verlegen.«

Zu guter Letzt gehen wir auf die Kärntner Straße. Hier befanden sich zwei Brunnen, die beide nicht mehr vorhanden sind. Als die Kärntner Straße 1974 zur Fußgängerzone umgestaltet wurde, schuf der Architekt Wilhelm Holzbauer dafür einen ersten Brunnen mit dem vielsagenden Titel »Nasser Stein«. Über einen mannshohen, vertikalen mit einer Wellenstruktur überarbeiteten grauer Granitblock floss Wasser. Böse Zungen sahen darin Ähnlichkeiten mit einem Pissoir, noch bösere Zungen behaupteten, dass der Brunnen sogar als solches verwendet wurde. Wer sich ein Bild machen will, findet ihn heute am Vorplatz des Sozialmedizinischen Zentrums Ost (SMZ-Ost) in Transdanubien. 1991 folgte an der Stelle des »Nassen Steins« der sogenannte »Goldflussbrunnen«, den Hans Muhr aus tauerngrünem Serpentin geschaffen hatte. Das ist jenes Gestein, das wir heute auch am Hauptbahnhof in Form von Bodenplatten finden. Wer der Idee des Pissoirs verhaftet ist, hätte auch in dieser Brunnenskulptur Anklänge finden können. Auch hier fließt Wasser über breite, in Goldbronze ausgelegte Rinnen von oben nach unten. 2009 wurde auch dieser Brunnen entfernt. Er kam als Geschenk der Stadt Wien nach Singapur, wo man ihn im Skulpturenpark *Arts Trail* besichtigen kann. Somit ist er – was die Distanz betrifft – Wiener Weltmeister in Sachen »Denkmalverrückungen«.

Das 1898 enthüllte Denkmal Ferdinand Raimunds vor dem damals noch Deutschen Volkstheater wurde im Oktober 1938 in den Weghuberpark bei der Neustiftgasse versetzt.

KAPITEL II

MONUMENTE, DIE ES NICHT MEHR GIBT

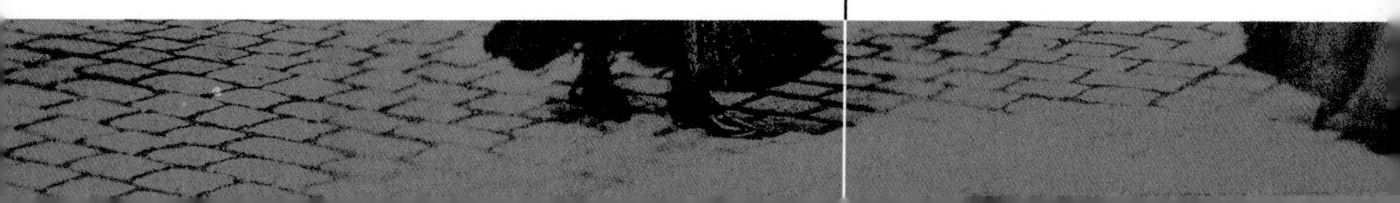

Die 1873 eröffnete Rotunde besaß einst die weltgrößte Kuppel und war Stolz und Wahrzeichen Wiens bis zum Brand am 17. September 1937.

Vom Werden und Vergehen eines Wahrzeichens

»Abschied von der Rotunde«

So titelte die *Wiener Zeitung* am 18. September 1937 über die »entsetzliche Katastrophe der gestrigen Mittagsstunden«. Es war schier unfassbar, dass Wien binnen einer Stunde eines seiner Wahrzeichen verloren hatte. »Die Rotunde niedergebrannt«, schrieb die *Illustrierte Kronen-Zeitung* und verglich den Brand mit jenem des Justizpalastes am 15. Juli 1927: »Das größte Feuer seit 10 Jahren«. Die emotionale Betroffenheit der Wiener war groß. »Als gestern in den ersten Nachmittagsstunden der Schreckruf ›Die Rotunde brennt!‹ durch die Straßen von Wien gellte und von Mund zu Mund weitergegeben wurde, da schien mit einem mal der großstädtische Verkehr zu stocken. Und manchem Wiener war es in dieser Stunde bitterweh ums Herz. Die Rotunde bedeutete ja den Älteren unter uns ein Stück Jugend. Sie war eine Herzenssache Wiens und der Wiener. Sie kam gleich nach dem Stephansturm. Ein Wahrzeichen Wiens. Und wer die Höhen des Kahlenberges erstiegen hatte, der hielt zuerst nach der Rotunde Ausschau, um sich nach ihr zu orientieren.« *(Neue Freie Presse).*

Wie kam es dazu? Am Freitag den 17. September hatte ein Arbeiter um die Mittagszeit den Brand bei Säule 17 der 32 tragenden Säulen in rund 20 Metern Höhe entdeckt. Um 12.36 Uhr ging der Brandalarm bei der Wiener Berufsfeuerwehr ein. Die Männer der Hauptfeuerwachen »Donaustadt« und »Landstraße« waren um 12.41 Uhr am Ort. Inzwischen suchten die Flammen zwischen Blech und Stuckatur unbemerkt ihren Weg und loderten bald bis zur Kuppel empor. Um 12.50 Uhr kam die Meldung »Großfeuer«. Um 13.30 Uhr blies man zum Rückzug, drei Minuten später stürzte die größte

Kuppel der Welt ein. Durch die Druckwelle wurde das Feuer in die umliegenden Gebäudeteile getrieben. An ein Löschen war nicht zu denken, die Feuerwehr konzentrierte sich darauf, ein Übergreifen der Flammen zu verhindern. Insgesamt, so recherchierte Alexander Markl, Feuerwehroffizier der Berufsfeuerwehr Wien, kamen mit der Brandwache, die bis zum Morgen des 18. Septembers vor Ort blieb, 88 Feuerwehrfahrzeuge, 14.000 Meter Schläuche und über 250 Mann zum Einsatz *(firefighter.at)*.

In den Zeitungen tauchten noch am selben Tag Mutmaßungen über die Brandursache auf; Kurzschluss, Sabotage oder Unvorsichtigkeit wurden diskutiert. Kurzschluss konnte ausgeschlossen werden, da der Strom für das Hauptgebäude abgedreht worden war. Ein Sabotageakt, sprich eine Brandlegung, mit dem Ziel großen Schaden anzurichten, wurde auch nicht weiter diskutiert. Man meinte, den größten Schaden hätte man mit einem Brand vor Beginn der Herbstmesse angerichtet, um diese zu verhindern. Die Wiener Herbstmesse des Jahres 1937 hatte von Sonntag 5. September bis Sonntag 12. September 18:30 Uhr gedauert, sie war erstmals um einen Tag verlängert worden. Einer der Höhepunkte war die »Funkmesse« der Radiofunkindustrie mit einem Stand der Firma Telefunken in der Mitte der Rotunde. Auch der »Erfinderpavillon« innerhalb der Rotunde war damals ein Publikumsmagnet gewesen. Die Vielfalt der Objekte hätte kaum bunter sein können; Alfons Kurz zeigte Universal-Reisetischchen zum Anklemmen, Peter Adamovic eine Desinfektionseinrichtung für Türdrücker und Klosettsitze, Moritz Glasser bot ein durchsichtiges Feuerzeug an und in Koje 8140 gab es Gmundner Sportschuhe. Am 7. September hatte Bundespräsident Wilhelm Miklas die Messe in der Rotunde besucht. Insgesamt zogen die Aussteller eine befriedigende Bilanz. In den Tagen danach waren fast sämtliche

8 Groschen für Oesterreich

Illustrierte Kronen Zeitung

40 Heller

38. Jahrgang.

Nr. 13.530.

Post-Abonnement für Oesterreich 1 Monat 2 Schilling 55 Groschen

Wien, Samstag, den 18. September 1937. Redaktion und Administration: Wien, IX., Pramergasse 28.

Post-Abonnement für die tschechoslow. Republik 1 Monat Kč 11.—, 3 Monate Kč 33.—

Die Rotunde niedergebrannt!

In Wien ereignete sich gestern die größte Brandkatastrophe seit zehn Jahren: ein Wahrzeichen Wiens, die Rotunde, brannte bis auf die Grundmauern nieder. Die Ursachen des Feuers, das mittags ausbrach, die ganze Nacht wütete und immer wieder die umliegenden Praterteile mit ihren Gebäuden bedrohte, sind noch unbekannt.

Exponate wieder weggeschafft worden, gegen Ende der Woche war die Rotunde so gut wie leer.

Auch Unvorsichtigkeit als Brandursache wurde nicht weiter in Betracht gezogen, da es dafür keine Indizien gab. Knapp drei Monate später lieferte Ing. M. F. Möller in der *Zeitschrift des Österreichischen Ingenieur- und Architekten-Vereines* (Heft 49/50) unter dem Titel »Der Brand der Wiener Rotunde und seine Lehren« eine Analyse. Er führte den Brand auf die mangelhaften Sicherheitsvorkehrungen zurück. Naturgemäß waren die Brandschutzvorkehrungen von 1873 nicht vergleichbar mit denen von 1937, geschweige denn erst mit den heutigen. Möller erläuterte die

Um den Brand der Rotunde am 17. September 1937 zu bekämpfen, waren 88 Feuerwehrfahrzeuge sowie mehr als 250 Mann mit 14.000 Metern an Schläuchen im Einsatz – vergeblich, wie sich zeigte.

Eckpunkte der Konstruktion im Detail: »Das statische System der Zeltdächer, die die äußere Form eines Kegelstumpfes haben, ist gekennzeichnet durch die Anordnung eines Zug- und eines Druckringes, zwischen welchen sich die Radialsparren spannen.« Der Brand brach, wie schon erwähnt, bei einer der Säulen aus. Der Zugring über der Säule wurde durch das Feuer erhitzt, das führte dazu, dass das dort verwendete Eisen seine ursprüngliche Festigkeit verlor und barst. Dies hatte wiederum zur Folge, dass die Dachkonstruktion beschädigt wurde. So entstand eine Kaminwirkung. Die Folgen waren verheerend: das Feuer brannte noch heftiger, das Gewicht der Kuppel drückte nach unten, die tragenden Säulen neigten sich nach außen und die Rotunde stürzte in sich zusammen. Das flammende Inferno hinterließ nur mehr die Außenmauern, wie uns zeitgenössische Bilder zeigen.

Schade! Wien wollte 1873 nicht nur mit der Weltausstellung *per se*, sondern auch mit deren Architektur einen nachhaltigen Akzent setzen.

Wilhelm Freiherr von Schwarz-Senborn, der Generaldirektor der Wiener Ausstellung, hatte das Gebäude der Pariser Weltausstellung (1867) in schlechter Erinnerung, »es glich einem riesigen Gasometer«. In Wien sollte eine optimalere Lösung gefunden werden, um »nämlich der Monotonie zu entgehen.« Er war bestrebt, nachhaltige Konzepte zu verwirklichen, und wollte »dahin wirken, dass von der Weltausstellung auch etwas materiell Bleibendes zu einer freundlichen Erinnerung erhalten werde.«

Im englischen Schiffsbauingenieur Scott Russel fand er jenen Mann, der die Vorlage zur Rotunde lieferte, die unter der Leitung des heimischen Architekten Carl Hasenauer ausgeführt wurde. Dieser errichtete zur selben Zeit, zusammen mit Gottfried Semper, auch das Kunst- und Naturhistorische Museum. Hasenauer wurde dafür mit 25.000 Gulden entlohnt und mit dem Titel eines Freiherrn geadelt. Schwarz-Senborn schwärmte schon im Vorfeld: »Der hervorragende Mittelbau des Weltausstellungsgebäudes ist eine große eiserne Rotunde, deren äußerer Durchmesser 107,83 m und deren Höhe 84,1 m beträgt. Auf 32 Säulen, von Blech und Winkeleisen zusammengesetzt, deren Grundfläche 3,048 m lang, 1,22 m breit und deren Höhe 24,384 m ist, ruht ein kegelförmiges Dach, ebenfalls ganz von Eisen, das unter einem Winkel von 31° bis zu einer Höhe von 48,2 m ansteigt und durch einen Dachring von 30,9 m Durchmesser abgeschlossen wird.« So war die Kuppel der Rotunde größer als der Petersdom in Rom oder St. Paul's Cathedral in London, die man hier locker verstecken hätte können. Auch das Ausstellungsareal schlug alle Rekorde: Es war fünf Mal größer als jenes in Paris. Der Bau erfolgte in kürzest möglicher Zeit. Vom Tag des Vertragsabschlusses, am 17. Oktober 1871, bis zur Demontage der Gerüste am 8. März 1873, waren nur ein Jahr, vier Monate und 23 Tage vergangen. Zeit- und Kostendruck prägten den Bau der größten Kuppel der Welt, deren Spannweite mehr als doppelt so groß war wie die des Petersdoms in Rom. Die ausführende Firma Harkort aus Duisburg hatte den Auftrag zu Dumpingpreisen übernommen und montierte, um Gerüstkosten zu sparen, die Kuppel zunächst am Boden. Am 8. Juni 1872 begann man sie zu heben und mit Holzstapeln zu unterfangen, um die 32 eisernen Säulen einziehen zu können. Da es zunächst unmöglich war, die zahlreichen Winden gleichmäßig zu betreiben, setzte Johann Caspar Harkort auf Musik. Mit dem Takt einer Militärkapelle, die in der Mitte der Rotunde »schneidige Militärmärsche spielte«, vollzog sich das ganze Unternehmen gleichmäßig, ohne das gigantische Dach zu verzerren, vonstatten und konnte am 29. August abgeschlossen werden.

Bei der feierlichen Eröffnung der Weltausstellung am 1. Mai 1873 waren neben dem Kaiserpaar das Who's who der in- und ausländischen Aristokratie und des Bürgertums anwesend: Es kamen etwa 12.000 Personen. Doch die Rotunde war keineswegs voll. Am 2. November 1873 war die Exposition zu Ende, man zählte insgesamt 7,254.963 Besucher, 20 Millionen hatte man erwartet. Die Schau war nach massiven Überschreitungen der Baukosten

Die weithin sichtbare Rotunde war das Herzstück des riesigen Areals, das 1873 anlässlich der Wiener Weltausstellung errichtet worden war. Später fanden hier große Ausstellungen statt; 1921 zog die Wiener Messe ein.

damit endgültig zum finanziellen Desaster geworden. Die meisten der Bauten wurden nachher abgerissen, die Rotunde – auch sie war zum Abriss bestimmt, für den aber die Mittel fehlten – blieb und wurde in den nächsten Dekaden vielfältigst genutzt.

Die Rotunde, von den Wienern auch als »Guglhupf« bezeichnet, wird auch retrospektiv vor allem im Kontext der Weltausstellung wahrgenommen. Kaum bekannt sind die vielfältigen, wenn auch oft nur kurzfristigen Nutzungen, die Stefan Konrath im Rahmen einer Diplomarbeit zusammengetragen

Um drei sagenumwobene Eichen zu erhalten, baute man die Rotunde darüber. Am 8. April 1873, knapp vor der Eröffnung der Weltausstellung am 1. Mai, wurden sie dennoch gefällt.

hat. Sie war nach wie vor die erste Adresse für Großausstellungen. Erwähnt seien die »Internationale Elektrische Ausstellung« (1883) oder die »Land- und Forstwirtschafts-, Industrie- und Kunstausstellung« (1890). Die gigantische Dimension der Rotunde bot genug Raum, um auch den Kaiser gebührend zu ehren, konkret 1898 mit der »Jubiläumsausstellung für Wissenschaft, Technik und Kunst« zu seinem 50. Regierungsjubiläum oder 1910 mit der »Internationalen Jagdausstellung« zu seinem 80. Geburtstag.

Mitunter ging es auch tierisch zu: Ab 1880 gab es wiederholt Pferdeausstellungen und Fiakerkonkurrenzen, auch ein Hunderennen ist dokumentiert. Der Spott blieb nicht aus. »Daß die einst der Industrie und Kunst gewidmete Rotunde jemals zur Roßtunde werden würde, das hätten wir nie geglaubt!« (*Kikeriki,* 6. Mai 1883). Unvergessen ist die Welturaufführung des bekannten Fiakerliedes von Gustav Pick am 24. Mai 1885 durch Alexander Girardi. Der legendäre Zirkus Renz gastierte ebenso wie der Zirkus Wulff oder der amerikanische Zirkus Barnum & Bailey im Rundbau. Auch der Deutsche Carl Hagenbeck zeigte die damals beliebten Tier- und Völkerschauen gerne an dieser Adresse. 1884 sollen *»Die Singhalesen«* in vier Wochen von kolportierten 400.000 Menschen besucht worden sein.

Weitgehend unbekannt ist, dass die Rotunde als Standort für museale Objekte genutzt wurde. Von 1891 bis 1914 war das Postmuseum, das dann ins Technische Museum übersiedelte, hier untergebracht. An dessen Stelle folgten die Exponate des größten Bienenzuchtmuseums Europas, die 1937 den Flammen zum Opfer fielen. An Vielfalt sollte es in der Rotunde nie mangeln. Im Rahmen eines »Monstre-Concertes« spielten am 10. Mai 1891 vor 15.000 Besuchern die Wiener Militärkapellen in der Rotunde, kein geringere als Johann Strauß Sohn dirigierte seinen Donauwalzer. Auch die legendäre Fürstin Metternich nutzte die Rotunde für ihre Charity-Events. Ein solcher Event war das »Secessionistische Dorf«, das man in der Rotunde von 1. bis 3. Juni 1899 errichtet hatte, um Geld für die Wiener Rettungsgesellschaft zu sammeln. Vom 3. bis 11. Oktober 1903 hing ein 80 Meter langes Foucaultsches Pendel von der Kuppel, um die Erdrotation zu demonstrieren. Im Frühjahr 1921 wurde ein 24-Stunden-Radrennen ausgetragen, wobei die Siegerdistanz unglaubliche 725,621 Kilometer betrug. Von 6. bis zum 17. September 1912 fand hier der 23. Internationale Eucharistische Kongress statt – die 15.000 Besucher hätten im Stephansdom nie Platz gefunden. Ab 1921 hatte die Wiener Messe die Rotunde für Ihre Zwecke entdeckt.

Auch wenn nach dem Brand am 17. September der Ruf nach einem neuen Gebäude, einem »Messe-, Ausstellungs- und Sportpalast«, erschallte, so waren die Wiener im Herbst 1937 bald abgelenkt, sahen sie doch einem anderen Großereignis entgegen: der Eröffnung der neu errichteten Reichsbrücke am 10. Oktober. Freilich, auch jene Reichsbrücke von damals ist heute Geschichte. Von der einstigen Rotunde blieben immerhin der Name der »Rotundenbrücke« über den Donaukanal. Sie verbindet die Rasumofskygasse im dritten Bezirk mit der Wittelsbachstraße im zweiten Bezirk, wobei sich letztere dann in der »Rotundenallee« fortsetzt. Besagte Brücke besitzt auch ein Metallrelief mit dem Bildnis der Rotunde. Und im Pratermuseum treffen wir die Rotunde auch wieder, als Teil des Originalmodells der Wiener Weltausstellung.

»Vorher – nachher«: Bilder, die keiner weiteren Worte bedürfen …

Wien, II., Rotunde
vor und nach der Brandkatastrophe

BLICK VOM CAFE HEINRICHHOF
AUF DAS K.K. HOFOPERNTHEATER
WIENER WERKSTÄTTE No 412

Der Heinrichhof – das »schönste Zinshaus von Wien«

Eine noble Adresse feiner Leute

Würde man die Maßstäbe heutiger Unternehmer aus der Baubranche anwenden, hätte der legendäre Heinrichhof gegenüber der Oper wohl »Drasche-City« oder zumindest »Draschehof« heißen müssen. Im Umkehrschluss hätte Richard Lugner im 19. Jahrhundert seine »City« in der Gablenzgasse wohl ganz bescheiden »Richardhof« nennen müssen. Genug der Wortspielereien, stellen wir Heinrich Drasche, den Bauherrn und Namenspatron des Hofes, der in der Tat ein ganzer Häuserblock war, kurz vor. Drasche wurde 1811 in Brünn geboren, übernahm 1857 von seinem verstorbenen Onkel Alois Miesbach (1791–1857) dessen Ziegelöfen im Süden von Wien. Passender hätte, was den Zeitpunkt betrifft, die Übernahme nicht sein können. Mit Handschreiben vom 20. Dezember 1857 ordert der Kaiser den Abriss der Mauern an. Das war der Startschuss zur Stadterweiterung. Nicht nur zahlreiche Prachtbauten entlang der Ringstraße, die offiziell am 1. Mai 1865 eröffnet wurde, obwohl sie noch lange nicht vollendet war, sondern auch unzählige Zinshäuser wuchsen in den Vororten empor.

Das Café Heinrichhof am Opernring 3 war eine der feinsten Adressen an der Ringstraße. Hier traf sich das Who's who des Wiener Fin de Siècle.

Die exponentiell wachsende Bevölkerung der Stadt brauchte Wohnungen. Zur Illustration seien den Bevölkerungszahlen von 1857, wo 683.000 Einwohner gezählt wurden, jenen von 1869 mit 900.998 Einwohnern gegenübergestellt. 1880 waren es gar 1,162.591. Mit einem Wort: Drasche, dem die Ziegelgruben am Wienerberg gehörten, hatte stets volle Auftragsbücher. Ab den 1870er-Jahren produzierten seine Ziegelarbeiter jährlich rund 200 Millionen Ziegel. Drasche nutzte die Gunst der Stunde und baute sein Unternehmen zum führenden Konzern in der Monarchie aus, 1870 wurde er zum Heinrich Drasche Ritter von Wartinberg nobilitiert. Somit wäre auch die Herkunft des Wortes »Ziegelbaron« erklärt. Wer heute beim Abbruch alter Wiener Häuser Ziegel im Format 301 mal 144 mal 66 Millimeter mit Doppeladler und den Initialen H D findet, weiß, wem sie zuzuordnen sind. Der Vollständigkeit halber sei noch erwähnt, dass sein Erbe – er verstarb 1880 – in der heute noch existierenden Firma Wienerberger fortlebt.

Drasche hatte nach dem Abriss der Stadtmauern vom Stadterweiterungsfonds an prominenter Stelle Bauparzellen erworben, um 1861/1862 ein Nobelzinshaus errichten zu lassen. Kein Geringerer als der renommierte aus Dänemark stammende Architekt Theophil Hansen (1813–1891) zeichnet für den Bau und das Konzept der drei zu einem einzigen Objekt verbun-

Imposanter Anblick: Der Heinrichhof (vielfach auch »Heinrichshof«) war »der großartigste und kostspieligste Privatbau, den Wien je gesehen« (Das Vaterland, 19. Oktober 1862).

den Zinshäuser verantwortlich. Hansen, 1813 in Kopenhagen geboren, wechselte nach einem Architekturstudium in Wien zunächst nach Athen, und fand hier Inspiration in den Bauwerken der alten Hellenen. Mitte des 19. Jahrhunderts kehrte er zurück. Sein erstes Hotel war das 1848 eröffnete »Grand Hotel National« in der Taborstraße 18, sein erster großer Bau das heutige Heeresgeschichtliche Museum (1850–1856). Nach dem Fall der Stadtmauer folgte der Heinrichhof als sein erstes Wohnhaus im X-Large-Format.

Wenn der Bau des Heinrichhofes und der gegenüberliegenden Oper etwa zeitgleich in Angriff genommen wurden, so hinkte die Vollendung des künftigen Musentempels, der erst am 25. Mai 1869 mit Mozarts *Don Giovanni* eröffnet werden sollte, noch länger hinterher. Das als Miethaus konzipierte Bauwerk hatte von Hansen mit den markanten Ecktürmen Merkmale einer Festung verpasst bekommen und glich – wie zeitgenössische Bilder zeigen – einem imposanten Bollwerk, das von Beginn an auf breite Akzeptanz stieß. Wenn die Adresse des Heinrichhofes, der auch als Heinrichshof (mit »s«) zu finden ist, stets salopp als »gegenüber der Oper« angegeben wird, so sind seine wahren Ausmaße deutlich größer. Die amtlichen Koordinaten sind durch vier Straßen definiert: Kärntner Straße 42, Elisabethstraße 2, 4 und 6, sowie Opernring 1, 3 und 5 und schließlich Operngasse 3 – also wahrlich ein Bollwerk. Um den Ton der damaligen Zeit zu treffen, sei *Das Vaterland* vom 19. Oktober 1862 zitiert: »Das Prachtgebäude, welches Herr Heinrich Drasche am Glacis vor dem ehemaligen Kärnthnerthore, gegenüber von dem neuen Theater, aufführen ließ, und Heinrichshof benannte, ist der großartigste und kostspieligste Privatbau, den Wien je gesehen, der stattliche Bau enthält einhundert Wohnungen und achtundvierzig Verkaufsgewölbe: für die künstlerische Ausstattung des Gebäudes wurden allein anderthalb Millionen Gulden verausgabt.« Namentlich sei hier Carl Rahl genannt, von dem die Fresken zwischen den Fenstern der oberen Stockwerke stammten. Das hier als »neues Theater« genannte Bauwerk ist die Oper. Dieses Konzept der Ecktürme findet sich auch bei der ebenfalls von Hansen erbauten Akademie der Bildenden Künste am Schillerplatz wieder, die 1871 genehmigt und 1877 eröffnet wurde. Detto beim Palais Ephrussi (1872 / 1873) am Schottenring. Zu Hansens Meisterwerken gehören noch das Parlament, das damals Reichsrat hieß, und der Musikverein. Bis zu seinem Tod 1891 sollten noch zahlreiche andere Bauwerke folgen.

Zurück zum Heinrichhof. Während sich in den oberen Geschossen Wohnungen befanden, gab es zu ebener Erde Lokale und Geschäfte. Der wohl bekannteste Bewohner war der 1873 in Brünn geborene Opernsänger Leo Slezak, den Gustav Mahler Anfang des 20. Jahrhunderts nach Wien geholt hatte. Logierte Slezak zunächst noch in der nahen Elisabethstraße auf Nr. 5, bezog er bald im Heinrichhof eine 14-Zimmer-Suite mit Aussicht auf Kärntner Straße und Stephansdom, wie Dietmar Grieser in seinem Essay »Abschied und Wiederkehr« berichtet. Von Wien aus trat Slezak auch seine Reisen zu diversen Auslandsverpflichtungen an. Solche Wohnsitzverlegungen waren keine kleine Sache, wie Grieser bildhaft schildert: »Ist der Tag der Abreise gekommen, so fährt vor dem Heinrichshof ein Lastwagen vor, der die größeren Frachtstücke – zwischen dreißig und vierzig Kabinenkoffer, mit Kostümen, Requisiten und Bühnenschmuck – zum Westbahnhof bringt. Hausfrau und Zofe stehen auf der Straße und überwachen die Verladung, Slezak selber führt vom Fenster aus die Oberaufsicht. Vor dem Haus sammelt sich eine Menge Neugieriger an, Slezak-Fans bereiten ihrem Idol eine bewegende Verabschiedungszeremonie, ein Polizist regelt den Verkehr.« Im August 1937, Slezak war auf Sommerfrische im bayerischen Tegernsee, wurde bei ihm eingebrochen. Die Beute der Diebe war beträchtlich: Schmucksachen, Kleider, Wäsche im Werte von über 20.000 Schilling. Der Einbruch wurde vom Hilfsmonteur Anton Hoffmann begangen, der kurz vorher durch einen Heizungsschacht aus dem Gefängnis geflohen war. Der Gangster wusste sein Diebesgut im wahrsten Sinn des Wortes zu versilbern. »Einen Teil des dem Kammersänger gestohlenen Schmucks hat nach Darstellung der Anklage der Goldschmied Richard Silberer gekauft, ...« (*Salzburger Chronik für Stadt und Land,* 24. März 1938).

Das prominenteste Lokal, das Café Heinrichhof, befand sich am Opernring Nr. 3. Es war legendär, »förmlich ein Wahrzeichen von Wien« und hatte einen guten Ruf. »Librettisten, Komponisten, Journalisten, Schauspieler, Sänger, Intelligenz und feines Bürgertum treffen sich dort zu allen Tageszeiten. Die ruhiggediegene Einrichtung schafft eine gewisse Gemütlichkeit, die korrekte Bedienung und gute Bewirtung angenehme Behaglichkeit. Zeitungen in Hülle und Fülle, zwei Telephone und ein umsichtiger Cafetier, Herr Franz Prochaska, vollenden die Vorzüge dieses Cafés« (*Der Humorist,* 11. Oktober 1916). Die Innengestaltung stammte von Carl Witzmann, der 1881 als Sohn eines Gastwirts in Wien-Erdberg geboren worden war und nach einer Tischlerlehre von 1900 bis 1904 die Wiener Kunstgewerbeschule besucht hatte. Hier hatte er bei Josef Hoffmann eine profunde Ausbildung in der Architekturklasse erhalten. Witzmann ist nicht nur als Architekt, sondern vor allem als Innenarchitekt bekannt. Zu seinem Werken gehört die Umgestaltung zahlreicher Theater und Bühnen wie auch die Innenraumgestaltung für die Cafés Sacher und Krantz-Ambassador in der Innenstadt.

Die 1945 durch Bomben zerstörte Buchhandlung Franz Leo & Comp. befindet sich heute am Lichtensteg 1 beim Hohen Markt.

Die Besitzerin des Cafés, Adolfine Prohaska, warb in der Zwischenkriegszeit mit einem »5-Uhr-Tee mit Konzert«, im Blauen Salon gab es Abendkonzert mit dem Duo Dicker und Burian. Geschäftsführer war Leopold Westermayer, dem vorgeworfen worden war, in den Jahren 1925 bis 1927 falsche Angaben in den Geschäftsbüchern gemacht und die Gemeinde Wien um einen Teil der fälligen Nahrungs- und Genussmittelabgaben betrogen zu haben. Der Schaden betrug damals 21.756 Schilling, Westermayer, der sich geständig zeigte, wurde zu acht Monaten schweren Kerkers verurteilt. Die beim Prozess 1930 schwer erkrankte Adolfine Prohaska ging frei.

Von den Geschäften im Heinrichhof sei nur eines herausgegriffen, und zwar die Buchhandlung Franz Leo & Comp. Deren Geschäftslokal befand sich gleich links vom Haupteingang auf der Ringstraße. Heute ist es an der Adresse Lichtensteg 1 beim Hohen Markt mit einem exklusiven Sortiment zu finden. Ulla Remmer, die heute zusammen mit ihrer Schwester Susanne die Buchhandlung Leo führt, blickt in ihrer Familiengeschichte zurück und gräbt Erinnerungen an die große Zeit am Ring aus, wo anfangs Carl Konegen und Victor Löcker die Geschicke lenkten; »Was hätte Großvater alles erzählen können! Bei Leo ging das gebildete, bürgerliche, adelige und kulturell

bedeutsame Publikum aus und ein. Staatsoperndirektor Krauss, Franz Lehár und Alban Berg standen im Kundenbüchl. Der Opernsänger Leo Slezak, der im Heinrichhof wohnte, versorgte die Belegschaft mit den neuesten Witzen. Der Zuckerlfabrikant Heller ließ stets vor Weihnachten mit einer Kiste Süßigkeiten grüßen. Die arroganten Erzherzöge schätzte Hans Remmer nicht, aber auch nicht Rainer Maria Rilke, nannte ihn gar in schnöder norddeutscher Weise einen ›Dowitz‹, weil der feinsinnige Literat vor der Buchhandlung blieb und nur einen Adlatus hineinschickte. Über Karl Kraus lautete das Urteil: ›gescheit ist er ja, aber sonst unausstehlich‹. Eine Vergiftungsaffäre, die sich in den Hinterzimmern von Leo und dem Konegen-Verlag abspielte, war 1923 Wiener Stadtgespräch, nämlich der ›Fall Vukobrankovics‹, mit seiner Protagonistin, der Verlagsmitarbeiterin und späteren Top-Journalistin Elisabeth Thury. Großvater war kein Autografensammler, doch eine Autoren-Widmung findet sich in einem Exemplar der Erstausgabe des Romans ›Höret die Stimme‹: ›Herrn Hans Remmer in Hochschätzung und Dankbarkeit zugeeignet von Franz Werfel, Wien Okt. 1937‹.«

Das Anfang vom Ende des Heinrichhofs war das Bombardement am 12. März 1945, als der Block von drei Bomben getroffen wurde, am selben Tag wurde auch der Philipphof schräg hinter der Oper zerstört. Doch das Leben am Heinrichhof ging, zumindest dort, wo die Zerstörungen nicht so

Das Innere des Cafés Heinrichhof (links) wurde von Carl Witzmann, einem Schüler von Josef Hoffmann, gestaltet. Am Gehsteig (unten) befand sich ein Schanigarten.

arg waren, weiter. Die Buchhandlung Franz Leo & Comp. verkaufte weiterhin Bücher. Mit Bescheid vom 12. August 1949 sollten die beschädigten Teile abgerissen werden, doch die Familie Drasche-Wartinberg kam dem Begehr der Stadtväter nicht nach; da das Objekt nicht saniert wurde, verfiel es weiter. Zunehmend zogen alle Mieter aus, lediglich die Buchhandlung Leo kämpfte bis zuletzt um den Verbleib an der prominenten Adresse, ehe auch sie im Jänner 1951 als letzter Mieter auszog. Schlussendlich kam am 7. Dezember 1951 der Bescheid zum Schleifen des ganzen Gebäudes. Wieder passierte nichts. 1952 wurde schließlich mit der Demolierung begonnen, erst 1954 war der Hof dem Boden gleich gemacht. Wieder gab es abermals eine freie Fläche gegenüber der damals ebenfalls zerstörten Oper, wiederöffnet wurde sie mit Beethovens *Fidelio* unter Karl Böhm am 5. November 1955. Gegenüber werkten die Bauarbeiter am Neubau des einstigen Heinrichhofes. Carl Appel, Georg Lippert und Alfred Obiditsch lieferten die Pläne für den nunmehrigen Opernringhof. Am 29. Dezember 1956, also rund 13 Monate nach der *Fidelio*-Aufführung, war der kubusförmige Bau vollendet. Von bastionsartigen Ecktürmen und einer reich gegliederten Fassade keine Spur, stattdessen prägten nüchterne Sachlichkeit und glatte Formen den Bau der Wiederaufbauära. Hier zog unter anderem eine Filiale des Verkehrsbüros ein, dessen Innenraum 1976 Hans Hollein (1934–2014) gestaltete, wobei inszeniert das treffendere Wort wäre. Mit einer Schiffsreling, einem exotischen Pavillon und den legendären Palmen aus Messing samt stilisiertem Säulenstumpf schuf er unter einem tonnenförmigen Glasdach mediterranes Urlaubsflair. Nach elf Jahren, als ein neuer Direktor des Verkehrsbüros kam, war unter dem tonnenförmigen Glasdach die Holleinsche Inszenierung verschwunden – schade!

LEO SLEZAK »BEI SICH ZU HAUSE«

VON IHM SELBST, WIE IMMER, ÜBERTRIEBEN ERZÄHLT …

Ich soll etwas über: »Bei mir zu Hause« plaudern. Was soll ich da sagen? Daß es sehr mollig, warm und reizend ist. Daß ich in meiner Wohnung, im Heinrichshof, im Herzen von Wien bin, und wenn ich zum Fenster hinausschaue – links die Oper, rechts das »Bristol« und in der Mitte die Kärntner Straße mit dem Stephansturm und das ganze Getriebe beseligt vor mir sehe. Alles, was in Wien an Freudigem und Miesem geschieht, spielt sich vor meinen Augen ab.

Leider genieße ich mein Haus viel zu wenig, und wenn ich draußen bin, im Weltall, auf der Landstraße, so sehne ich mich heim nach Wien, nach meiner Oper, sehne mich nach meinem Bechsteinflügel, meinen Briefmarken, Autographen und dem gekachelten Badezimmer.

Daß ich mich im Salon nicht niedersetzen darf, und wenn ich es versuche, von dem weiblichen Teil meiner Familie durch entsetztes Anschreien: »Leo – um Gottes willen, nicht setzen!« davon abgehalten werde, erwähne ich nur nebenbei, so verfluche ich diese alten Sachen und ziehe mich resigniert in mein Zimmer, meinen bequemen Schreibtischfauteuil, der auf 24 ½ Atmosphären geprüft ist, zurück.

Zum Studium wird mir ein Küchensessel ans Klavier geschoben, bei dem es nichts ausmacht, wenn ich ihn zu Splittern sitze.

Also, alles hat seine Schattenseiten.

Nirgends, in keinem Zimmer, habe ich etwas dreinzureden, nur in meinem Herrenzimmer lasse ich meinem Behaglichkeitsbedürfnis freien Lauf, da pfeife ich auf jeden Stil, jeden vornehmen Geschmack.

Da lebe ich mich in Gemütlichkeit aus und bin der Herr. Sonst in den anderen Räumen allerdings entbehrt meine Position als Hausherr nicht jeglichen humoristischen Beigeschmacks.

Früher, als ich noch nicht so wenig zu reden hatte und meine Kinder daheim waren, die zu mir hielten, stellte ich mir im Salon, der damals noch aus der guten Breslauer Zeit unserer Verheiratung stammte, Photographien auf, kaufte mir hie und da eine in mehreren Farben schillernde Terrakottavase oder vergoldete Gipsfigur, die dem ganzen Milieu ein familiäres Gepräge gaben. Da konnte ich auch in den Fauteuils sitzen, was mir aber deshalb keine Freude machte, weil bei jedesmaligem Niedersetzen sich ein Stück der Polsterspiralfeder in den Leib bohrte und die entstandenen Öffnungen in den Kleidern genäht und die im Körper mit Tonerde gewaschen werden mußten. Da vermied ich das Setzen und überließ es nur den lieben Gästen, die entweder wie von einer Tarantel gestochen in die Höhe schnellten oder aber aus Bescheidenheit die Zähne zusammenbissen und selbst auf die Gefahr einer Blutvergiftung sitzen blieben. Dieser Zustand wurde unhaltbar. Ich entschloß mich, meiner Liesi, meiner Gemahlin, einen Salon im Stile Louis Quatorze des Fünfzehnten, bekannt unter dem Namen »Louis seize«, zu kaufen. »Nur alt muß er sein.« »Aus der Zeit.« »Alte Sachen behalten ihren Wert.« »Echte Sachen sind bares Geld«... So hieß es von allen Seiten. Jetzt traut sich kein Mensch darauf zu setzen, und tut dies Gott behüte doch jemand, so ächzt man vor Sorge auf, ob der Brokat aus dem 18. Jahrhundert nicht in Schnüren herunterhängt und die gebogenen Rogogofüße von den alten Scherben nicht in sich zusammensinken.

Ich mußte meine Photographierahmen und Terrakottalieblinge wegnehmen – jetzt steht eine gotische Figur in der Ecke, ich erschrecke jedesmal, wenn ich – namentlich im Dunkeln – vorbeigehe. Sie hat einen viel zu großen Kopf, ja ich sage es offen, einen Wasserkopf – lateinisch »testa hydraulica!« – und ein unsympathisches Gesicht. Da sie ganz abgeschabt war, habe ich sie – um Liesi zu überraschen – mit Goldbronze angestrichen.

Also, was sich da tat, was ich da zu hören bekam, will ich lieber nicht sagen, weil mir das bestimmt in meiner Stellung als Heldendarsteller schaden würde.

Das Abwaschen und Restaurieren dieses gotischen Miesniks, dieses Jahrhunderte alten Menuwels hat ein Vermögen gekostet.

Seither mische ich mich nie mehr in das Ausschmücken des trauten Heims, wende mich ab vom Salon und ziehe mich in mein liebes Herrenzimmer zurück.

Nun, mein lieber Herr Redakteur, glaube ich, Ihnen genug von mir zu Hause erzählt zu haben, und sollten Sie dieses Geblödel wirklich abdrucken wollen, dann tun Sie es – aber auf Ihre Verantwortung.

In erheblicher Zuneigung begrüße ich Sie und bin Ihr so ganz ergebener

Die Bühne, 1925 Heft 16, S. 1f.

«

Stattlicher Bau in reichen Palastformen und mit dekorativer Kuppel: der Philipphof.

Philipphof – drei Adressen hinter der Oper

Augustinerstraße 8, Tegetthoffstraße 10 und Führichgasse 9

»Das hat so viel Symbolhaftes, dass es schon wieder fast typisch wienerisch ist.« Er begreife den Platz jetzt mehr denn je als einen Platz der Nachdenklichkeit, sagte der Wiener Bürgermeister Michael Häupl anlässlich der Umbenennung des Platzes vor der Albertina in »Helmut-Zilk-Platz«. Soweit ein Zitat aus der Onlineausgabe der *Presse* vom 20. April 2010. Häupl spielte auf die Vorgeschichte(n) des dreieckigen Platzes an, auf dem einst ein ganzer Häuserblock, der Philipphof, stand. Heute finden wir an jener Stelle vor der Albertina schräg hinter der Oper das monumentale »Mahnmal gegen Krieg und Faschismus« von Alfred Hrdlicka (1928–2009). Große Granit- und wohlbehauene Marmorblöcke mit Figuren samt dem »knienden und straßenwaschenden Juden« aus Bronze dominieren den Platz. Zilk, Häupls charismatischer Vorgänger als Bürgermeister, hatte sich für das Denkmal und just diesen Standort eingesetzt. Enthüllt wurde es am 24. November 1988, also 50 Jahre nach dem »Anschluss« Österreichs an das faschistische Hitlerdeutschland. Somit wäre der Kontext zu einem »Mahnmal gegen Faschismus« gegeben. Da wäre noch der »Krieg«; hier ist der 12. März 1945 zu nennen. An die 300 Menschen versammelten sich in den Luftschutzkellern des Philipphofes, der in einem Bombenhagel zerstört wurde und in Brand geriet. Nur 180 Leichen konnten geborgen werden, die restlichen, deren genaue Zahl bis heute unbekannt ist, mussten in den verschütteten Kellerräumlichkeiten zurückgelassen werden.

Die Kriegsruine wurde am 25. Oktober 1947 gesprengt und deren Mauerreste entfernt. Von einer Bebauung wurde aus Pietätsgründen Abstand

genommen. Gras, im wahrsten Sinn des Wortes, wuchs im nördlichen Teil darüber. Im südlichen Teil musste sie hartem Granitpflaster als Teil des oben erwähnten Denkmals weichen. Ebenfalls nicht mehr da ist eine Tafel, die Details zum 12. März 1945 enthielt, lediglich ein kleines Kreuz erinnert an die Toten.

Vor seinem tragischen Ende war dem Philipphof eine glanzvolle Historie beschieden. Als Adresse des Großwohnbaus galten, je nachdem von welcher Seite man sich näherte, die Augustinerstraße 8, die Tegetthoffstraße 10 oder die Führichgasse 9. Alte Ansichten weisen ihn als Musterbeispiel eines Hauses aus, dessen Architektur man salopp gesagt mit den laienhaften Worten »überladener Monumentalhistorismus« beschreiben könnte. Architektonische Pendants sind das Haus der Industrie mit dem Sitz der Industriellenvereinigung am Schwarzenbergplatz Nr. 4 oder die Börse für landwirtschaftliche Produkte in der Taborstraße Nr. 10, wo sich unter anderem das »Odeon Theater« befindet. Auch das Herbersteinpalais am Michaelerplatz Ecke Herrengasse/Schauflergasse zeigt alle Merkmale des Späthistorismus in vollster Üppigkeit. Diese Gebäude haben einen gemeinsamen Nenner: den Architekten Karl König (1841–1915). König, ein gebürtiger Wiener, war jüdischer Herkunft, studierte an der Technischen Hochschule (heute: TU-Wien) und an der Akademie der bildenden Künste bei Friedrich von Schmidt. 1866 wurde er Assistent von Heinrich Ferstel. König durchlief eine akademische Karriere, die sich sehen lassen konnte. An der »Technik« brachte er es nicht nur zum Professor (1885) und Dekan (1884 bis 1888), sondern wurde sogar Rektor (1901/02). Die Akademie ernannte ihn 1888 zum Ehrenmitglied und 1908 wurde er auch noch Hofrat – Wienerherz, was willst du mehr?

Königs verschwundener Prachtbau, der 1883–1884 an der Stelle des Bürgerspitalzinshauses errichtet worden war, stieß auf breite Akzeptanz und verhalf dem Architekten, der mit seinem Entwurf den 1. Platz eines Wettbewerbs errang, zum Durchbruch. »Schon früher hat Professor Karl König – der Architekt der Frucht- und Mehlbörse [= Börse für landwirtschaftliche Produkte] – diese populäre Wirkung mit dem Zierer-Hof (jetzt Philipphof) in glücklichster Weise erzielt. Trotz der ungewöhnlichen Schwierigkeiten, welche dort die

Ein mächtiger Bau mit tragischem Schicksal: Der Philipphof dominierte einst den ehemaligen Albrechtplatz schräg hinter der Oper, wo sich ursprünglich auch das Mozartdenkmal (rechts im Bild) befand.

sehr bedingte Baustelle der Grundrißlösung darbot, ist es ihm gelungen, einen äußerst stattlichen Bau in reichen Palastformen hinzustellen, der mit seinem von Säulen umstellten Kopf und der decorativen Kuppel darüber nicht nur den Albrechtsplatz beherrscht, sondern auch durch die verlängerte Operngasse bis gegen das Wienufer hin perspectivisch wirkt. Solch eine malerisch dominirende Stellung des Bauwerkes ist für den Architekten von unschätzbarem Vortheil: er hat sich damit dauernd in das Stammbuch der charakteristischen Stadtveduten eingetragen.« (*Neue Freie Presse,* 19. August 1890). Die erste Bezeichnung »Ziererhof« geht auf den Familiennamen des Bankiers

Der „Ziererhof" in Wien; erbaut von Architekt C. König, k. k. Professor am Polytechnikum daselbst.

und Auftraggebers, Philipp Zierer, zurück. Bald jedoch war das Gebäude unter seinem Vornamen als Philipphof geläufig. Wir sehen hier Parallelen zum Heinrichhof Heinrich Drasches am Opernring.

Blickt man auf die 61 Jahre währenden Geschichte des Philipphofes, so ist diese gefüllt mit wunderbaren Geschichten. Unser König hatte an dieser prominenten Adresse, dessen Hauptfassade zur Augustinerstraße ausgerichtet war, einen repräsentativen Bau geschaffen, dessen Konzept er in der *Architektonischen Rundschau* (1885, Heft 1) erklärte: »Das Gebäude enthält ein für Verkaufsläden und eine Restauration eingerichtetes Parterre, ein Mezzanin und drei Stockwerke. Im ersten Stockwerk, dem Hauptgeschosse des Hauses, und in einem Theile des Mezzanins befinden sich die Lokalitäten des österreichischen Jockey-Clubs, zu denen eine besondere, nur für diese Lokalitäten bestimmte Treppe hinaufführt. Der übrige Raum in sämtlichen Stockwerken ist für große, möglichst bequem ausgestattete Wohnungen eingerichtet.«

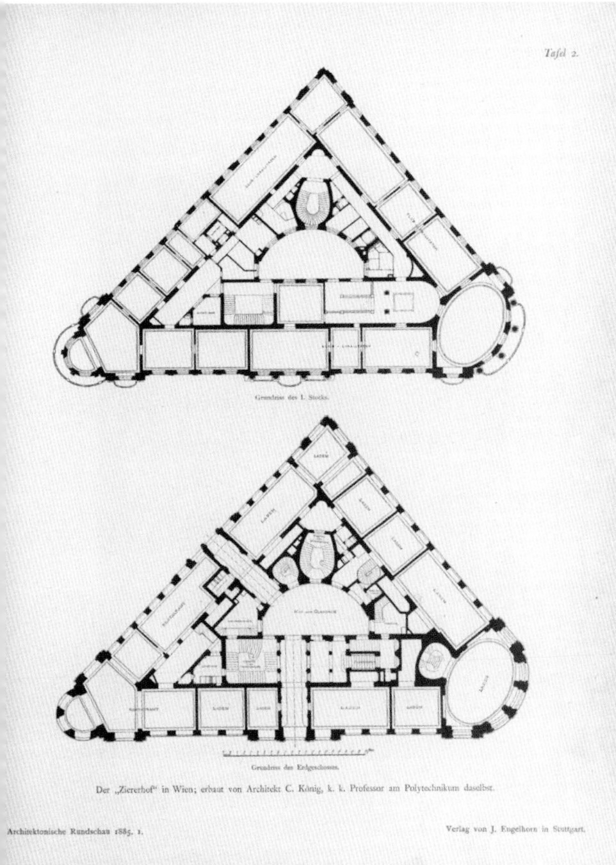

In der »Architektonischen Rundschau« stellte der Architekt Karl König das im Grundriss dreieckige Bauwerk vor, das anfangs noch »Ziererhof« hieß.

So wie im Heinrichhof befand sich auch hier ein Lokal, das Restaurant Philipphof. Neben vorzüglicher Küche warb man mit Münchener Pschorrbräu, bestem Pilsener Bier, pries das große Souterrainlokal und verwies auf Chambres séparées für Gesellschaften, Clubs etc. Für all das garantierte man »civile Preise« und »beste Ventilation.« Es mag nicht verwundern, dass hier zahlreiche Schauspieler und Dirigenten verkehrten. So speiste im Philipphof Publikumsliebling Alexander Girardi (1850–1918) mit dem legendären Dirigenten Hans Richter (1843–1916), der das Werk von Richard Wagner in Wien populär gemacht hat.

Ab 1911 hatte an der Adresse Augustinerstraße 8 auch die »Auto Palace Halphen & Co. Ges.m.b.H.« ihren Sitz, sie verfügte über den alleinigen Verkauf für den Original-Untertürkheimer Mercédès. Mit anderen Worten: Ludwig Halphen (1863–1925) hat den Mercedes nach Wien gebracht, in eine Stadt, wo in Sachen Automobile die in Döbling ansässige Firma Gräf & Stift das Sagen hatte.

Auch die renommierte Schuhfabrik D. H. Pollak & Co, die 1872 in Graz gegründet worden war und heute als Leder & Schuh AG immer noch existiert, Stichwort HUMANIC, beeilte sich, in der Tegetthoffstraße Nr. 10 ein Detailverkaufslager zu errichten. Die Firma war im ausgehenden 19. Jahrhundert zu einem großen Unternehmen aufgestiegen, produzierte rund 20.000 Schuhe pro Woche und vertrieb sie in einem Filialnetz von Wien über Sofia bis Istanbul. Sie warb mit einem reichhaltigen Sortiment aller »Gattungen Schuhwaaren bester Qualität von der einfachsten bis zur feinsten Ausführung«, das mit billigen aber »festen« Preisen feilgeboten wurde. Auch die feine Herrenschneiderei Käfferlein zog hier ein, als Standort gab sie nicht nur die Anschrift an, sondern vermerkte noch: »Philipphof-Jockeyclub«.

Der Bombenhagel vom 12. März 1945 zerstörte nicht nur Teile der Albertina, sondern auch den Philipphof, wo rund 300 Menschen in den Luftschutzkellern versammelt waren – sie fanden hier den Tod.

Mit anderen Worten, wer noble Kunden ansprechen wollte, suchte eine noble Adresse, und die war der Philipphof allemal. Ja, selbst ein Fleischhauer, die in Favoriten ansässige Firma des Josef Karl, die ihren Stammsitz in der Laxenburger Straße 29 hatte, eröffnete 1932 nach ihrer Filiale in der Favoritenstraße 62 in der Tegetthoffstraße Nr. 10 einen weiteren Standort. Bei der Annonce des Zahnarztes Dr. J. Frank aus dem Jahr 1892 verwundern weniger die Adresse, sondern vielmehr die damaligen Ordinationszeiten: wochentags von 9 bis 6 Uhr, an Sonn- und Feiertagen von 9 bis 2 Uhr.

Geht man indes in die oberen Etagen, trifft man bekannte Namen und bewegende Schicksale. Der heute weitgehend unbekannte Jacob Rothberger war hier in den Mittagsstunden des 30. März 1899 nach kurzer Krankheit unerwartet im Alter von 73 Jahren verstorben. Der jüdische Warenhausbesitzer Rothberger, der aus dem Komitat Pest in Ungarn stammte, war Hoflieferant und wurde damals als »Selfmademan« bezeichnet, kein Wunder, hatte er doch eine unglaubliche Bilderbuchkarriere gemacht. »Rothberger kam am Anfang der Vierziger-Jahre als armer Schneidergeselle auf seiner Wanderschaft nach Wien, nachdem er in Paris, der Hauptstadt der Mode, einige Jahre gearbeitet hatte. Er begann zuerst im kleinsten Maßstabe die Erzeugung fertiger Kleidungsstücke, und zwar in einer bescheidenen Wohnung, einer Mansarde in der Goldschmiedgasse, an der Ecke des Stephansplatzes. Bald erwarb er sich regelmäßige, starke Kundschaft, dieselbe nahm immer mehr an Zahl zu, so daß Rothberger einige Jahre später schon auf dem Stephansplatze einen Laden miethen konnte, der sich fortwährend erweiterte, bis endlich das ganze Haus zu einem Waarenhause für fertige Herrenkleider wurde.« (*Neue Freie Presse,* 31. März 1899). Rothberger hatte vis-à-vis vom Stephansdom nicht nur ein Gebäude, sondern belegte mit den Häusern Stephansplatz 9 und 11 die allerersten Geschäftsadressen der Stadt.

Ein tragisches Ende nahm das Leben des 1830 in Wien geborenen Reichsratsabgeordneten Heinrich Klinkosch. Er hatte mit seiner Familie im zweiten Stock eine große Wohnung bezogen. Wegen finanzieller Kalamitäten, Klinkosch spekulierte an der Börse, erdolchte er sich im Bett. Der herbeigerufene Arzt stellte schreckliche Details fest. Demnach hatte sich Klinkosch den Dolch mit der rechten Hand in die Magengrube gestoßen, den Stich nach links geführt, die Spitze des Herzes getroffen und war so den inneren Blutungen am 28. Juli 1889 erlegen.

Auch die Besitzverhältnisse des Philipphofes waren wechselhaft. 1895 wurde das Objekt vom Kaiser erworben und gehörte somit zum kaiserlichen Familienfonds. Nach dem Ende des Ersten Weltkriegs kam dieser in die Zuständigkeit des Kriegsgeschädigtenfonds. Am 17. Januar 1925 lesen wir im *Neuigkeits-Welt-Blatt* die Schlagzeile: »Der Philipphof zu verkaufen!« – der Kriegsgeschädigtenfonds benötigte Geld für seine Zahlungen an die Kriegswitwen und Kriegsinvaliden. Dazu kam es aber nicht, 1936 wurde der Philipphof von der Regierung Schuschnigg dem Haus Habsburg-Lothringen zurückerstattet. Während der NS-Zeit ging er wieder in öffentlichen Besitz über, zunächst kam er in österreichische, später in deutsche Hände: 1941 wurde er Eigentum der Reichsfinanzverwaltung des Deutschen Reiches. Der Rest ist traurige Geschichte, seit 1955 gehört das Grundstück wieder der Republik Österreich.

Ursprünglich als »Komische Oper« bekannt: das Ringtheater, hier die Gebäudefront in der Heßgasse 1.

»Alles gerettet!«

Der Brand des Ringtheaters und der verschwundene Sühnhof

Was in einem solchen Theater beisammensitzt, ist das nichtsnutzigste Volk. Wenn in einer Kohlengrube Arbeiter verschüttet werden, da ergreift und empört es mich. Da kommt mir das Entsetzen über eine Gesellschaft, die sich auf solchem Wege Heizung verschafft. Wenn aber so und so viele aus dieser Gesellschaft umkommen, während sie einer Offenbachschen Operette beiwohnen, worin sich auch nicht ein Zug von moralischer Größe zeigt, das lässt mich gleichgültig.« Wir folgen bei diesem Zitat einem Bericht von BR 2, gesendet am 8. Dezember 2010, verfasst von Xaver Frühbeis.

So. Der Autor dieser pietätlosen Zeilen heißt – Sie werden es nicht erraten – Richard Wagner. Und das Ereignis, das ihn vollkommen gleichgültig ließ, war der Brand des Wiener Ringtheaters am 8. Dezember 1881. Dabei verbrannten und erstickten im Theatergebäude am Schottenring offiziell 384, nach privaten Schätzungen weit mehr als 400 Personen. Das Stück, das schließlich nicht mehr gespielt wurde – der Brand setzte kurz vor Beginn der Vorstellung um 19 Uhr ein – sowie seine unmoralischen Besucher erregten offenbar den Grimm des deutschen Komponisten. Es handelte sich um *Hoffmanns Erzählungen* von Jacques Offenbach.

Das Ringtheater war zum Zeitpunkt des Brandes und der dadurch erfolgten Zerstörung nicht einmal acht Jahre alt. Es wurde am 17. Jänner 1874 mit Rossinis *Der Barbier von Sevilla* eröffnet. Um es von der am 25. Mai 1869 eröffneten »Hofoper«, der heutigen Staatsoper, programmatisch unterscheiden zu können, hieß es ursprünglich »Die Komische Oper«. Gespielt wurde also nicht Richard Wagner, sondern leichtere Kost, es erfolgten auch Varieté- und Ballettvorstellungen.

Den Standort müssen wir noch hinzufügen. Die »Komische Oper«, die nach ein paar Jahren ihres kommerziell durchwachsenen Betriebes topografisch korrekt in »Ringtheater« umbenannt wurde, stand an der Außenseite des Ringes nahe der heutigen Kreuzung Schottentor und trug die Nummer Schottenring 7.

Was passierte an jenem katastrophalen 8. Dezember des Jahres 1881? Es schloss sich eine Kette von Fehlern, Schlampereien, falschen Einschätzungen und dramatischen Verhängnissen zur Tragödie.

Gegen 19 Uhr, dem Beginn der Offenbach-Operette, hatten die Zuseher bereits Platz genommen. Hinter der Bühne entzündete der Feuerwehrmann Breithofer die Soffittenlampen für die Bühnenbeleuchtung. Es handelte sich um fünf Beleuchtungskästen, in denen sich jeweils 48 Leuchtgasbrenner befanden, die wiederum auf vom Publikum unsichtbaren Lampenbrettern platziert waren. Durch ein Versagen der Zündvorrichtungen strömte – vom Feuerwehrmann unbemerkt – das Gas aus. Und beim nächsten Zündversuch explodierte das bereits ausgeströmte Gas. Das Feuer erwischte einen der Bühnenvorhänge und breitete sich mit rasender Geschwindigkeit aus, die Bühnendekoration begann zu brennen. Das Personal und die Schauspieler flüchteten in Panik durch den Hinterausgang. Das durch den Bühnenvorhang noch abgeschottete Publikum saß verwirrt und unwissend im Dunkeln. Warum im Dunkeln? – Ein Bühnenmitarbeiter hatte den Haupthahn für die Gasbeleuchtung abgedreht und die Notbeleuchtung funktionierte nicht, da aus Gründen der Sparsamkeit die Lampen nur vor Inspektionen mit Öl gefüllt wurden. Und es war auch kein Löschwasser vorhanden: Da zwei Tage

Das Innere des Ringtheaters nach dem verheerenden Brand am 8. Dezember 1881. Offiziell starben hier 384 Menschen, inoffiziell sollen es weit mehr als 400 gewesen sein.

vor dem Brand ein Defekt festgestellt wurde, war die Wasserzufuhr abgestellt worden!

Durch den Luftstoß, der durch das Öffnen der Hintertür entstand, wurde der schon brennende Bühnenvorhang bis zum vierten Rang hinaufgeschleudert. Mit ihm schwappten eine sengende Hitzewelle und beißende Rauchschwaden in den Theaterraum. Im vierten Rang setzte sofort Panik ein, die in Windeseile auf die restlichen Theaterbesucher übergriff. Im Dunklen wollten die von Angst und Schrecken Erfassten gleichzeitig über die viel zu engen Treppen zu den Nottüren flüchten, doch die Türen ließen sich nur nach innen öffnen. Dies misslang, da die schon um ihr Leben kämpfenden

Theaterbesucher einander gegenseitig behinderten. Und die Rauchschwaden strömten zügig in den übrigens ziemlich verwinkelten Theaterraum – viele der Besucher verbrannten nicht, sondern erstickten, ehe sie noch vom Feuer erfasst wurden. Die Verbrannten konnten in den Folgetagen teilweise nur mit Hilfe von forensischer Medizin identifiziert werden.

Die Feuerwehr und mit ihr die Polizei traf zehn Minuten nach Beginn des Brandes vor dem Theater ein. Die Einsatzkräfte standen vor den verschlossenen Türen des verdunkelten Theaters und begriffen nicht, dass die Katastrophe sich soeben hinter den verschlossenen Türen ereignete. So gab der Polizeirat Landsteiner an Ministerpräsident Graf Taaffe die später oft zitierte und ihm zum Vorwurf gemachte Meldung durch: »Alles gerettet!«.

Der wohl prominenteste Mieter im Komplex des Sühnhauses, das Friedrich Schmidt an der Stelle des Ringtheaters errichtete, war: »Freud, Sigmund, MDr., Univ. Priv. Doc., Maria-Theresienstr. 8 (1–3)«.

Doch wir wollen keine Chronologie des Todes veröffentlichen, wir wollen nicht die Protokolle einer Katastrophe überliefern. Deshalb stoppen wir hiemit den Bericht über den Brand des Ringtheaters. Einen Satz wollen wir noch hinzufügen: Die Mitglieder der Bühnenfeuerwehr sollen sich allesamt in den Wirtshäusern der Umgebung befunden haben. Mit einer Ausnahme: Herr Breithofer, der die Lampen und somit das Theater anzündete.

Zwei externe Berichte über den Theaterbrand wollen wir noch zitieren. Der eine stammt von der *Morgenpost* vom 10. Dezember 1881 und trägt den Titel »Das Riesengrab im Ringtheater«. Wir lesen im Originaltext: »Der sträfliche Leichtsinn einer Theaterdirection trägt die Schuld daran, daß ein Unfall, der im Keime hätte erstickt werden können, zu einem Unglück nicht blos für Wien, sondern für das ganze Reich und mehr als das, zu einer internationalen Katastrophe sich entwickeln konnte. Mag die Entstehungsursache des Feuers, welches das Ringtheater vernichtet hat, welche immer gewesen sein – die strafgerichtliche Untersuchung wird wohl mehr Licht über dieselbe zu verbreiten wissen als über den Hauseinsturz am Stock-im-Eisen-Platz. – Eines ist feststehend: daß, wenn die Sicherheitsvorkehrungen, welche im Ringtheater vorhanden waren, thatsächlich in Anwendung gebracht worden wären, die Zuschauer sammt und sonders hätten gerettet werden können.«

Kurioserweise schrieb auch Arthur Schnitzler über dieses die Zeitgenossen erschütternde Ereignis. Schnitzler war ja bekannt für seine Kontakte zu hübschen Schauspielerinnen. So lässt er eine Schauspielerin Fritzi aus der gleichnamigen Kurzerzählung schildern: »... um mich herum war ein schauerlicher, ungeheurer Lärm, als stürzte alles zusammen; und es heulte wie ein Sturm durch den Raum, und vor die rote Glut legte sich grauer,

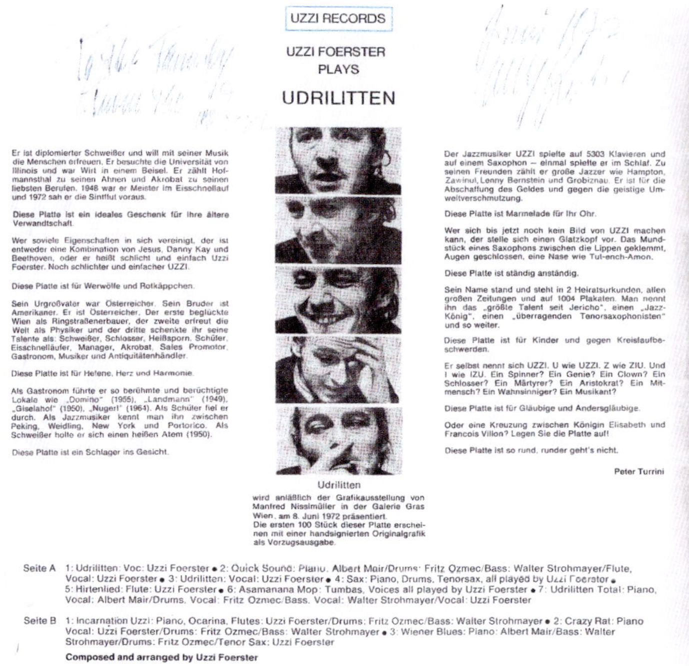

UZZI RECORDS

UZZI FOERSTER
PLAYS

UDRILITTEN

Er ist diplomierter Schweißer und will mit seiner Musik die Menschen erfreuen. Er besuchte die Universität von Illinois und war Wirt in einem Beisel. Er zählt Hofmannsthal zu seinen Ahnen und Akrobat zu seinen liebsten Berufen. 1948 war er Meister im Eisschnellauf und 1972 sah er die Sintflut voraus.

Diese Platte ist ein ideales Geschenk für Ihre ältere Verwandtschaft.

Wer soviele Eigenschaften in sich vereinigt, der ist entweder eine Kombination von Jesus, Danny Kay und Beethoven, oder er heißt schlicht und einfach Uzzi Foerster. Noch schlichter und einfacher UZZI.

Diese Platte ist für Werwölfe und Rotkäppchen.

Sein Urgroßvater war Österreicher. Sein Bruder ist Amerikaner. Er ist Österreicher. Der erste beglückte Wien als Ringstraßenerbauer, der zweite erfreut die Welt als Physiker und der dritte schenkte ihr seine Talente als: Schweißer, Schlosser, Heißsporn, Schüler, Eisschnelläufer, Manager, Akrobat, Sales Promotor, Gastronom, Musiker und Antiquitätenhändler.

Diese Platte ist für Helene, Herz und Harmonie.

Als Gastronom führte er so berühmte und berüchtigte Lokale wie „Domino" (1955), „Landmann" (1949), „Giselahof" (1950), „Nugerl" (1964). Als Schüler fiel er durch. Als Jazzmusiker kennt man ihn zwischen Peking, Weidling, New York und Portorico. Als Schweißer holte er sich einen heißen Atem (1950).

Diese Platte ist ein Schlager ins Gesicht.

Udrilitten

wird anläßlich der Grafikausstellung von Manfred Nissimüller in der Galerie Gras Wien, am 8. Juni 1972 präsentiert.
Die ersten 100 Stück dieser Platte erscheinen mit einer handsignierten Originalgrafik als Vorzugsausgabe.

Der Jazzmusiker UZZI spielte auf 5303 Klavieren und auf einem Saxophon – einmal spielte er im Schlaf. Zu seinen Freunden zählt er große Jazzer wie Hampton, Zawinul, Lenny Bernstein und Grobiznau. Er ist für die Abschaffung des Geldes und gegen die geistige Umweltverschmutzung.

Diese Platte ist Marmelade für Ihr Ohr.

Wer sich bis jetzt noch kein Bild von UZZI machen kann, der stelle sich einen Glatzkopf vor. Das Mundstück eines Saxophons zwischen die Lippen geklemmt, Augen geschlossen, eine Nase wie Tut-ench-Amon.

Diese Platte ist ständig anständig.

Sein Name stand und steht in 2 Heiratsurkunden, allen großen Zeitungen und auf 1004 Plakaten. Man nennt ihn das „größte Talent seit Jericho", einen „Jazz-König", einen „überragenden Tenorsaxophonisten" und so weiter.

Diese Platte ist für Kinder und gegen Kreislaufbeschwerden.

Er selbst nennt sich UZZI. U wie UZZI. Z wie ZIU. Und I wie IZU. Ein Spinner? Ein Genie? Ein Clown? Ein Schlosser? Ein Märtyrer? Ein Aristokrat? Ein Mitmensch? Ein Wahnsinniger? Ein Musikant?

Diese Platte ist für Gläubige und Andersgläubige.

Oder eine Kreuzung zwischen Königin Elisabeth und Francois Villon? Legen Sie die Platte auf!

Diese Platte ist so rund, runder geht's nicht.

Peter Turrini

Seite A 1: Udrilitten: Voc: Uzzi Foerster • 2: Quick Sound: Piano, Albert Mair/Drums: Fritz Ozmec/Bass: Walter Strohmayer/Flute, Vocal: Uzzi Foerster • 3: Udrilitten: Vocal: Uzzi Foerster • 4: Sax: Piano, Drums, Tenorsax, all played by Uzzi Foerster • 5: Hirtenlied: Flute: Uzzi Foerster • 6: Asamanana Mop: Tumbas, Voices all played by Uzzi Foerster • 7: Udrilitten Total: Piano, Vocal: Albert Mair/Drums, Vocal: Fritz Ozmec/Bass, Vocal: Walter Strohmayer/Vocal: Uzzi Foerster

Seite B 1: Incarnation Uzzi: Piano, Ocarina, Flutes: Uzzi Foerster/Drums: Fritz Ozmec/Bass: Walter Strohmayer • 2: Crazy Rat: Piano Vocal: Uzzi Foerster/Drums: Fritz Ozmec/Bass: Walter Strohmayer • 3: Wiener Blues: Piano: Albert Mair/Bass: Walter Strohmayer/Drums: Fritz Ozmec/Tenor Sax: Uzzi Foerster

Composed and arranged by Uzzi Foerster

Cover der »Udrilitten«, einer von Uzzi Förster im Jahre 1970 veröffentlichte LP (Langspielplatte). Uzzi Förster war ein Enkel von Emil von Förster, dem Architekten des Ringtheaters.

dunkler Rauch. Plötzlich kam ein gewaltiger Ruck nach einer bestimmten Richtung. Mit einem Mal war es dunkel, und ich konnte mich nicht rühren. Um mich herum wurde geflucht und gejammert. Ja, auch ich schrie mit einem Male auf, ich weiß, dass ich ein paar Sekunden lang schrie und dabei kaum begriff, warum. Und plötzlich spürte ich an meinem Halse Nägel, Krallen. Irgendwer klammerte sich an mich. ...«*(siehe Arthur Schnitzler: Gesammelte Werke. Die erzählenden Schriften, 2 Bände, Band 1, Frankfurt am Main 1961, S. 215–219).*

Ob Arthur Schnitzler über eine Kontaktperson im brennenden Theater, vielleicht eine Schauspielerin, verfügte, darüber können wir nur rätseln ...

Doch wir wollen noch ein paar Blicke auf den stattlichen Theaterbau an der Ringstraße werfen. Errichtet wurde es von Emil von Förster. Der renommierte Ringstraßenarchitekt wurde 1838 in Wien geboren, seine Schwester Sophie war mit Theophil Hansen verheiratet, er zählte also zum inneren Kreis der Ringstraßenbaumeister. Einer seiner bekanntesten heute noch existierenden Bauten ist das Dorotheum in der Dorotheergasse. Für sein »Ringtheater« stand ihm wenig Raum zur Verfügung, sodass er verwinkelte Treppen und kaum einsehbare Winkel einbauen musste. Vom Stil her könnte man es als Paradebeispiel für die Neorenaissance bezeichnen.

Eines der Enkelkinder von Emil von Förster erreichte auf einem anderen Gebiet Berühmtheit. Er hieß Ulrich Förster, als Uzzi Förster (1930–1995) war er einer der Jazzgrößen und Protagonisten des Wiener Aktionismus in den 50-, 60- und 70-Jahren des vorigen Jahrhunderts. Wer damals das von ihm betriebene Café Einhorn in der Joanelligasse im 6. Bezirk besuchte, konnte sich davon überzeugen, wenn der Lokalbesitzer wieder einmal seine Udrilitten-Textmontagen durch das Lokal brüllte. »Udrilitten« hieß auch eine von Uzzi Förster im Jahre 1970 veröffentlichter LP (Langspielplatte). Am Cover versuchte sein Freund Peter Turrini passende Worte zu finden:

»Diese Platte ist für Kinder und gegen Kreislaufbeschwerden.

Er selbst nennt sich UZZI. U wie UZZI. Z wie ZIU. Und I wie IZU. Ein Spinner? Ein Genie? Ein Clown? Ein Schlosser? Ein Märtyrer? Ein Aristokrat? Ein Mitmensch? Ein Wahnsinniger? Ein Musikant?

Diese Platte ist für Gläubige oder Andersgläubige.

Oder eine Kreuzung zwischen Königin Elisabeth und François Villon? Legen Sie die Platte auf.

Diese Platte ist so rund, runder geht's nicht.«

Übrigens war Uzzi Förster eng mit Helmut Qualtinger befreundet. Und Helmut Qualtinger verfügte über die Originalprotokolle des Ringtheaterprozesses, der im Wiener Straflandesgericht im Juni 1882 geführt wurde. Und Qualtinger schrieb darüber ein Fernsehspiel. Nein, keine kabarettistische Meisterleistung, keine eigenwilligen, für Qualtinger typischen Gedankensprünge. Mit genauer Präzision folgte er offenbar tatsächlich den Gerichtsprotokollen. Nur die Gespräche »Im Gang vor dem Saal« oder »Im Gang« verraten die Originalhandschrift des Wiener Sprachkünstlers.

Berichtet wird von einem verwirrenden Zuständigkeits- und Kompetenzgeflecht, bei dem schlussendlich jeder unschuldig ist und keiner »was dafür kann«. Übrigens lautet der Titel dieses Fernsehspiels *Alles gerettet* – wie wir wissen, der exakte Wortlaut des Berichtes des Feuerwehrleiters an den Ministerpräsidenten. Im Prozess wird der Leiter der Feuerwehr, der Polizeirat Anton Landsteiner, freigesprochen. Kommentar des »Zuschauers« Hromotka: »Na hat er net recht g'habt? Alles gerettet!« Gesendet wurde das Fernsehspiel am 16. Juni 1963 im ORF, Regie führte Erich Neuberg und unter den Schauspielern glänzten in alphabetischer Auflistung Attila Hörbiger, Kurt Jaggberg, Lotte Lang sowie Franz Stoß.

Neben Qualtinger widmete sich auch Maya McKechneay dem Thema. Die studierte Germanistin und Theaterwissenschaftlerin hatte penibel recherchiert und gab mit dem Film *Sühnhaus – Ein dokumentarischer Geisterfilm aus Wien* ihr Regiedebüt. Der Kinostart erfolgte am 8. Dezember 2016, also dem 135. Jahrestag des Brandes.

Zurück zum Ringtheater. Zu unserem Erstaunen ist doch etwas übergeblieben: vier Statuen, die auf der Attikazone, also auf der Vorderfront angebracht waren. Und die kann man besichtigen. Nach dem Brand wurden sie von Max Schmidt erworben, einem ungarischen Möbelhändler, der mit vielen Künstlern der Jahrhundertwende befreundet war und 1920 den Schlosspark Pötzleinsdorf kaufte. In diesem Schlosspark ließ er die als das »singende Quartett« bezeichneten Statuen aufstellen. Beim »singenden Quartett« können wir vier Stimmen, Sopran, Alt, Tenor und Bass, dargestellt von je zwei Männern und zwei Frauen, unterscheiden. Vom Haupttor bei der Parkverwaltung benötigt man sieben Minuten, um zu den in einiger Entfernung voneinander stehenden, überlebensgroßen Statuen zu gelangen. Vielleicht singen sie uns eine Arie aus *Hoffmanns Erzählungen?*

Sonst blieb nach dem Brand nichts über. Viele Wiener waren entsetzt und auch beschämt darüber, dass solch eine Katastrophe in Wien passieren konnte. Selbst der Kaiser rang um Anteilnahme. Und um diese Anteilnahme zu bekunden, ließ er an derselben Stelle – Schottenring 7 – aus Privatmitteln ein Miethaus errichten, das den Namen »Sühnhof« erhielt. Als Architekten gewann er den Erbauer des Rathauses, den der Neugotik verpflichteten Friedrich Schmidt, der natürlich keineswegs mit dem Besitzer der Statuen, dem oben erwähnten Max Schmidt, verwandt war. Die Erträge des Sühnhofes – sprich die Zahlungen der Mieter – wurden für wohltätige Zwecke zur Verfügung gestellt. Im Sühnhof – nicht zu verwechseln mit dem Sünnhof im dritten Bezirk – befand sich auch eine Gedächtniskapelle. Ein Mieter der ersten Stunde war »Freud, Sigmund, MDr., Univ. Priv. Doc., Maria-Theresienstr. 8 (1–3).« Richtig, es handelt sich um den legendären Sigmund Freud, der dann ab September 1891 seine Wohnung in der Berggasse 19 bezogen hat. Der 1849 geborene Freud hatte 1881 promoviert, am 13. September 1886 geheiratet und war im Oktober dieses Jahres in das Sühnhaus eingezogen.

Letzte Reminiszenz an die Katastrophe: Max Schmidt, ein ungarischer Möbelhändler, erwarb die verbliebenen Originalstatuen des Ringtheaters und ließ sie 1920 im Pötzleinsdorfer Schlosspark aufstellen.

Nun kommt es zu einem zweiten Verschwinden. Unser neugotisches Sühnhaus, das immerhin einige Jahre länger stand als das Ringtheater, wurde im letzten Kriegsjahr 1945 schwer beschädigt und musste 1951 abgetragen werden. Und wer ließ sich nicht schrecken und errichtete am nämlichen Ort – Schottenring 7 – seine neue Zentrale? Die Bundespolizeidirektion Wien. 1974 wurde die neue Heimstätte der BPD eröffnet. Sie bietet Amtsräume für 700 Personen, das Dach kann als Hubschrauberlandeplatz genutzt werden. Auf einer Gedenktafel am oberen, zum Schottentor gerichteten Eck lesen wir: »An Stelle des am 8. Dezember 1881 abgebrannten Theaters stiftete Kaiser Franz Joseph I. das Sühnhaus. Dieses wurde im Zweiten Weltkrieg zerstört. Gesellschaft der Freunde Wiens 1982.«

Der Ringtheaterbrand hatte zur Folge, dass die Sicherheitsvorkehrungen für Theater verbessert wurden: Man verschärfte die Vorschriften für die Brandschutzeinrichtungen und in größeren Theatern musste von nun an verpflichtend ein uniformierter Sicherheitsbeamter anwesend sein, der im Brandfalle ordnend eingreifen sollte.

Übrigens: Die damals nicht aufgeführten und von Richard Wagner kritisierten *Hoffmanns Erzählungen* beginnen mit einer Szene in der Weinstube von Luttner und Wegner. Zusammen mit den Geistern des Weins und des Bieres besingt die Muse die Macht des Alkohols. – Sollte die Wiener Polizeidirektion nicht einschreiten?

Bürgerliche Gemütlichkeit: Blick in das Foyer des Hotels »Sächsischer Hof«, das sich einst an der Ecke Taborstraße/Novaragasse befand.

Glanz und Gloria am Tabor

Vom bunten Treiben in großen Hotels und Cafés

Heute behauptet die Taborstraße: »Diese Straße ist Kunst«. Wir meinen indes: »Diese Straße *ist* Hotels«. Dies kann jeder selber verifizieren. So sperrig die beiden Slogans klingen, so sehr treten wir für den zweiten den Wahrheitsbeweis an. Allerdings wählen wir den retrospektiven Ansatz: »Diese Straße war Hotels«. Freilich sind schon etliche Hotels verschwunden, doch die Mehrzahl der Gebäude ist noch vorhanden. Folgen Sie uns in die große Zeit der noblen Häuser der Leopoldstadt und machen Sie Bekanntschaften mit deren illustren Gästen.

Die Wanderung beginnt am Donaukanal. Am Beginn steht auf Nr. 2, gleichsam einem Eckpfeiler, das mächtige »Sofitel«, eine architektonische Landmarke des französischen Stararchitekten Jean Nouvel. Vorher befand sich an dieser Stelle die 1959 bis 1962 von Georg Lippert errichtete Zentrale der Bundesländerversicherung, doch besagte Versicherung wie auch deren Gebäude sind schon Geschichte.

Vor der Versicherung, und jetzt sind wir wieder beim Thema, stand hier das »Hotel Continental«, das 1873 errichtet wurde und bis 1945 seine illustren Gäste empfing. Gegen Ende der Kriegshandlungen wurde es zerstört. Der einstige Gebäudekomplex am Donaukanal zog sich Richtung Praterstraße (Nr. 7), bot Raum für 200 Zimmer und genügend Platz für Veranstaltungen. Man warb mit dem Slogan: *Sehenswerter Festsaal, bekannt als Sammelpunkt der Gesellschaft Wiens.* Exemplarisch sei hier das »Naturhistoriker-Kränzchen« genannt. Dieses Treffen der »Scientific Community« war zu Beginn des 20. Jahrhunderts ein wichtiges Datum im Wiener Ballkalender geworden. Veranstaltet wurde es vom »Naturwissenschaftlichen Verein an der Universität Wien.« Einen Eindruck über die illustre Gesellschaft und einen gelungenen Abend gewinnen wir vom *Neuen Wiener Tagblatt,* das am 5. März 1906 schreibt: »Das Naturhistoriker-Kränzchen, welches kürzlich im Hotel Continental stattfand, war diesmal durch besonders starken Besuch ausgezeichnet und nahm infolgedessen wie gewöhnlich als ›philosophisches Fakultätskränzchen‹ einen äußerst schönen und heiteren Verlauf. Unter den anwesenden Persönlichkeiten befanden sich: der Rektor der Universität Hofrat Professor Doktor E. Philippovich v. Philippsberg, der Protektor des Kränzchens Hofrat Dr. E. Tietze, Präsident der kaiserlichen Akademie der Wissenschaften Professor Doktor E. Sueß, Hofrat Professor Edm. Weiß, Professor B. Hatschek, Professor Fr. Becke, Professor R. R. v. Wettstein zu Westersheim. Professor V. Uhlig, die Professoren Oberhummer, Schiffner, Berwerth, Diener, Prorektor Dr. A. Zeemann sowie noch viele andere Professoren, Gelehrte und Dozenten. Die wie immer originelle Damenspende bestand diesmal in einem in Metall reizend ausgeführten, von Fräulein Minni Rusch modellierten »Dackeldinosaurier«, dem der nordamerikanische Triceratops prorsus als Vorbild diente. [...] Die Zahl der Gäste blieb bis in die frühen Morgenstunden ziemlich konstant, ein Beweis für die allgemeine jugendfröhliche Stimmung der tanzlustigen ›Naturhistoriker‹.«

1909 treffen wir unter den Paaren, die den Ball eröffneten, Paula Hölzel und Erwin Schrödinger. Letzteren muss man wohl nicht vorstellen, er erhielt 1933 den Nobelpreis für Physik. Freilich verkehrten hier nicht nur Wissenschaftler, auch Fürsten stiegen hier gerne ab, Fürst Bismarck ist hier ebenso zu nennen wie Fürst Nikola von Montenegro. Letzterer gab am 7. Juni 1893 im »Continental« ein Dinner. Das Haus, das 1929 renoviert wurde, schrieb in großen Lettern auf seine Fassade: *Garten, Festsäle, Restaurant und Cafe.*

Ein paar Schritt weiter in der Taborstraße folgt auf Nummer 8 das Hotel »City Central« und dann zwei Häuser weiter auf Nr. 12 das »Hotel Stefanie«, das auf seiner Website angibt, das älteste Hotel Wiens zu sein. Demnach wurde am 8. Juli 1600 erstmals ein »Gastgeb« (=Herbergswirt) an dieser Stelle erwähnt, die »Weiße Rose« war dann der Vorgängerbau des heutigen Hauses. Soweit eine Referenz an die Jetztzeit unter dem Motto: »Diese Straße ist Hotels«.

Das nächste historische Hotel steht auf Nr. 18: der große schönbrunnergelbe Bau an der Ecke Schmelzgasse. In den letzten Jahren rückte das einstige »Hotel National« bzw. »Grand Hotel National« wegen Platznot der Barmherzigen Brüder in den Blickpunkt der Öffentlichkeit. Worum geht's? Die Patres, die das angrenzende Krankenhaus der Barmherzigen Brüder mit mehr als 400 Betten betreiben, wollen expandieren. Das Haus haben sie zur Sicherheit schon erworben, doch es steht in einer Schutzzone und darf daher nicht mir nix dir nix abgerissen werden. Und das ist auch gut so, denn damit würde ein früher Bau der beiden Ringstraßenarchitekten Ludwig Förster und Theophil Hansen der Abrissbirne zum Opfer fallen. Auch hier gab es schon mit dem renommierten Lokal »Zum goldenen Ochsen« eine Vorgängerinstitution. Das 1848 vollendete »Hotel National« war ein luxuriöser Bau, alleine die Fassade mit den Karyatiden bestätigt dies. Natürlich besaß es auch ein Kaffeehaus, das zahlreiche Zeitungen aufliegen hatte. Es gab dort – und zwar nur dort – die renommierte *Times* für eine interessierte und der englischen Sprache mächtige Leserschaft. Das »Hotel National« hatte auch ein »Telegraphenbureau im Hause«.

Wer meint, dass im 19. Jahrhundert Hotels lediglich Orte zum Übernachten waren, der irrt.

Das renommierte »Hotel Continental« war auf Grund seiner Lage nahe am Donaukanal eine begehrte Adresse. Hier fanden auch die legendären »Naturhistoriker-Kränzchen« statt, auf denen der spätere Nobelpreisträger Erwin Schrödinger tanzte.

So konnte man im »Hotel National« am 20. Juni 1850 im Zuge einer Versteigerung das Inventar eines Kaffeehauses erwerben oder auch Karten für allerlei Vergnügungen erstehen. Beispielsweise gab es im Juni 1866 beim Portier des Hotels Eintrittskarten, »Billette«, wie man damals sagte, für L. Broekmann's Affen-Theater und Kunstreiterei, die im Prater gastierte und täglich – »Abends 6½ Uhr« – eine Vorstellung zum Besten gab. Leider gibt es auch Negatives zu berichten. So wurde dem Pester k. k. Hofphotographen Schroecker und einem Russen Namens Urbansky am 21. August 1874 im Morgengrauen aus dem unversperrtem Zimmer eine Busennadel, eine Uhr mit Kette im Werte von 400 Gulden gestohlen. Dem Russen fehlten Brillantringe im Wert von 1000 Rubeln. Doch die beiden waren nicht die ersten Raubopfer, schon vorher wurden hier mehrere Diebstähle begangen. Die Polizei war bei ihrer Fahndung erfolgreich. Als Täter wurde ein gewisser Michael Politzer ausgeforscht, der sich auf Hoteleinbrüche »spezialisiert«

hatte und glücklicherweise auch gefasst werden konnte. Als letzte Facette in der bunten Vergangenheit des Hauses sei eine Versammlung der Mitglieder des »Donau-Clubs« erwähnt, sie fand am Freitag den 14. Januar 1881 statt. Kein geringerer als der Leopoldstädter Universitätsprofessor Eduard Suess sprach »Ueber die Entwicklung der Leopoldstadt«. Thematisch ein »Heimspiel« für Suess.

Während des Ersten Weltkriegs bezog das Militär hier Büros. Abteilungen des Kriegsministeriums, das sich am Stubenring befand, hatten auf der Taborstraße 18 Quartier bezogen. In den 1920er-Jahren befanden sich an dieser Adresse die Hauptanstalt und das Staatskommissariat für Rückvergütungen. Im *Neues Wiener Tagblatt* vom 1. April 1922 lesen wir: »Der gegenwärtige Besitzer des Hauses will dieses wieder seiner ursprünglichen Bestimmung als Hotel zurückgeben, das Wohnungsamt ist jedoch nicht geneigt, dazu seine Einwilligung zu geben.«

Gehen wir nun weiter stadtauswärts bis zur Oberen Augartenstraße. Auf Nummer 39 bzw. 39 a, wo heute ein McDonald's ist, befand sich das Hotel »Bayrischer Hof«, dessen Name auf das Jahr der Weltausstellung 1873 zu-

rückgeht. Vorher hieß es »Zur Prager Eisenbahn", eine Bezeichnung, die mit der Eröffnung der Kaiser Ferdinands-Nordbahn zusammenhängt. Im Jahr 1893 erhielt das Gebäude sein heutiges Aussehen. In den frühen 1930er-Jahren gab es massive Erweiterungen, sodass der Saal und das Restaurant 2.500 Personen fassen konnten. Damit war also genug Platz für Veranstaltungen jeglicher Art vorhanden. Beispiel gefällig? »Klubkampf im Boxen Wieden gegen Polizei. Der Boxklub Wieden und die Polizeisportvereinigung veranstalten am Donnerstag den 1. Februar um 20 Uhr im Hotel Bayrischer Hof, 2. Bezirk, Taborstraße 39, einen Klubkampf im Boxen, der vom Bantamgewicht bis zum Schwergewicht ausgetragen werden wird. Außerdem werden noch einige Rahmenkämpfe das Programm bereichern.« *(Illustrierte Kronen-Zeitung,* 28. Januar 1934). Doch damit nicht genug. Als der Hotelbetrieb 1934 zu Ende ging, erweiterte der Besitzer Oskar Kornmüller im Herbst 1936 sein Gastronomieimperium. Damals gab es offenbar einen Trend zum Großrestaurant, wie wir es heute im Prater mit dem »Schweizerhaus« kennen.

Der »Bayrische Hof« trug auf drei Ebenen allen nur erdenklichen Wünschen seiner Gäste Rechnung. Zu ebener Erde gab es die Schwemme, den Grünen Saal und das Jagdstüberl, wo man zu moderaten Preisen essen und trinken konnte. Im ersten Stock wurde im Taborstöckl wienerische Gemütlichkeit zelebriert. Im Souterrain eröffnete Kornmüller das russische Restaurant »Kreml«. Es war neu, in gewisser Weise exotisch und wurde in hohen Tönen gelobt. »Die nationale Note ist in jeder Hinsicht festgehalten, die Bemalung der Wände, die Beleuchtungskörper, die Kleidung des Personals, alles ist russischer Stil. Und nun gar erst die Küche. Der Hausherr Oskar Kornmüller macht uns mit dem Küchenchef bekannt: es ist eine Dame Frau v. Iwanenko, die Witwe eines zaristischen Gouverneurs, der im Bürgerkrieg gefallen. Frau v. Iwanenko repräsentiert hier wirklich ein Stück »Mütterchen Rußland«, sie kocht mit wahrer Liebe alle die vielen Speisen, die als Spezialitäten ihrer nationalen Küche bei den Kennern so hoch geschätzt werden wie die populäre Borschtsuppe, Kulebjaka, ein Fleischstrudel aus Germteig, das mit Hühnerfleisch gefüllte knusprige Kiewer Kotelett, Schaschliks nach Art der Krim (Hammel am Spieß mit Tomaten), Stör und noch viele andere lockende Gerichte. Dazu gibt es Kaviar, grüne Paprika, natürlich Wodka und neben Bier die Weine aus dem bekannten Kornmüllerschen Keller.« (*Der Morgen,* 5. Oktober 1936). Wer's wissen will: Die Weine kamen aus eigenen Weingärten vom Nussberg, aus Matzen und Pfaffstätten. Für die musikalische Umrahmung sorgte das russische Ensemble »Bajan«. 43 Jahre nach

Das 1848 vollendete »Hotel National« (Taborstraße 18) der Ringstraßenarchitekten Ludwig Förster und Theophil Hansen ist heute wegen der Expansion des benachbarten Krankenhauses der Barmherzigen Brüder heißen Diskussionen ausgesetzt.

dem Ende des Hotelbetriebes schloss 1977 auch der Restaurantbetrieb des »Bayrischen Hofes«.

Gleich schräg gegenüber, Taborstraße 46 A/ Ecke Novaragasse, wo heute ein Asia-Restaurant nach dem Motto »All you can eat« hungrigen Menschen ohne Zeit zur Nahrungsaufnahme einen Platz zum Verschnaufen anbietet, befand sich einst der »Sächsische Hof«. Ganz oben im Dachbereich der Fassade finden wir die Worte *Providentiae memor* (lat., »Der Vorsehung eingedenk«) – der Wahlspruch der sächsischen Krone.

Dieses Hotel hatte natürlich – wie könnte es anders sein – auch ein Kaffeehaus, das 1912 eröffnet wurde. Ähnlich wie in den anderen Häusern stiegen hier Menschen ab, die unterschiedlichste Absichten und Ziele verfolgten. Nicht immer waren es hehre Ansätze. Im Dezember 1918 etwa, als in Wien der Hunger groß war, wurde im »Sächsischen Hof« der Viehhalter Hans Schmidt verhaftet. Er hatte hier einem Mann zehn Kilogramm ausgelassene Butter für 1000 Kronen angeboten. Doch er geriet an den Falschen. Der Mann, den er sich als Käufer auserkoren hatte, war Polizeiagent und verhaftete den Butterbesitzer, der für die Preistreiberei drei Wochen Arrest bekam.

Abschließend sei noch ein eher harmloses Kuriosum erwähnt, die Stottertherapie der Sprachheilanstalt Hannover. In den Jahren 1912 und 1913 tourte deren Direktor H. Steinmeier durch die Lande (Salzburg, Teplitz-Schönau, Graz, Linz, Wien und Znaim) und bot in Hotels Hilfe bei Sprachproblemen an. Er inserierte stets unter dem Titel »Für Stotternde«. Ob es geholfen hat, wissen wir nicht. Auf jeden Fall waren die Hoffnungen für die Betroffenen groß und die Ausgabe von einer Krone, resp. Verluste, sollte es nicht geholfen haben, überschaubar. Gewinner war auf jeden Fall Direktor Steinmeier.

Bis auf das nicht mehr vorhandene kegelförmige Dach am Eck ist die Fassade des ehemaligen Hotels »Sächsischer Hof« in der Taborstraße noch weitgehend erhalten.

»

Für Stotternde!

Trotzdem ich schon mal in Wien Sprechstunde abgehalten habe, laufen ständig noch Nachfragen bei mir ein, worin ich um Auskunft über meine Methode gebeten werde; ich habe mich deshalb entschlossen, am Sonnabend, den 21. Juni von 12 bis 7 Uhr und am Sonntag, den 22. Juni, von 12 bis 7 Uhr im Hotel Sächsischer Hof, 2. Bez., Taborstraße 46, nochmals Sprechstunde abzuhalten. Ich bitte alle Leidenden, sich vertrauensvoll an mich zu wenden. Jeder Stotterer kann sich mit Hilfe meiner einfachen Methode durch Selbstunterricht in kurzer Zeit vom Stottern befreien (ohne Medikamente), bei Kindern kann dieses Uebel von den Eltern beseitigt werden. (Es ist nicht notwendig, dass Kinder zur Sprechstunde mitgebracht werden). Viele Hundert haben sich in kurzer Zeit mit meiner Methode selbst vom Stottern befreit. Im letzten Jahre gingen bei mir eine große Anzahl Danksagebriefe von Personen ein, die sich selbst mit Hilfe meiner Methode vom Stottern befreit haben. Eine große Anzahl Original-Danksagebriefe liegen in der Sprechstunde zur gef. Einsicht auf. (Manche hatten vorher Anstalten ohne den gewünschten Erfolg besucht.) Die Auskunfterteilung nimmt für jeden Besucher nur etwa 10 Minuten in Anspruch. Meine Methode ist der billigste und einfachste Weg zur sicheren und gründlichen Beseitigung des Stotterübels. Für die Auskunfterteilung ist eine Gebühr von einer Krone zu entrichten.

Internationale Sprachheilanstalt, Hannover, Sonnenweg 8.
Dir. Steinmeier.

Neues Wiener Tagblatt, 18. Juni 1913

«

Die zwischen zwei Höfen freistehende Synagoge in der Tempelgasse wurde am 15. Juni 1858 eröffnet. Die Architektur zeigt arabische, maurische und assyrische Elemente.

Die Nacht, die alles veränderte

Vom Ende der Wiener Synagogen

Wir nehmen die *Volks-Zeitung* vom 11. November 1938 zur Hand und lesen unter dem Titel *»Auch die längste Geduld hat ein Ende!«* weiter im Originalwortlaut: »Eine Welle der Empörung gegen die jüdischen Meuchelmörder.« Was war passiert? Zunächst folgen wir der damaligen Berichterstattung im Originalwortlaut. »Aus Anlaß des Bekanntwerdens der erschütternden Nachricht von dem Ableben des deutschen Gesandtschaftsrates Erster Klasse Pg. Ernst von Rath, der in Paris das Opfer des feigen Mordanschlages des Juden Grünspan geworden war, kam es gestern in zahlreichen Städten des Reiches zu Zusammenrottungen der erbitterten Volksgenossen und Volksgenossinnen.

Die Volkswut richtete sich da und dort auch gegen die Synagogen der einzelnen Bezirke. Insbesondere in der immer noch von zahlreichen Juden bewohnten Leopoldstadt nahmen die Kundgebungen heftigen Charakter an. In mehreren Tempeln und Synagogen entstanden Brände, die die sofort ausgerückten Feuerwehren aber bald löschen konnten. Auch in anderen Bezirken richtete sich die Volkswut vornehmlich gegen die jüdischen konfessionellen Gebäude. Die Feuerwehr intervenierte bei Bränden in der Schiffamtsstraße, Großen Schiffgasse, Zirkusgasse, Steingasse, Müllnergasse, Franz-Hochedlinger-Gasse, Pazmanitengasse, Neue-Welt-Gasse, Tempelgasse, Stumpergasse, Untere Viaduktgasse, Schmalzhofgasse, Siebenbrunnengasse, Kluckygasse, Turnergasse, Neudeggergasse, Gluckgasse, Schopenhauerstraße.« Doch damit nicht genug, auch in den Vororten kochte die Volkseele: »In Ottakring und Hernals sammelten sich schon in den frühen Morgenstunden erregte Volksgenossen an und demonstrierten gegen die ruchlose jüdische Mordtat. Die Empörung richtete sich besonders gegen den jüdischen Tempel in der Hubergasse. Um 9 Uhr stiegen aus dem Inneren des Tempels dicke Rauchwolken auf. Der rasch um sich greifende Brand zerstörte einen Teil der Inneneinrichtung. Die Feuerwehr musste sich darauf beschränken, die umliegenden Häuser vor einem Übergreifen der Flammen zu bewahren: Vielfach zogen die Demonstranten vor die jüdischen Geschäfte und verlangten stürmisch deren Schließung. [...]«.

Soweit eine der Darstellungen in der damaligen Presse – die anderen Gazetten fanden ähnliche, bzw. fast idente Worte – für die Novemberpogrome, die mit einem Schlag, sprich über Nacht zur Zerstörung so gut wie aller im Stadtbild deutlich sichtbaren jüdischen Tempel und Bethäuser geführt hatten.

Was war vorher passiert? Der siebzehnjährige polnische Jude Herschel Grünspan hatte am 3. November erfahren, dass seine Familie vertrieben worden war. Darüber erzürnt schoss er am 7. November 1938 in der Deutschen Botschaft in Paris auf den Gesandtschaftsrat Ernst vom Rath, der am 9. November seinen Verletzungen erlag. Dieses Attentat nahm die NS-Führung zum Anlass, um im Zuge der sogenannten »Reichskristallnacht« von 9. auf den 10. November flächendeckend im Deutschen Reich Vernichtungsschläge gegen jüdische Einrichtungen vorzunehmen. Die schon längst unter Einfluss des NS-Regimes stehenden Medien stellten es so dar, als sei die »Volkswut« Ursache für die Zerstörungen gewesen. Doch alleine das Ausmaß der Vernichtung im ganzen damaligen Deutschen Reich zeigte, dass hier alles wohl organisiert worden war, um die »erbitterten Volksgenossen und Volksgenossinnen« zu mobilisieren. Die Tatsache, dass die »sofort ausgerückten Feuerwehren«

Die prachtvolle Decke der Synagoge in der Müllnergasse (links) und die Synagoge in der Pazmanitengasse (oben) sind heute nicht mehr erhalten.

vielfach rasch löschten konnten, sollte einmal mehr zeigen, wie sehr man doch quasi bemüht war, aber gegen den angeblichen Volkszorn schien man machtlos. Man beachte auch den Plural in der Überschrift, »die jüdischen Meuchelmörder«.

Wer meint, die hier gelisteten Adressen wären vollständig, irrt. Die Zerstörung betraf so gut wie alle jüdischen Stätten, mit Ausnahme der Synagoge in der Seitenstettengasse im ersten Bezirk. Diese war nicht zerstört, sondern aus Rücksicht auf die umgebenden Häuser *nur* verwüstet worden. Beim Novemberpogrom waren von den 95 jüdischen Andachtsstätten, Tempel und Bethäuser mehr als die Hälfte zerstört worden. Ziel der Nationalsozialisten war in erster Linie die Zerstörung der architektonisch im Stadtbild markant sichtbaren Gebäude. Der Morgen nach der Schreckensnacht hinterließ deutlich sichtbare Wunden und Narben im Bild der Stadt. Die Juden Wiens waren ihrer architektonischen Identität beraubt worden.

Das Innere der von Ludwig Förster errichteten Synagoge in der Tempelgasse, die nach kaiserlicher Genehmigung im Jahr 1854 als zweiter jüdischer Tempel in Wien erbaut worden war.

Die Zahl der Andachtsstätten mag überraschen, doch in der Ersten Republik lebten mehr als 200.000 Juden in Wien, sie machten damals knapp 11 Prozent der Wiener Bevölkerung aus. Genaue Zahlen über die wachsende jüdische Bevölkerung entnehmen wir der *Freiheit!*, dem Organ der Sozialdemokraten, vom 19. Mai 1928: »Seit 1856 sind wir über die Zahl der Juden in Wien genau unterrichtet; sie stiegen von 15.116 im Jahre 1856 auf 165.469 im Jahre 1923 in den alten Wiener Gemeindebezirken (I. bis X. und XX), also um rund 1100 Prozent, während die nicht jüdische Bevölkerung in der selben Zeit nur um 55 Prozent (1856: 469.221, 1923: 725.830) zunahm.

Die Anzahl der Juden in allen 21 Wiener Bezirken war im Jahre 1923 201.513 gegenüber 175.318 im Jahre 1910, dagegen sind die Nichtjuden in der gleichen Zeit von 1.856.180 auf 1.662.270 zurückgegangen.« Sucht man einen Vergleich mit dem heutigen Einwohnermix, entspräche das im Wien des 21. Jahrhunderts etwa der Anzahl jener Menschen aus Europa, die aus Nicht-EU-Ländern eingewandert sind.

Bei unserer Spurensuche zu oben erwähnten Orten folgen wir den Stadtspaziergängen unter dem Titel *Jüdisches Wien* von Michaela Feurstein und Gerhard Milchram. Das jüdische Herz Wiens schlug und schlägt damals wie heute in der Leopoldstadt. In der Großen Schiffgasse Nr. 8 war das Zentrum der Wiener orthodoxen Juden, die in erster Linie aus Polen und Ungarn stammten. Die 1864 errichtete Synagoge bot Platz für rund 750 Gläubige. Im Zuge des Pogroms errichteten die oben erwähnten »Volksgenossen« und »Volksgenossinnen« einen Scheiterhaufen, auf dem Torarollen und Gebetbücher verbrannt wurden, die Synagoge brannte völlig aus. Auch die – hier nicht erwähnte – Talmud-Tora-Schule in der Malzgasse Nr. 6 wurde verwüstet. In der Pazmanitengasse befand sich auf Nr. 6 der Pazmanitentempel. Errichtet wurde er 1911/12. Nach der Zerstörung erfolgte dann noch während des Zweiten Weltkriegs der Abriss der Ruinen. Der Tempel in der Tempelgasse Nr. 5 war nach kaiserlicher Genehmigung als zweiter jüdischer Tempel in Wien 1858 von Ludwig Förster errichtet worden. Nach einem Brand 1917 erfolgten umfangreiche Restaurierungen, nach dem Novemberpogrom erinnert vor allem eine große Baulücke an dieser Stelle an den Verlust. In der Zirkusgasse Nr. 22 hatte die türkisch-jüdische Gemeinde (Sephardim) der Juden ihren Tempel (»Türkischer Tempel«). Auch hier erinnert nur mehr eine Gedenktafel an das 1885/87 errichtete Gebäude, dessen Architektur einst an der spanischen Alhambra Anleihe genommen hatte.

Die Synagoge im 20. Bezirk, in der Kluckygasse 11–13, war am 20. September 1900 mit Räumlichkeiten für 547 Personen eingeweiht worden. In diesem Zentrum des jüdischen Glaubens in der Brigittenau wurden laut Recherchen von Peter Payer über zweitausend Eheschließungen in den Jahren 1907 bis 1938 vorgenommen.

In der Siebenbrunnengasse 1a befand sich die 1908 errichtete »Jubiläumssynagoge«, die durch zwei Türme auffiel. In der Schmalzhofgasse 3 befand sich die größte Synagoge des 6. Bezirks. Errichtet wurde sie im Stil einer dreischiffigen Basilika 1883/84 nach Plänen von Max Fleischer. Dieser war ein Schüler von Friedrich Schmidt, dem Dombaumeister, der durch den Bau des Wiener Ratshauses allgemein bekannt wurde. Fleischer hatte auch die Synagoge in der Neudeggergasse Nr. 12 errichtet, die Platz für 338 Personen bot. Stilistisch war sie der norddeutschen Gotik verpflichtet, ein Ziegelbau mit Fassadentürmen ohne Bildhauerarbeiten.

Die Hietzinger Synagoge mit der Adresse Eitelbergergasse 22 / Neue-Welt-Gasse war die einzige frei stehende Synagoge Wiens, die in der Zwischenkriegszeit erbaut worden war. Doch älter als 12 Jahre sollte der Bau des in Wien geborenen und Architekten Arthur Grünberger, der erst 1923 nach San Francisco ausgewandert war, auch nicht werden. Nach der Zerstörung dieses einfachen kubischen Baus im Novemberpogrom erfolgte der Abriss im Jahr 1939. Als architektonisches Detail sei ein stilisierter Kranz aus Zinnen erwähnt.

Die Synagoge in Fünfhaus, Turnergasse 22, erbaute Karl König in den Jahren 1871/72 im Stil der Renaissance. Später sollte König noch wichtige Bauten wie den 1945 zerbombten Philipphof, das Mozartdenkmal und das Haus der Industrie am Schwarzenbergplatz errichten.

Der Tempel in der Hubergasse 8 in Ottakring bildete mit den angrenzenden Häusern eine Flucht. Erbaut wurde er 1885/86 nach Plänen von Ludwig Tischler. Knapp hundert Jahre später, 1988, wurde hier eine Gedenktafel enthüllt.

In der Schopenhauerstraße Nr. 39 befand sich der 1888/89 errichtete Tempel der Währinger Gemeinde. Er folgte dem Bauplan einer Basilika und war mit einem Flachdach bedeckt und bot Platz für 318 Männer und 176 Frauen. Das Innere war im arabischen Stil ausgemalt. Die Außenfront der Synagoge zeigte unverputzte Ziegel.

Der Favoritener Tempel, ein Bau (1896) von Jakob Gartner, befand sich in der Humboldtgasse Nr. 27 im 10. Bezirk. Gartner hatte in den Jahren 1896 bis 1909 insgesamt vier Synagogen in Wien errichtet. Die Grundsteinlegung fand im September 1895 statt. Ein Jahr später, am 6. September 1896, erfolgte die vorläufige Einweihung. Abermals zwei Jahre später, anlässlich des 50-jährigen Regierungsjubiläums des Kaisers, war der Tempel dann endgültig fertig. Auffallend und weithin sichtbar wurde er durch seine Kuppel.

Schließlich sei noch die Synagoge in der Storchengasse 21 in Rudolfsheim-Fünfhaus erwähnt, sie gehört zu den wenigen Synagogen, die nicht zerstört wurden. Freilich wird sie nicht mehr als Bethaus verwendet, doch immerhin ist das Objekt mit seinen beiden Haupteingängen noch erhalten.

Um dem falschen Eindruck vorzubeugen, dass ganz Wien gegen die Juden gewesen wäre, dass alle Wiener und Wienerinnen antisemitischer Gesinnung waren, sei exemplarisch für viele Widerstandskämpfer und -kämpferinnen Irene Harand erwähnt und gewürdigt. Die Autorin (1900–1975) gründete im Herbst 1933 zusammen mit dem jüdischen Anwalt Moriz Zalman (1882–1940) die »Weltbewegung gegen Rassenhass und Menschennot« (auch: »Harand-Bewegung«), die sich gegen den Antisemitismus wandte. Das Sprachrohr war die von ihr ab 1933 herausgegebene Zeitung *Gerechtigkeit*. Hier hält sie am 15. November 1934 fest: »Ich bekämpfe den Antisemitismus, weil er unser Christentum schändet.« Sie räumt auch mit dem Vorurteil auf, dass alle Juden reich wären: »In Wien gibt es unter 190.000 Juden 55.000, die in so elenden Verhältnissen leben müssen, daß sie auf die Fürsorge der Kultusgemeinde angewiesen sind. Man weiß, wie schwer es einem Menschen fällt, sich an die Gemeinschaft um Unterstützungen zu wenden. In dieser traurigen Lage befindet sich mehr als ein Viertel der jüdischen Bevölkerung! Von den übrigen 135.000 Juden in Wien kann mehr als die Häufte keine Kultussteuer zahlen. Auch sie leben somit in ärmlichen Verhältnissen. Freilich ergeht es uns Christen nicht viel besser, obwohl in unseren Reihen der Prozentsatz der Armut nicht gar so enorm ist wie bei unseren jüdischen Mitbürgern.« Im Jahr 1938 war auf Harand ein Kopfgeld von 100.000 Reichsmark ausgesetzt worden. Harand, damals in Großbritannien, flüchtete über den Atlantik in die USA, wo sie sich weiter für die Juden einsetzte.

Nach ihrem Tod wurde ihre Asche im Urnenhain der Feuerhalle in Simmering in einem ehrenhalber gewidmeten Grab beigesetzt. Ihr zu Ehren wurde der Gemeindebau in der Judengasse 4 in »Irene-Harand-Hof« umbenannt, ebenso trägt der Platz vor der Paulanerkirche auf der Wieden ihren Namen.

Postkarte mit Neujahrswünschen mit den zehn Synagogen Wiens. Von oben links im Uhrzeigersinn: Turnergasse, Kluckygasse, Tempelgasse, Leopoldsgasse, Hubergasse, Seitenstettengasse, Humboldtplatz, Müllnergasse, Zirkusgasse und Schmalzhofgasse.

10 Wiener Tempel.
לשנה טובה
ציון
Herzlichen Glückwunsch
zum neuen Jahre
Collection
KALMAN LANGSNER

KAPITEL III

VERGANGENE FREUDEN

Wer »Grüße vom Tivoli« sandte, musste nicht nach Rom fahren, sondern zum Wallner nach Meidling an die Wiener Peripherie.

Ein Meidlinger Rutscher gefällig?

Vergangene Vergnügungen im Tivoli

Mit ähnlichen waghalsigen sportlichen Aktivitäten wie auf der Hohen-Wand-Wiese in Hadersdorf ertüchtigten sich die ambitionierten Wiener schon im 19. Jahrhundert: im Meidling am Tivoli. Dort wurde am 5. September 1830 eine Rutschbahn mit einer imposanten Länge von 200 Meter (andere Zeitzeugen kommen auf 220 Meter) eröffnet. Insgesamt vier Gleise führten wellenförmig zu Tale, auf ihnen fuhren offene Wägen auf Rädern, in denen sich Liebespaare ob der rasanten Geschwindigkeit eng umschlungen halten konnten. Gebremst wurde die Rutschpartie durch eine Kurve, die im unteren Flachstück eingebaut wurde. Wie die Wägen zum Start hinauftransportiert wurden, ist leider nicht überliefert.

In der *Theaterzeitung* berichtete Adolf Bäuerle: »Es laufen in dem Wiener Tivoli in vier neben einander liegenden Gleisen zwölf bis sechszehn vierräderige bequem und elegant angefertigte zweysitzige Wagen die wellenförmige Bahn hinab, welche Bahn gewiß 700 Fuß im Umfange hat; dieses geschieht mit einer solchen Schnelligkeit von höchstens einer halben Minute, daß man einen Flug durch die Luft zu machen glaubt.« (18. September 1830). Wer heute den spektakulären Flug durch die Luft wiederholen möchte, dem sei eine Fahrt im Prater empfohlen.

Der Start erfolgte bei einem Vergnügungslokal größeren Ausmaßes, das man auch ohne Rutschpartie besuchen konnte: dem »Tivoli«. Allerdings war auch beim Besuch des »Tivolis« körperliche Fitness ratsam: Donnerstag und Sonntag spielte die bekannteste Band der damaligen Zeit mit ihrem Dirigenten Johann Strauß (senior) zum Tanz auf. Und der Bandleader komponierte einen Hit, den er am 9. Oktober 1830 dem Publikum vorstellte und in Folge ständig wiederholen musste: den »Tivoli-Rutsch-Walzer«. Allerdings wären bei einer Tanzeinlage während der Rutschpartie die Rutschenden sofort aus dem Takt gekommen. Im Folgejahr brillierte er mit seinen »Tivoli-Freudenfest-Tänzen«.

Tivolis gab es nicht nur in Wien. Nach dem römischen Vorbild – Tivoli war ein Villenvorort Roms, bekannt durch großzügige Gartenanlagen und Wasserfälle, an dem sich die begüterten Römer im heißen Sommer gerne aus der versumpften Stadt zurückzogen; auch Kaiser Hadrian urlaubte in Tivoli in seiner Sommerresidenz – gibt es Tivolis noch in Kopenhagen und in Innsbruck, wo sich das bekannte Tivoli-Stadion befindet.

Wie können wir uns die Gestalt dieses mondänen Wiener Ausflugsrestaurants vorstellen? »Das Gebäude, welches den Garten schmückt, zerfällt in viele Abtheilungen. Um dasselbe breiten sich weite Säulengänge, in welchen mit allen möglichen Erfrischungen servirt wird. Auch sind zwey große Büffets angebracht, welche der Traiteur Lapos bestens versieht. In der Mitte dieses wahrhaften Feenpalastes befindet sich ein großer Saal zu Konzerten, Bällen u. s. w. Kleinere Appartements für Tafeln, Damen-Toiletten u. s. w. Der Saal ist zwar noch nicht ganz fertig, aber die Anlage zeigt, daß hier Logen angebracht werden, und etwas Imposantes entstehen wird. [...] Gewährt diese schon am Tage eine höchst anziehende Augenweide, so wird sie noch bey eintretender Dämmerung durch eine wahrhaft großartige Beleuchtung erhöht«, berichtet Adolf Bäuerle in seiner *Theaterzeitung* vom 18. September 1830.

Eröffnet wurde der riesige, von Gärten umschichtete Pavillon – in unmittelbarer Nähe zum kaiserlichen Schlosspark – am 5. September 1830 in Gegenwart des Kaiserpaares und des Hochadels. Eigentümer waren die beiden Berliner Friedrich Gericke und Ernst Wagner. Sie hatten bereits ein Jahr zuvor – also 1829 – in Berlin den »Berliner Tivoli« der erfreuten Öffentlichkeit vorgestellt: Auf dem vielbesuchten »Kreuzberg« errichteten sie eine als »Rutschbahn« bezeichnete Kreisfahrbahn mit dazugehörigen Vergnügungsetablissements.

Doch Gott lenkt, und der Mensch denkt, oder so ähnlich, denn in Wien dürften sich die beiden Berliner mit ihrem Projekt verspekuliert haben. Zeitgenössische Chronisten verweisen auf die exorbitant hohen Betriebskosten bei Personal und Ausstattung, andere auf die kalten und verregneten und kühlen Sommer jener Jahre. Jedenfalls entschloss sich das Berliner Paar zu einer überraschenden Aktion. Sie setzte ihre Lokalität nicht auf der Börse – die gab es damals in Wien noch nicht – sondern in der Lotterie. Welch ein gelungener Coup! Denn bei der Auszählung am 19. März 1936 – man höre und staune – gewannen sie mit ihrem Los ihre Lokalität wieder zurück, und dazu jenes Vermögen, das die übrigen Loskäufer einbezahlt hatten! Wer hier falsch gespielt hatte, lässt sich heute kaum mehr eruieren. Jedenfalls wurde gemunkelt, dass die feschen Berliner dem tatsächlichen Gewinner des Tivolis selbiges wieder abkauften, da dieser nicht über die erforderlichen Konzessionen verfügte.

Wir lesen in der *Wiener Theaterzeitung* vom 3. Juni 1837: »Wie lange ist's her, daß uns noch das Lebensmotto der Wiener Fiaker; »Fahr' mer 'r Gnoden ins Tivoli, a saubere Pirutsch hätt' i da,« ins Ohr geklungen? Wie lange ist's her, daß der Spielmann im Hofe die schwungvollen Straußischen-Tivoli-Rutschwalzer heraborgelte, und die hohen Hüte à la Tivoli am Graben und am Kohlmarkte wie schiefe Türme herumschwankten? Damals, als noch die unzähligen weiblichen Namensfeste, die Wiener Nanetten und Elisabethen ec. im Tivoli illuminiert wurden, als noch die

Gruss vom Tivoli
Wallner's Meierei „Tivoli", Wien

verliebten Herzen dem Tivoli zuklopften, um sich dort einen Vorgeschmack zu verschaffen, wie es ungefähr seyn mag, wenn man so Hand in Hand durchs ganze Leben hinrutschen könnte; damals, als noch unsere angehenden Wiener-Londoner, Champagner-Wetten eingingen, wer am schnellsten von ihnen die Kreisbahnen durchjagte, damals grünte und sproßte und entfaltete sich im vollen üppigen Jugendreize das jungfräuliche Tivoli unter dem Sonnenblicke der alles nährenden Mode. Eben dieses Tivoli, das noch vor kurzem das Schooskind der Weiner haute volé, der Vereinigungspunct aller Stände im geselligen Vergnügen war, hat Dienstag, den 30. Mai, zur

Links: Am Spielplatz »Marillenalm« auf dem Gelände des einstigen Tivoli gibt es heute noch Rutschen, die sich – wie einst in der Zeit des Biedermeier – größter Beliebtheit erfreuen.
Unten: Prachtvoller Vergnügungsort: das Tivoli im Vorort »Obermeidling« um 1832. Farblithografie von Franz Wolf, verlegt von Tobias Haslinger.

Feier des allerhöchsten Namensfestes seiner Majestät des Kaisers, sein Frühlings-Auferstehen gehalten! […] Ich habe eben an jenem Abend, im Tivoli, mit Männern, welche ganz Europa durchreist, gesprochen, und sie haben mir gesagt, daß jede andere Hauptstadt der Welt stolz auf solch einen prachtvollen Vergnügungsort wäre!«

Wie gesagt, die umtriebigen Berliner wurden durch Losbescheid zum zweiten Mal Besitzer des Vergnügungsetablissements. Doch auch das große Los sollte ihnen kein Glück bringen. Die mondänen Berliner wollten in Wien etwas zeigen, was gerade in Paris *en vogue* war: den Modetanz namens Cancan. Doch was in Paris als Kunst bezeichnet wurde, galt in Wien als Sünde. Oder als Übertretung der Gesetze. Die Beine der feschen Tänzerinnen und deren Rüschenhöschen waren den Wiener Behörden um eine Spur zu gewagt: Sie verboten die Veranstaltungen im Vergnügungslokal.

Nun gaben die famosen Berliner tatsächlich auf. Es folgte ein mehrfacher Besitzerwechsel. Im Jahre 1844 erwarb der Tiroler Franz Lechner den »Tivoli«. Er ließ die Rutschbahn abbauen, karrte 84 Kühe auf die Weiden rund um die neue »Alm« und verwandelte das ehemalige Tanzetablissement in eine Tiroler Jausenstation. Und wieder zogen die Wiener in Scharen in die Nähe der kaiserlichen Sommerresidenz, um der ländlichen Idylle mit Kuhglockengeläute zu frönen. Das Gelände der Alm bestach durch große Ausmaße, es wurde durch die heutigen Straßenzüge Hohenbergstraße, Grünbergstraße und Tivoligasse begrenzt. Nur damit kein Irrtum entsteht: Das Springer-Schlössl – heutiger Sitz der ÖVP-Akademie befand sich außerhalb des Tivoli-Gevierts und hat deshalb weder historisch noch architektonisch Bezüge zur Tiroler Alm des späten 19. Jahrhunderts.

Ein späterer Besitzer, Johann Wallner, ließ 1886 eine Glasveranda vor die Meierei stellen, die mit ihren weiten Blicken Maler wie Gustav Klimt und Egon Schiele in ihren Bann zog. Gustav Klimt etwa pflegte einen Kaffee mit Schlag und ein Stück Guglhupf zu verspeisen, ehe er sich in sein Atelier zurückzog.

So überlebte die Meierei den Ersten Weltkrieg und die Zwischenkriegszeit, ehe sie von den Nazis gegen Kriegsende geschlossen wurde.

Nach dem Zweiten Weltkrieg verfiel das Tivoli zusehends. Die Wiesen und Weiden in der Umgebung waren längst verbaut, in den Wienerwald konnte man mit der WD-Linie der einstigen Stadtbahn (heute U4) fahren. Das Gebäude diente als willkommener Kinderspielplatz und als Abenteuerrefugium, zusätzlich richtete eine offenkundige Brandstiftung im Jahre 1980 größeren Schaden an. 1991 wurde das ehemalige Ausflugsetablissement, dessen Grundsubstanz noch immer in halbwegs brauchbarem Zustand war, endgültig abgerissen. An seiner Stelle entstand die Seniorenresidenz »Kursana«. Ein kleiner Part des einstigen Tivoli längs der Grünbergstraße wurde nicht verbaut, dort befindet sich der Spielplatz »Marillenalm«. Hier gibt's neben Klettergerüsten und allerlei Schaukeln eine silbrig glänzende Metallrutsche und eine gelbe Plastikrutsche, wo Kinder tatsächlich wieder rutschen können. Auch – *nomen est omen* – Marillenbäume sind hier zu finden. Die heute stark frequentierte Grünbergstraße erhielt ihren Namen übrigens nicht durch ihre Zufahrt auf eine idyllische begrünte Erhebung, sondern durch den Hinweis auf eine dort sesshafte Dynastie namens Grünberg.

Immer nur Tivoli: Ob Tivoligasse, Tivolibrücke oder Espresso, der Name »Tivoli« klingt gut, sorgt für positive PR und alle wissen, dass wir in Meidling sind.

An den Namen Tivoli erinnern heute noch die Tivoligasse, die Tivolibrücke, die den 12. und 13. Bezirk verbindet und über die Grünbergstraße führt, das Tierambulatorium am Tivoli in der Spittelbreitengasse, ein Espresso »Am Tivoli« (Hohenbergstraße) und eine KFZ-Werkstätte in der Tivoligasse. Zudem wurde von der Gemeinde Wien zwischen 1927–1928 die große Wohnanlage »Am Tivoli« als Gartensiedlung errichtet.

Ältere Mitbürger können sich noch an das Einkaufshaus »Tivoli« erinnern, das gleich neben dem Meidlinger Markt stand – auf dem Gelände des heutigen Interspar. In besagtem Tivoli fand

Hirter
ESPRESSO „Am Tivoli"
Hirter

einer der spektakulärsten Mordfälle der Wiener Kriminalgeschichte statt: der Tivoli-Fall.

In der Nacht vom 15. auf den 16. April 1968 erschoss der Polizist Ernst Karl zwei vermeintliche Einbrecher. Bei der Untersuchung des Falles bekräftigte er, dass er den Männern in die Garage des Tivoli gefolgt sei und sie aus Notwehr erschossen habe.

Bald stellte sich heraus, dass die vermeintlichen Einbrecher von sieben Kugeln durchsiebt worden waren, die man aus unmittelbarer Nähe abgefeuert hatte. Die Notwehrversion war somit »durchlöchert«. Zudem sagten Bekannte der Ermordeten aus, der Polizist habe die beiden »Einbrecher« privat gut gekannt und ihnen auch eine Pistole geschenkt. Also hieß es, der Polizist habe mit den Einbrechern gemeinsame Sache gemacht, wollte jedoch die Beute für sich behalten und die Komplizen ausschalten.

Bald folgte die Version Nummer drei: Der Polizist Ernst Karl sagte aus, dass die beiden Männer ihn wegen seiner Homosexualität erpresst hätten. Um ihren finanziellen Forderungen nachzukommen, habe er selber schon strafbare Handlungen begangen. So sei ihm nichts anderes mehr übriggeblieben, als den beiden Erpressern eine Falle zu stellen. Er schlug ihnen einen Einbruch in das Tivoli vor, er selbst habe in jener Nacht Dienst und werde in Uniform dazu Schmiere stehen. Doch er folgte ihnen, brachte sie durch Zureden dazu, sich umzudrehen, und streckte sie mit mehreren Schüssen nieder.

Kurz zur weiteren Geschichte des Polizisten: Er wurde wegen zweifachen Mordes zu lebenslanger Haft verurteilt und in die Justizanstalt Stein überstellt. Dort erwürgte er mit bloßen Händen am 15. Jänner 1974 einen Mithäftling. Nach diesem Vorfall wurde er in einer Spezialabteilung interniert.

In seinen psychotischen Schüben hielt er sich für einen Polizisten, der die Welt vor den Verbrecherbanden retten musste. Da er gelegentlich seine Zelle in der Spezialabteilung verwüstete, wurde er am 14. Juni 2001 in einem abgesonderten Haftraum auf einem Gurtenbett fixiert, also gefesselt. Obwohl die Justizbeamten aussagten, dass sie alle dreißig Minuten Kontrollen durchgeführt hätten, wurde Ernst Karl am nächsten Morgen tot in seinem Gurtenbett aufgefunden. Bis heute ist ungeklärt, welche Umstände tatsächlich zum Tod des Tivoli-Mörders führten.

Sonntägliche Kinderfreuden am Tivoli mit Blick hinauf zur Wallner'schen Meierei aus künstlerischer Perspektive.

Legendäre Nestroy-Bühne: das Carltheater in der Leopoldstadt, Praterstraße 31.

Letzter Vorhang

Vom Sterben großer Bühnen

Wir stellen eine These auf: Wenn in der Theaterwelt der Familienname eines Theatermenschen ident ist mit einem gängigen Vornamen, dann haben wir es mit großen Namen zu tun. Beispiele gefällig? Thomas Bernhard oder Max Reinhardt seien hier ebenso genannt wie Carl Carl. Doch wer war der letztere? Carl Carl wurde 1789 in Krakau geboren und hieß eigentlich Carl Ferdinand Bernbrunn. Er ließ in der Leopoldstadt das nach ihm benannte legendäre Carltheater errichten. So ist der Name »Carl« fest in den Geschichtsbüchern der Wiener Theaterwelt verankert. Im Übrigen wäre es interessant zu wissen: Hätte sich statt »Carl« der Name »Bernbrunn« gehalten, hätte dann eine sagen wir »Bernbrunner-Bühne« ebenfalls Theatergeschichte geschrieben? Doch der Gedanke ist müßig, wir werden es nie ergründen.

Kurz zu Carls Karriere: Er debütierte 1810 im Theater in der Josefstadt, wechselte nach München, kehrte 1826 nach Wien zurück, pachtete im Folgejahr das Theater an der Wien und engagierte den 1801 geborenen Johann Nestroy als Autor. 1838 kaufte er das Leopoldstädter Theater in der Praterstraße 31 und führte hier höchst erfolgreich Nestroys Stücke auf, in denen er auch selber mitwirkte. Im Sommer 1845 nahm er im Inneren Umbauten vor, wobei er schon vorher einen Neubau ankündigt hatte. Demnach werde er »binnen der kürzest-möglichen Zeit ein Prachtgebäude« hinstellen, das der Residenzstadt des Kaiserreiches würdig sein werde (*Wiener Zeitschrift*, 5. Mai 1845). Am 7. Mai 1847 fand auf dieser Bühne die letzte Vorstellung statt, dann wurde das Haus abgerissen und nach Plänen der beiden jungen

Architekten Eduard van der Nüll und August Sicard von Sicardsburgs neu errichtet.

Dieses Architektenduo sollte später durch den Bau der Staatsoper (ab 1861) ewigen Ruhm erlangen. So vernichtend die Kritik am Bau der Oper dann sein sollte, so positiv waren die Reaktionen auf das am 10. Dezember 1847 eröffnete Carl-Theater. »Genießen wir vor Allem, ungetrübt durch Reflexionen, den wohlthuenden Eindruck, den ein wahrhaft prachtvolles, geschmackvolles und geräumiges, taghelles, lichtdurchfluthetes Theater auf uns macht; freuen wir uns, daß wir einmal ein Theater besitzen, in welches man hineingehen kann, ohne von allen Pelzen und Röcken der Mithineingehenden gebürstet zu werden; daß wir aus einem Theater gehen können, ohne an einem einzigen Thürchen, wie die Schafe aus dem Stalle halten zu müssen; daß wir sitzen können auf einem Sitze, ohne unserm Nachbar die Federn vom Rockermel wegzustehlen! Wiegen wir uns in diesen Fauteuils mit Lehnen und Armsitzen; versenken wir uns in diesen weichen Stühlen; baden wir uns in diesem Meere von Sammt und Gold; überlassen wir unser Auge dem magischen Spiel von angenehmen Lichtwechsel; wallen wir auf und nieder mit schönen Damen am Arme in dem herrlichen Foyer; dehnen wir die elastischen Glieder endlich wohlgehäbig aus in Raum und Bequemlichkeit, nachdem wir in allen andern Theatern unsere Glieder zusammenschieben müssen, wie die Theater-Perspektive, und Hände und Füße in uns hineindrücken müssen, als ob sie Theaterdolche wären! Also sagt Alles nur in Allem: Endlich ein Theater in der Residenz, endlich ein Residenz-Theater!« (*Der Humorist,* 15. Dezember 1847).

Nicht nur das Gebäude erntet Lob, selbst das Theaterbuffet hatte eine gute Presse, man lobte den Pächter Herrn Jedlitschka in höchsten Tönen, pries sein Zuckerwerk, Eis, Limonade und dergleichen als »Blumen für Zunge und Gaumen«. Das Haus etablierte sich in den nächsten Jahren als DIE Nestroy-Bühne im mehrfachen Sinn. Einerseits wurden hier zahlreiche Klassiker Nestroys (ur)aufgeführt. Gleich am Eröffnungsabend gab man *Die schlimmen Buben,* so der damalige Titel der Burleske, erstmals zum Besten; Nestroy selber spielte den Willibald. Im Jahr der Revolution, am 1. Juli 1848, folgte die Uraufführung der Nestroyschen Posse *Freiheit in Krähwinkel.*

In den Jahren 1854 bis 1860 war Nestroy Schauspieler und gleichzeitig sein eigener Theaterdirektor. Über darauffolgende Jahre weiß der 1862 geborene Arthur Schnitzler in seiner Autobiografie zu berichten: »In den sechziger Jahren wohnten meine Großeltern im Carltheatergebäude, so daß meine theatralischen Erlebnisse schon aus diesem äußeren Grunde zu einer besonders frühen Epoche anheben. Das erste, das ich zu berichten habe, wäre allerdings sehr bedingt als ein eigentlich theatralisches zu bezeichnen. Es bestand nämlich darin, daß ich als zwei- oder dreijähriges Kind aus einem Fenster der großelterlichen Wohnung einen Operngucker auf die Straße hinunterwarf. Doch wurde es mir später im engeren Familienkreise so oft als ein symbolisches oder zum mindesten vorbedeutendes wiedererzählt, daß ich selbst nahe daran war, es recht unlogischerweise als ein solches aufzufassen.« Die letzten Dekaden des 19. Jahrhunderts standen im Carltheater ganz im Zeichen der Operette.

Nicht weniger als 18 Operetten Franz von Suppés wurden am Carltheater uraufgeführt, darunter Klassiker wie *Boccaccio* (1. Februar 1879). Auch Johann Strauß' *Wiener Blut* wurde hier erstmals gegeben; das war am 26. Oktober 1899. Die *Neue Freie Presse* schrieb am Folgetag über den Verschnitt von 31 klassischen Strauß-Melodien, die Adolph Müller jr. unter Aufsicht des Walzerkönigs arrangiert hatte: »Es wird gesungen, getanzt, die

Praterstraße mit dem am 10. Dezember 1847 eröffneten Carltheater (links), dem dominanten Alliiertenhof (Mitte) und der Johann-Nepomuk-Kirche im Hintergrund.

Costüme sind prächtig, und die Musik echter, alter, ewig junger Strauß. Das genügt. Das Publicum war in pietätvoller und dankbarer Stimmung.«

Im frühen 20. Jahrhundert führte man Operetten von Carl Michael Ziehrer, Oscar Straus, Leo Fall bis hin zu Robert Stolz auf. Doch in den späten 1920er-Jahren war die große Ära des Carltheaters vorbei. Unter der Direktion von Josef Jarno fiel am 31. Mai 1929 der letzte Vorhang: Die Schulden, die vorher Direktor Berisch gemacht hatte, waren selbst dem erfolgreichen Jarno, der einen erheblichen Reingewinn erzielte, schlussendlich zum Verhängnis geworden. In den 1930er- und 1940er-Jahren diente das Haus als Kulisse für Filmdreharbeiten, ehe es 1944 durch einen Bombenangriff zerstört wurde. Der finale Abriss der Ruine erfolgte Ende Juni 1951. Die heute auch nicht mehr existierende »AZ«, die *Arbeiter-Zeitung,* betitelte am 28. Juni 1951 den Nachruf mit »Verklungenes Spiel« und schloss ganz poe-

tisch: »Das Carl-Theater wird Erinnerung.« Heute steht der Galaxy-Tower an der Stelle des einstigen Theaters, lediglich Straßennamen wie »Komödiengasse« und »Nestroyplatz« an der anderen Straßenseite lassen erahnen, dass hier einst eine große Bühne war.

Für die nach der Operette verrückten Wiener gab es ab dem 31. Oktober 1908 eine neue Adresse: das Johann-Strauß-Theater in der Favoritenstraße 8. Eduard Prandl, der bereits 1904 das Apollo-Theater – das heutige Apollo-Kino – in der Gumpendorfer Straße erbaut hatte, zeichnete als Architekt auch für das Haus im 4. Bezirk mit seinem 1.192 Sitzen verantwortlich. DAS Stück des Hauses sollte Emmerich Kálmáns Operette

Die Csárdásfürstin werden. Nach der Uraufführung am 17. November 1915 folgten bis zum Mai 1917 nicht weniger als 533 Aufführungen. Die *Csárdásfürstin* hatte einen fulminanten Start und eine tolle Presse, wie wir der *Wiener Zeitung* vom nächsten Tag entnehmen. »Endlich wieder eine Novität, deren Musik das Gebiet schaler Operettenmache zielbewußt meidet und trotz Tanzszene, Walzersehnsucht und Chorrefrain sich in ebenso melodiösen wie noblen Bahnen bewegt. Emmerich Kálmán hat das mit seiner neuesten Operette Die *Csárdásfürstin* zuwege gebracht. Er zählte schon früher zu den wenigen Operettenkomponisten, die dank ihrer gründlichen musikalischen Bildung als vollwertig genommen werden, und hat gestern die Berechtigung seines guten Rufes aufs neue glänzend erwiesen. Die Partitur trägt natürlich das grün-weiß-rote Kleid magyarischer Heimatsklänge, die Kálmán stets wieder gewandt zu mischen weiß.«

Doch damit nicht genug. Im März 1928 trat die 22-jährige Josefine Baker mit ihrer legendären Revue *Schwarz auf weiß* hier auf, auch sie zog das Wiener Publikum in ihren Bann. Wir wollen Einzelheiten über den damaligen Welt-Star wissen und nehmen das *Neue Wiener Journal* vom 2. März 1928 in die Hand. Auf Seite 3 lesen wir über »Das erste Auftreten der Baker« mit dem enthusiastischen Untertitel »Die Sensation im Johann-Strauß-Theater« im O-Ton: »Die große Sensation ist vorüber. Josefine Baker hat gestern zum erstenmal vor den Augen des Publikums eine Wiener Bühne betreten. Um es gleich zu sagen: es wurde ein ganz großer Erfolg. Von Anfang war es mehr ein Staunen, dann ein anerkennendes Bewundern und schließlich ein Stürmen und Rasen. Die gewinnende Persönlichkeit der Baker hatte einen Sieg davongetragen, den man aus dieser Richtung kaum erwartet hätte. Sie brauchte das Publikum nicht erst zu bezwingen, sie eroberte

Ebenfalls bereits Geschichte: das am 31. Oktober 1908 eröffnete Johann-Strauß-Theater in der Favoritenstraße 8, in dem am 17. November 1915 die Emmerich-Kálmán-Operette »Die Csárdásfürstin« uraufgeführt wurde.

die Sympathien im Fluge. Wie sie aussieht, wie sie geht und tanzt, bildet nicht die eigentliche Ueberraschung. Die vorgefaßten Begriffe, mit denen man das Theater betritt, behalten recht. Ihr Tanzen und Gehen und die durch die dunkle Farbe diskret verhüllte Kostümlosigkeit bilden den repräsentativen Rahmen ihrer Darbietungen. Die Gestalt hat freilich Linie und Haltung. [...]«.

Doch die schwarze Josefine Baker dürfte nicht bei allen Schaulustigen, die sich vor dem Theater versammelt hatten, auf Gefallen gestoßen sein. Folgende Zeilen auf Seite 4 belegen: »Unter die zahlreichen Neugierigen hatten sich auch etwa vierzig junge Burschen gemischt, die anscheinend rechtsradikalen Organisationen angehörten und als Demonstranten gegen das Auftreten der Baker vor dem Theater erschienen waren. Sie folgten jedoch ohne Widerstand der Aufforderung der Wache, sich zu zerstreuen.«

Die schweren Zeiten der Weltwirtschaftskrise verbunden mit der zunehmenden Popularität des Tonfilms ließen aus dem Johann-Strauß-Theater das Scala-Kino werden, das mit 1400 Sitzplätzen am 30. September 1931 eröffnet wurde. Der Architekt Carl Witzmann hatte die Umgestaltung vorgenommen. In der Nachkriegszeit wurde es unter sowjetischer Besatzung wieder als Theater genutzt. Es entstand hier »Das neue Theater an der Scala« und brachte etwa die Uraufführung des *Bockerer* (Autoren: Ulrich Becker und Peter Preses) unter der Regie von Karl Paryla. Als Fleischhacker in der Paniglgasse glänzte der legendäre Fritz Imhoff, später einmal sollte damit Karl Merkatz brillieren.

Die »Scala« war das einzige Theater in Wien, das in Zeiten des Brecht-Boykotts die Stücke des Deutschen Dramatikers aufführte. Obwohl die Schauspieler wie Helene Weigel oder Otto Tausig für höchste Qualität sorgten, wurden die Theaterstücke von der Wiener Presse höflichst ignoriert. Nur die kommunistische *Volksstimme* berichte ausführlich über die Bühne in der Favoritenstraße. Nach dem Abzug der Sowjets fiel dann am 30. Juni 1956 auch hier der letzte Vorhang. Ende 1959 erfolgte der Abriss, um einem Gemeindebau Platz zu machen.

Theater Nummer drei ist bzw. war im dritten Bezirk. Geht man vom Stubentor über den Wienfluss, erblickt man heute linker Hand in der Vorderen Zollamtsstraße 13 ein Glasgebäude, das über die Nebenfahrbahn errichtet wurde. Heute befindet sich hier die Redaktion des *Standard,* früher war hier die Bank Austria zu Hause und ganz am Anfang hatte hier die »Z«, die »Zentralsparkasse«, ihren Hauptsitz. Doch wenden wir uns dem »Wiener Bürgertheater«, oder schlichtweg dem Bürgertheater zu.

Zunächst ein paar Eckdaten. Der Bau nach Plänen der Architekten Franz von Krauß und Josef Tölk wurde am 7. Dezember 1905, also drei Jahre vor dem Johann-Strauß-Theater, mit dem Stück *Der alte Herr* von Beatrice Dovsky eröffnet. Die Kritik am nächsten Tag war in der *Arbeiter-Zeitung* vernichtend. Vorausschicken muss man, dass in der damaligen Wiener Theaterwelt, genauer in der Programmgestaltung der damaligen Theaterwelt, eine gewisse programmatische Konzeptlosigkeit vorherrschte. »Auch das neue Bürgertheater will mit dieser überlebten Tradition des prinzipienlosen Durcheinanders offenbar sein Auskommen finden. Insofern ist die Eröffnungsvorstellung *Der alte Herr* von Beatrice Dovsky ein deutlicheres Programm als eine pathetische Direktionsrede. Diese Wahl bedeutet von vornherein das mutige Bekenntnis zur Unkunst, ein Mut, der auch zu respektieren ist. [...] Nach dieser programmatischen Demonstration zum extremen Dilettantismus darf man nun auf die ruhige Weiterarbeit im Bürgertheater neugierig sein.«

Bis 1960 befand sich in der Vorderen Zollamtsstraße 13 das 1905 eröffnete »Wiener Bürgertheater«, das sich als Operettenbühne einen Namen machte.

Pluspunkte mit Vorbehalt bekam der Architekt: »Das Theater ist als Architektur wohl das weitaus beste unter den hiesigen Theaterbauten der letzten Jahre. Das will aber nicht allzu viel bedeuten. ...«. Nachdem das Haus als Theaterbühne nicht so recht in die Gänge kommen wollte, mutierte es 1910 zur Operettenbühne. Prompt konnte es viel besser reüssieren. Der 1874 in Hernals geborene Komponist Edmund Eysler sollte von nun an als Hauskomponist die Ränge und auch die Kassen füllen. Die heute weitgehend in Vergessenheit geratene Operette *Der lachende Ehemann* wurde am 19. März 1913 hier uraufgeführt. Bis 1921 folgten nicht weniger als 1793 (!) Aufführungen des Publikumshits. Ab Mitte der 1920er-Jahre traten hier Karl Farkas und Fritz Grünbaum auf. Während des Zweiten Weltkriegs wurde das Nestroystück *Nur keck!* uraufgeführt, das in den Jahren 1943/44 in 355 Aufführungen die Wiener vom tristen Alltag des Krieges ablenkte. In der Besatzungszeit war hier zeitweilig der Sender Rot-Weiß-Rot der Amerikaner untergebracht. 1960, also ein Jahr nach dem Abriss des Johann-Strauß- bzw. Scala-Theaters, erfolgte die Demontage dieses Theaters.

Linke Seite: Populäre Operettenbühne: der Innenraum des Wiener Bürgertheaters mit Wandgemälden von Eduard Veith (Bild unten). Hier feierten Karl Farkas und sein kongenialer Partner Fritz Grünbaum mit Revueoperetten erste große Erfolge.
Unten: An der Kreuzung der Laudongasse mit der Skodagasse befand sich das 1914 errichtete Wiener Stadttheater, das nach dem Zweiten Weltkrieg zum »Rex-Theater« wurde.

Ebenfalls in der Vorstadt, namentlich in der noblen Josefstadt an der Kreuzung der Laudongasse mit der Skodagasse, befand sich das Wiener Stadttheater (auch Neues Wiener Stadttheater). 1914 errichtet, 1918 modernisiert, reüssierte das Haus als Spielstätte der leichten Muse. Nach dem Ende des Zweiten Weltkrieges wurde es von den Amerikanern in »Rex-Theater« umbenannt. 1949 wurde hier die Operette *Frühling im Prater* von Robert Stolz uraufgeführt. Die Legenden Heinz Conrads und Peter Alexander standen dabei auf der Bühne, Regie führte Hubert Marischka. Nachdem es einige Jahre der ORF für Fernsehaufzeichnungen genutzt hatte, wurde es Anfang der 1960er-Jahre ein weiteres Opfer des Theatersterbens. Georg Lippert errichtete dann jenen Neubau, der heute noch steht. Die einst hier beheimatete Wiener Hauptbibliothek übersiedelte 2004 auf den Urban-Loritz-Platz. Mit der nunmehr hier untergebrachten Zentrale der Musikschulen der Stadt Wien ist zumindest wieder eine inhaltliche Affinität zum einstigen Theater gegeben.

Doch nicht nur in der Nähe des Zentrums gab es Bretter, die die Welt bedeuteten, auch in Meidling, exakt unterhalb der Philadelphiabrücke, noch exakter: im Hof der Häuser Wilhelmstraße 64–68, existierte ein recht geräumiges Theater. Es hieß nach dem Namen der Brücke Philadelphiatheater, und die Brücke erhielt ihren Namen, weil aus besagter amerikanischen Stadt die erste Dampflokomotive der Südbahn in zerlegtem Zustand nach Wien transportiert worden war.

Unser Philadelphiatheater wurde 1922 eröffnet, fasste immerhin 1.500 Zuschauer und wurde für Operetten, Singspiele, aber auch als Kino benutzt. Unter dem Hinweis, es sei das billigste Theater Wiens, warb es damals um Besucher, die für Sitzplätze zwischen 80 Groschen und 2 Schilling zu bezahlen hatten. Zur Info: Am 1. März 1925 wurde der Schilling als Währung eingeführt. Zum Vergleich: Eine Ausgabe der *Neuen Kronen Zeitung* kostete 7 Groschen. Nach der kriegsbedingten Schließung erfolgte im Juli 1945 die Neueröffnung – allerdings unter dem Namen »Neues Wiener Schauspielhaus«. Neu war gut, wurde das Theater doch durch mehrere Bombentreffer beschädigt, unter denen auch die technische Infrastruktur beeinträchtigt wurde – so fiel während der Vorstellungen ab und zu das Licht aus.

Hauptsache war: Man spielte. Ernst Waldbrunn arbeitete als Regisseur, Hans Moser und der junge Kurt Sowinetz brillierten als Schauspieler und dem Publikum gefiel es. Doch am 16. April 1949, es war ein Ostermontag, sollte nach dem Stück *Der kleine Lord* von Otto Löwe zum allerletzten Mal der Vorhang fallen. Der Betrieb wurde eingestellt, sei es wegen der fehlenden Renovierung, sei es wegen des mangelnden Besucherinteresses. Heute steht auf großen Teilen des damaligen Theaterkomplexes das Großkaufhaus »Arcade«.

Die rückblickende Betrachtung des Wiener Theatersterbens verleitet uns zu folgender These: Je besser es den Leuten ging, desto weniger besuchten sie die Theater.

Panoptikum aus dem Beginn des 20. Jahrhunderts mit legendären, heute aber nur mehr teilweise vorhanden Wiener Theater- und Operettenbühnen.

Hofburgtheater
Volkstheater
Volksoper
Hofoperntheater
Apollo
Theater a.d. Wien
Raimund-Theater
Carl-Theater
Bürger-Theater
Ronacher
Johann Strauss-Theater
Lustspiel-Theater
Wien

Skistars zu Gast in Wien: Der Zieleinlauf auf der Hohen-Wand-Wiese beim Nachtslalom am 21. Februar 1967, den dreitausend Zuschauer bestaunten.

Schifoan – aber bitte in Wien

Erinnerungen an eine Piste und drei Schanzen

Früher – bis vor einigen Jahrzehnten – wurden in Wien Wintersportbewerbe auf höchster sportlicher Ebene durchgeführt. So war die Donaumetropole neben Oslo die einzige Hauptstadt in Europa, auf deren Gebiet ein FIS-Skirennen stattfand (FIS: *Fédération International de Ski,* der internationale Skiverband). Die FIS-Skirennen waren salopp ausgedrückt die Vorläufer der Weltcupbewerbe. Finden diese nunmehr in Städten statt, heißen sie »City-Events«. Damals also gab es die FIS-Rennen und noch keine Weltcup-Punkte, die Umrechnung der Rennergebnisse zur Reihung oder Rangordnung, auf Deutsch die Erstellung der jeweiligen FIS-Listen, war jedoch ein extravagantes mathematisches Abenteuer.

In Wien gab es für Skirennen eine Piste: die Hohe-Wand-Wiese in Hadersdorf, genauer in Hainbach, knapp vor der Stadtgrenze in Richtung Mauerbach. Mit »Hoher Wand« wird eigentlich die Anhöhe rund um die Mostalm bezeichnet, der von der Mauerbachstraße steil sich hebende Hügel ist die »Hohe-Wand-Wiese«. Von Wien aus fuhren die skibegeisterten Sportler seit dem Etablieren des »Zwei Brettln und a gführiger Schnee«-Sportes erst mit dem gelben Postbus, dann mit dem eigenen PKW nach Hainbach, um fünf- oder sechsmal hinaufzusteigen und dann zu Tale zu bretteln.

Als in den 1960er-Jahren jeder Wintersportort, der etwas auf seinen Schnee hielt, Aufstiegshilfen errichtete, konnte die Stadt Wien nicht zurückbleiben. Bürgermeister Bruno Marek eröffnete am 1. März 1966 den Betrieb eines Schleppliftes und die Aufstellung von insgesamt acht Schneekanonen. In seiner Eröffnungsrede deutete er an, dass Wien sich um die Austragung

Die Hohe-Wand-Wiese heute: ein beliebter Treffpunkt für Freunde des familienfreundlichen Sommerrodelsports.

der Olympischen Winterspiele bewerben würde. Diese wohl eher absurde Idee wurde bis zur Gegenwart von verschiedenen Personen aufgegriffen. »ÖSV-Chef Schröcksnadel für Olympische Winterspiele in Wien« (*derStandard.at;* 1. Februar 2013). Tatsächlich meinte Peter Schröcksnadel: »Wien hätte sehr viel bessere Chancen auf Olympische Winterspiele als auf Olympische Sommerspiele. Wirklich gute Chancen.«

So wurde Wien zum Mekka des Winterskisportes. Dazu brauchte man auch offizielle Rennen, an denen die großen Stars teilnahmen. Nach einem ehemaligen Funktionär hießen sie »Burschik-Pokal-Rennen«, sie wurden schon früher – etwa auf den Hängen des Schneeberges – ausgetragen, dabei erhielt der frohlockende Sieger selbstverständlich den Burschik-Pokal. Freilich: Für eine ordentliche Abfahrt war die Piste in Hainbach zu kurz und zu unspektakulär. Selbst für einen Slalom benötigte man einen größeren Höhenunterschied. Also einigte man sich auf die Durchführung des damals noch in den Kinder-Skischuhen steckenden Parallel-Slaloms.

Der erste wurde am 21. Feber 1967 ausgetragen. Die *Arbeiter-Zeitung* vom Folgetag berichtete unter dem Titel »Bachleda und Schillinger vorn – Dreitausend Zuschauer beim Nachtslalom in Mauerbach« und schrieb »Bemerkenswert war die neue Durchführungsart: Je zwei Läufer oder Läuferinnen traten auf zwei gleichen Pisten gegeneinander an, der oder die Unterlegene schieden nach dem K.-o.-System aus. [...] Den zahlreichen Zuschauern machte die Durchführung der Veranstaltung sichtlich Spaß.«

Einer der Autoren – damals ein Knirps – war dabei und holte sich vom strahlenden Sieger Andrzej Bachleda ein Autogramm. Jahre später sollte er ihn wieder treffen – in der polnischen Skimetropole Zakopane, als er ein Góralen-Restaurant besuchte, in dem der Sohn des alten Andrzej als Musiker auftrat. Die Góralen sind eine am Fuß der polnischen Tatra lebende westslawische Minderheit. Und der Großfamilie Bachleda – so wurden ihm erzählt – gehören in der Zwischenzeit die Hälfte der Hotels in Zakopane. Bachledas Autogramm ist übrigens bei einer der mehrfachen Übersiedlungen des Autors höchstwahrscheinlich irgendwo auf der Strecke geblieben.

Zurück zur Hohen-Wand-Wiese. Das spektakulärste Rennen daselbst fand am 6. Jänner 1986 statt: jener am Anfang schon erwähnte FIS-Parallel-Slalom. Es siegte der eher unbekannte Italiener Ivano Edalini vor dem Deutschen Markus Wasmeier, dritter wurde der Österreicher Jimmy Steiner. Der notwendige Schnee wurde im damals schon weitgehend schneelosen Wien im Arsenal in der Klimakammer erzeugt und mit LKWs nach Hainbach transportiert. Etwa 20.000 Sportbegeisterte jubelten über die wieselflinken Stangenflitzer. Und werbewirksam wurde verkündet: Die Donaumetropole schafft es, einen FIS-Slalom zu organisieren. Von der Austragung von Olympischen Winterspielen war – möglicherweise infolge des orbitanten Schneemangels – nicht mehr die Rede.

In der *Arbeiter-Zeitung* schreibt am 7. Jänner 1986 Alfred Nimmerrichter: »Alles hat wunderbar geklappt, freute sich der Sportstadtrat Franz Mrkvicka. Jetzt haben wir schon die ersten Erfahrungen gesammelt, aber viel besser kann man es nicht machen. Von der Organisation war tatsächlich nichts auszusetzen, sogar der Transport der Zuschauer mittels Autobusses zur Wettkampfstätte konnte klaglos abgewickelt werden.« Der Sportjournalist, dessen Bruder Richard übrigens der legendäre »Staberl« der *Kronen Zeitung* ist, urgierte nur, dass der Platzsprecher ab und zu die Namen der Skifahrer verwechselte. Ja selbst der ansonsten leicht bekleidete Umwelt- und Friedensaktivist Ludwig Weinberger, besser bekannt als WALULISO, hatte den Besuch der Hohen-Wand-Wiese nicht gescheut und rief dort: »Waluliso, Schiparadiso, unsere Devise Hohe-Wand-Wiese.«

Dieser Wettbewerb offenbarte aber auch die Nachteile des Standortes Wien: Auf Grund des viel zu engen Zieleinlaufes fanden die Zuseher kaum Plätze im Zielbereich, die meisten harrten oben irgendwo am Pistenrand aus. Die Skifahrer wiederum hatten keinen Auslauf beim Abschwingen nach dem Zieleinlauf. Auch die Verkehrssituation erwies sich als ungünstig: So fehlte es an Parkplätzen, die Mauerbachstraße musste teilweise gesperrt werden.

Trotz der Lobhudeleien der Sportjournalisten, die den Austragungsort fälschlicherweise durchwegs mit »Mauerbach« bezeichneten: Das war's auch schon mit der Symbiose Wien und Skirennen der Top-Klasse. Das war das letzte offizielle Skirennen. Von nun rutschten, wedelten und scarvten die skitüchtigen Städter autonom und nach eigenem Ermessen den Hang hinunter.

Oder auch nicht.

Denn bald sollte etwas ausbleiben, was für Skibewerbe recht brauchbar ist: der Schnee. Selbst die teuren und obendrein nicht gerade ökologisch verträglichen Schneekanonen können das Problem nicht lösen, wenn bei winterlichen Temperaturen von 10° plus alle Schneemänner im Nu zu schmelzen beginnen.

So wurde der Skibetrieb im großen Stil eingestellt. In einer Sparversion kann man hier auf speziellen Kunststoffmatten im unteren Teil der einstigen Skipiste dank Dryslope-Hightech-Rutschmatten doch noch minimalen Winterfreuden frönen. »Dies ermöglicht«, so der offizielle Text der Skianlage Hohe-Wand-Wiese, »Anfängerinnen und Anfängern auch bei schlechten Schneeverhältnissen ihre ersten Versuche auf zwei Bretteln zu unternehmen«. Man zeigt sich eben erfinderisch. Die Antwort auf den Klimawandel lautete: Sommerrodelbahn. Man nutzt nun den bestehenden Schlepplift, um die rodelwilligen Besucher 335 Meter hinaufzuziehen, die dann angegurtet auf gelben Rodeln ganze 512 Meter an einer gewunden Stahlschiene mit bis zu 40 km/h hinunterkurven – im wahrsten Sinn des Wortes.

Und das Autogramm von Andrzej Bachleda – auf Grund seines eher unpolnischen Nachnamens wahrscheinlich selbst ein Górale – bleibt wohl für immer verschwunden.

Doch wenn wir uns schon in der Mauerbachstraße aufhalten, dann wollen wir uns ein paar hundert Meter stadteinwärts zur Bushaltestelle »Kasgraben« begeben, denn dort – im Kasgraben – befand sich eine Sprungschanze!

Sie stand aber nur kurze Zeit in Betrieb. Errichtet wurde sie in frühen 1930er-Jahren vom sozialdemokratischen Turn-Sportverein Hadersdorf. Für diese Holzschanze wurde eine Schneise ausgeholzt und ein Auslauf samt Brücke über den Kasgraben errichtet. Wandert man von der Bushaltestelle in das Tal des Kasgrabens, wird man überrascht sein, dass in diesem undurchdringlichen und menschenleeren Terrain eine Sportveranstaltung mit tausenden Zusehern stattfinden konnte, noch dazu ein Sprungbewerb. Ehe man den Waldfriedhof »Wald der Ewigkeit« erreicht, wird man zur rechten Hand eine schräge Schneise sichten. Durch kaum begehbares Dickicht führt sie relativ steil auf einen namenlosen Hügel hinauf. Reste der Holzschanze sind nicht mehr zu sehen. Und genau hier, in dieser undurchdringlichen Schneise, stand für ein paar Jahre die »Wienerwaldschanze«.

Eine schneebedeckte Schneise im Kasgraben erinnert an die hier in den 1930er-Jahren vom sozialdemokratischen Turn-Sportverein Hadersdorf errichtete hölzerne Sprungschanze.

Das Eröffnungsspringen fand am Sonntag den 13. Jänner 1935 vor 4.000 Zusehern (!) statt. Es siegte ein gewisser Ziegler aus Gastein mit Weiten von 46 und 48 Metern.

Doch allzu viele Wettbewerbe sollten auf der Holzschanze – sie wurde nunmehr als »Wienerwaldschanze« bezeichnet – nicht mehr stattfinden. Noch am 11. Jänner 1938 berichtete die *Kronenzeitung* über die »Arbeitersprungschanze«: »In Hadersdorf haben die Sportler am Sonntag ein Skispringen abgehalten. Auf der prachtvollen Wienerwaldschanze, die seinerzeit von den Arbeitersportlern erbaut worden ist und auch heute

noch von arbeitslosen Sportlern unter den größten persönlichen Opfern an Zeit und Arbeit erhalten wird. Da hat kein Finanzmann Zehntausende von Schillingen hingelegt, kein Luxushotel ist in der Nähe, das sich diese Schanze erbaut hätte, um die blasierten Nobelgäste durch die waghalsigen Sprünge der ›Skikanonen‹ zu unterhalten, nein, hier ist der Sport nur um des Sportes willen da, deswegen um so schöner, und das Jägerhaus ist bloß ein famoses Wirtshaus, aber kein Luxushotel mit Halle und Diele und was weiß ich. Gut siebentausend Zuschauer sind da und fachmännisch werden die Sprünge begutachtet.«

Der letzte Wettbewerb dürfte 1942 stattgefunden haben. Und dann ...

Weil wir schon das Thema Schnee erwähnt haben: In der Zwischenkriegszeit brauchten die skibegeisterten Wiener nicht einmal Schnee: Nein, es genügte Sodalauge, die in der Wintersaison 1927/28 auf dem Gelände des Nordwestbahnhofes verspritzt wurde. Im sogenannten »Schneepalast« – die vielgefeierte Eröffnung fand am 26. November statt – konnte man über eine Piste mit zwei eingebauten Wellen mit den Bretteln hinunterrutschen, man konnte hinunterrodeln, es war sogar eine kleine Sprungschanze eingebaut. Und da der Schneepalast beleuchtet war, war das Ende der sportlichen Vergnügungen erst um 22 Uhr angesagt.

Anfänglich war die Begeisterung recht groß. Die Zeitschrift *Kikeriki* reagierte am 18. September 1927 mit folgendem satirischen Kommentar: »Vorläufig ist nur die Bahnhofshalle den Wintertouristen zur Betätigung eingeräumt. Es verlautet aber, daß man die gesamte ehemalige Nordwestbahnstrecke mit künstlichem Schnee zu bestreuen beabsichtige, so daß man auf angenehmste und billigste Art bis Znaim und darüber hinaus gelangen kann. Würde man auch noch die anderen heimischen Bahnlinien auf die gleiche Art ummodeln, so könnte sich tatsächlich der elektrische Betrieb erübrigen. Österreich könnte das Reiseland par excellence werden!«

Doch so ist das mit großen Erfolgen: Eine Wiederholung kann auch scheitern. Für den nächsten Winter erhielten die beiden Betreiber Dagfinn Carlsen und Laurence Clarke Ayscough keine Genehmigung mehr. Und aus war's mit dem Skifahren im Nordwestbahnhof. In späteren Jahren wurde die Bahnhofshalle für Veranstaltungen der NS-Propaganda zweckentfremdet. Doch zurück zu sportlichen Ereignissen. In Wien wurde nicht nur in einem Bahnhof gesprungen, es gab tatsächlich noch weitere Sprungschanzen.

Ihr Bild ist jedem vertraut, der bis in die späten 1970er-Jahre vom Westen Wiens in die Innenstadt gependelt ist: die Sprungschanze auf dem Himmelhof in Hacking. Freilich konnten sich die auf ihr erzielten Weiten nicht mit jenen in Bischofshofen oder Innsbruck messen. Den offiziellen Schanzenrekord hält der Tiroler Klaus Fichter, er sprang anno 1960 genau 42 Meter. Die Holzschanze in Hacking wurde erst im Winter 1948/49 errichtet, als Bauherr fungierte die Ski-Union Wien. Auf Grund der geografischen Bedingungen – der Himmelhof ist schließlich der Himmelhof und nicht der Berg Isel – konnte man sich keine große Schanze und daher auch keine weiten Sprünge leisten. Trotzdem strömten die Bewohner der Bundeshauptstadt in Massen zu den insgesamt etwa 60 durchgeführten Sprungbewerben. In der Regel hatten sie bis dato ja noch kein »Skispringen« live erlebte, und die Übertragungen im Fernsehen gab es damals auch noch nicht.

Die Eröffnung war am 9. Jänner 1949, die meisten Zuseher, unglaubliche 20.000, verzeichnete man am 12. Jänner 1953, als hier die Wiener Meisterschaft ausgetragen wurde. Sie konnten von ihrem Standort mit Sicherheit auf die gegenüber liegende Pfarrwiese in die Heimstätte der grünweißen Rapidler blicken; dort waren damals immerhin Plätze für 24.150. Damals siegte Sepp Heher, der zweimal die beachtliche Weite von 36,5 Metern erreichte. Doch nun folgte eine Phase der Stagnation, die auch von schneearmen Wintern begleitet wurde. Vier Jahre lang – zwischen 1973 und 1978 – fanden überhaupt keine Sprünge in Hacking statt. Bis zum 19. Februar 1978. Wir lesen im Essay *Skisprung inmitten der Stadt* von Matthias Winterer: »Franz Rinnhofer geht in die Hocke. Die Arme aerodynamisch am Körper angelegt schießt er mit ratternden Skiern die pickelharte Spur hinunter. Punktgenau trifft er den Absprung. Mensch und Ski schweben über den Aufsprunghügel. Im Hintergrund ziehen der Stephansdom und die Karlskirche vorbei. Bei 46 Metern setzt Rinnhofer mit einem sauberen Telemark auf – Schanzenrekord, Zuschauerjubel. Wir schreiben den 19. Februar 1978. Wahrscheinlich wird Rinnhofer nicht ahnen, dass er mit diesem Satz soeben eine Ära begrub – die Ära des Skisprunglaufs in Wien.« (*Wiener Zeitung,* 28. November 2015).

Franz Rinnhofer stellte diese Weite im Training auf, so ist es Auslegungssache, ob diese Weite als Höchstweite anerkannt wird oder ob es bei den von uns zitierten 42 Metern des Tirolers Klaus Fichter bleibt. Nach diesem Sieg des Steirers Franz Rinnhofer fand tatsächlich kein Springen am Himmelhof mehr statt. Noch schlimmer. Die ohnehin sanierungswürdige Holzsprungschanze brannte ab. Und das passierte laut *Arbeiter-Zeitung* vom 2. Juni 1980 so: »Der Sonntag in den frühen Morgenstunden entdeckte Brand beschädigte drei der Holzsteher so stark, daß jetzt zumindest ein Teil der Himmelhofschanze abgetragen werden muß.« Angeblich feierte eine Einbrecherbande eine Rauschgiftparty, diese abenteuerlichen Thesen referiert der Heimatkundler Emil Mlejnek in einem Vortrag *Unser Himmelhof einst und jetzt,* am 22. März 1994: »Am Sonntag, den 1. Juni 1980 um 4:30 wurde sie ein Raub der Flammen. Eine Einbrecherbande feierte mit einer Rauschgiftparty ihre Erfolge und zündete die Schanze an. Die Bande mit ihrem Anführer Ludwig Bauer konnte verhaftet werden«.

Eine »Wiederbelebung« sollte nicht gelingen. Im Jahre 2002 legten Studenten der TU Wien Pläne für eine mit den Bestimmungen der FIS akkordierte Sprungschanze vor, die Sprünge bis zu 90 Meter gestattet hätte. Zudem sollte sie mit ihrem fliegenden schwebenden Charakter ein signifikantes Wahrzeichen der Wiener Westeinfahrt sein. Nein danke, so die Reaktion der Behörden.

Wer tatsächlich zum ehemaligen Standort hinaufsteigen will, der muss über viele Stufen steigen, wird dafür aber mit einer herrlichen Aussicht belohnt. Ab der Brücke über den Wienfluss bei der U-Bahn-Station Hütteldorf der U 4 erst in die Lilienberggasse einbiegen und dann die steile Markwardstiege erklimmen. Nun folgen Sie dem Weg »Rund um den Lainzer Tiergarten«. Auf den leeren Wiesen zur linken Hand (»Am Himmelhof«) stand dereinst die Schanze.

Doch damit nicht genug, Wien hatte in den 1930er-Jahren noch eine weitere Schisprungschanze: die Cobenzl-Schanze, die sich am Nordhang des gleichnamigen Berges in Döbling befand. Am 7. Jänner 1934 sprang Eduard Galleitner mit 57 Metern den Schanzenrekord am Cobenzl.

Das war's dann schon. Und von Wien aus betrachtet steht die nächste Sprungschanze ... ja wo steht sie eigentlich?

Die langgezogenen Schwimmhallen (links im Bild) des 1876 im Zuge der Donauregulierung erbauten Kommunalbades, das sich stromaufwärts bei der Reichsbrücke befand.

Verflossene Badefreuden

Von Fluss-, Strom- und wilden Bädern an Donau und Wien

Wer Donaubäder liebt, hat heute die Wahl zwischen Alter und Neuer Donau. Von einem Bad in der eigentlichen Donau wollen wir abraten – zu gefährlich! Früher freilich, als es die Neue Donau, sprich das Entlastungsgerinne, noch nicht gab, waren die Möglichkeiten vielfältiger, als man meinen würde. Neben Bädern an der Donau lockten auch zahlreiche Strombäder am Donaukanal für nasse Abkühlungen, ja selbst in der Wien wurde wild gebadet – eine Zeitreise an die Gestaden der Wiener Flüsse zeigt die Vielfalt damaliger Usancen.

Der *Wiener Kommunal-Kalender* des Jahres 1910 eröffnet unter der Rubrik »offene städtische Bäder« einen Überblick über diverse Schwimmbäder. Zuoberst rangierte das allseits bekannte und auch heute noch beliebte Gänsehäufel, das am 7. August 1907 eröffnet wurde. Wir müssen es hier nicht näher vorstellen, doch einige Zahlen wollen wir wiedergeben. Der Fassungsraum war für insgesamt 3.926 Personen angegeben, die sich auf ein Herrenbad (Strandlänge 200 + 70 m), ein Familienbad (Strandlänge 135 m) und ein Frauenbad (Strandlänge 48 m) aufteilten. Alle drei Abteilungen besaßen je eine Restauration, das Herren- und Frauenbad außerdem noch eine Milchtrinkhalle.

Dann gab es das Kommunalbad, das auch als städtisches Donaubad firmierte. Es wurde 1876 im Zuge der Donauregulierung erbaut und befand sich am rechten Donauufer etwas stromaufwärts der Reichsbrücke, der damaligen Kronprinz Rudolfs-Brücke. Hier gab es nicht nur 10er-Blöcke in den verschiedensten Kategorien, sondern auch eigene Tarife für städtische Beamte. Allerdings badete man nicht im Donaustrom, sondern im großen

Schwimmbecken. Es war mit Donauwasser gefüllt und hatte mit 70 x 40 m und einer Tiefe von 5 m respektable Ausmaße, von denen die Besucher der heutigen Wiener Bäder nur träumen können. Die Saison dauerte von Anfang Juni bis in die erste Septemberhälfte. Gegenüber, an der linken Seite der Donau, die damals zur Leopoldstadt gehörte, gab es mit dem 1877 eröffneten Städtischen Freibad eine Möglichkeit zum Gratisbad. Wer sich allerdings eine Badehose und ein Badetuch ausborgen wollte, der musste dafür zahlen. Die Preise reichten im Sommer 1910 von 10 Heller für einen »Kleiderschrank mit gewöhnlicher Badehose und Tuch« bis zu 50 Heller für eine »Ankleidezelle mit feiner Badehose, Tuch und Mantel«. Zum Vergleich: Genauso viel kostete damals ein Wochenabo der *Arbeiter-Zeitung* mit Hauszustellung an eine Wiener Adresse. Das Strandband verfügte über einen größere Herren- und eine kleinere Damenabteilung, erstere hatte eine Abteilung für Schwimmer und Nichtschwimmer. Beide Bäder existierten nur bis 1914.

Etwas weiter stromaufwärts stand seit 1907 das »Städtische Freibad Jedlesee« zur Verfügung. Die Bad- und Garderobestellenbenützung waren frei, wer Wäsche wollte, hatte 2 Heller pro Stück zu bezahlen. Also 4 Heller für Hose und Tuch – damit war das Badevergnügen hier deutlich günstiger. Das Jahr 1909 gewährte eine ausgesprochen lange Saison mit 40 Badetagen, zuvor waren es 28 und 1907 gar nur 24 Badetage. Im Sommer 1911 machte man hier einen schrecklichen Fund. »Um dieselbe Stunde [am 26. d. um 4 Uhr Nachmittags] wurde beim Freibad in Jedlesee die Leiche eines etwa zwanzigjährigen Burschen angeschwemmt und geborgen. Der Bursche, der zwei bis drei Tage im Wasser gelegen sein dürfte, ist ebenfalls ein Opfer der heurigen Badesaison, da er bloß ein weißes Unterbeinkleid am Leibe hatte.« (*Arbeiter-Zeitung,* 28. Juli 1911).

Das »Städtische Strombad«, ein hölzernes Badeschiff bei der »Kaiser-Josefs-Brücke«, befand sich am rechten Ufer des Donaukanals oberhalb der genannten Brücke (heute: Schlachthausbrücke).

Neu und auch günstig war in Transdanubien das »Städtische Bad Aspern«, das sich am Mühlwasser befand und am 1. Mai 1909 neu eröffnet worden war. Die »Bad- und Kleiderhakenbenützung« war frei, wer ein »Kleiderkastel« oder Badebekleidung wollte, hatte die damals üblichen Preise zu bezahlen. Da es in diesem Strandbad keine getrennten Bereiche für Damen und Herren gab, waren für den Herrn Wiener und die Frau Wienerin getrennte Badezeiten vorgesehen (»Damenstunden von 12 bis 3 Uhr nachmittags«). In der ersten Saison wurde es von 1522 Männern und 474 Frauen besucht.

Wenden wir uns dem Donaukanal zu, wo zwischen Schwedenplatz und Urania seit 2006 mit dem *Badeschiff* eine riesige Badewanne zur Verfügung steht, die im Donaukanal schwimmt. Früher gab es deutlich mehr Bademöglichkeiten: Am linken Ufer bei der Nußdorfer Schleuse das 1904 eröffnete »Städtische Strombad Nußdorf«. Ferner das »Städtische Strombad Kaiser-Josefs-Brücke«, das sich am rechten Ufer oberhalb der genannten Brücke (heute: Schlachthausbrücke) befand. Etwas weiter stadteinwärts standen Strombäder oberhalb der Sophienbrücke (heute: Rotundenbrücke) am rechten Ufer oder oberhalb der Augartenbrücke zur Verfügung. Die eben genannten Bäder, entstanden in den Jahren 1904 bzw. 1905, verfügten alle über »Frühbadekarten«, die es um 20 Heller gab (»vor 7 Uhr morgens«), hatten eine I. und eine II. Klasse und boten auch Saisonkarten an. Die meisten Besucher mit zwischen 30.000 und 40.000 Badegästen pro Saison verzeichnete das Strombad oberhalb der Augartenbrücke, die wenigsten das Nußdorfer Strombad mit 6.000 bis 7.000 – jeweils im Zeitraum 1906 bis 1909.

Noch in der Zeit der Monarchie fanden im Donaukanal auch erste Wettbewerbe für Langstreckenschwimmer statt. Der Historiker und Stadtforscher Peter Payer schildert in einem Artikel unter dem Titel *Kräftiger Jodler im kalten Wasser* die große Ära der unerschrockenen Schwimmer und Schwimmerinnen, die am 8. September 1912 begann. Ja, richtig, auch Damen gab es, die sich unerschrocken in die Fluten – das Wasser hatte kaum 11 °C – warfen. Die 18 Teilnehmer schwammen von der Nußdorfer Schleuse bis zur heutigen Stadionbrücke, der damaligen Kaiser-Josefs-Brücke. Nach etwas mehr als einer Stunde war ein gewisser Franz Schuh als erster im Ziel, eine Viertelstunde später folgte Else Straßhofer. Die Veranstaltung nannte man »Quer durch Wien«. Sie sollte vor allem in den 1920er-Jahren richtig boomen, bei verkürzter Strecke (7,3 km) säumten an die 250.000 Zuseher die Gestade des Donaukanals. Auch die Zahl der Teilnehmer stieg auf mehr als 300. Das Donaukanalwettschwimmen war zur beliebten Abwechslung in den schweren Jahren der Zwischenkriegszeit geworden. Als sich antisemitische Anfeindungen zeigten, wich man

Das versteckte Verbotsschild an der Weißgerberlände stammt noch aus Zeiten, als man den Donaukanal als billigen Badestrand nutzte.

1932 in die Wachau aus. Doch besser war es dort auch nicht, 1938 war mit den Schwimmbewerben endgültig Schluss.

Freilich badeten die Wiener und Wienerinnen auch schon vor den 1870er-Jahren, also vor der Donauregulierung, in den Fluten des Danubius und auch des »Donau Canals«. Letzterer war damals als »Wiener Arm« in aller Munde. Die Bezeichnung »Kleine Donau«, wie sie Wilhelm Czelechowski 1932 in seinem Artikel »Armer Wiener Donaukanal!« in der *Reichspost* vom 18. Dezember 1932 vorschlug, setzte sich nicht durch. Schade, das wäre eine Aufwertung gewesen, zumal die meisten beim Wort »Kanal« Abwässer assoziieren. Zunächst jedoch ein interessantes Detail. Würde man vermuten, dass die Bäder am Donaukanal zwingenderweise Flussbäder sind, so muss man die Gazetten von damals genauer studieren; denn in der Tat waren es vor allem Wannenbäder mit Flusswasser, dessen Vorzüge man schätzte. Freilich waren die Preise für diese Annehmlichkeiten nicht gerade Schnäppchen. »Zwey Bäder in Wien, das Dianabad und das am Schüttel, sind jetzt von den wohlhabenderen Klassen am stärksten besucht, weil sie sich durch Ordnung, Reinheit und Nettigkeit auszeichnen.« (*Morgenblatt für gebildete Stände,* 9. August 1811).

Das Ferdinand- und Marien-Donau-Bad am Tabor

Das Ferdinand- und Marien-Donau-Bad am Tabor nächst dem k. k. Augarten gewinnt mit jedem Jahre eine größere Wirksamkeit und findet besonders in der gegenwärtigen Sommerszeit eine äußerst günstige Theilnahme. Dieser zahlreiche Zuspruch ist jedoch nicht als bloße Folge der Gesellschaftswagen zu betrachten, welche zur Bequemlichkeit der Badelustigen kürzlich errichtet worden sind, derselbe ist vielmehr der immer kräftigeren Überzeugung zuzuschreiben, daß die Uebung des Schwimmens und das Baden im Flußwasser einen ungemein wohlthätigen Einfluß auf die Gesundheit behauptet. Das umfangreiche Badeschiff befindet sich im sogenannten Kaiserwasser, also in dem reinsten Donau-Arme, und hat in allen Theilen eine musterhafte Einrichtung aufzuweisen, welche jedem ähnlichen Etablissement anzuempfehlen wäre. Das Ganze besteht aus der Damen - Schwimmschule und aus den Badebehältnissen für Herren und Damen, welche in Voll-und Einzeln-Bäder eingetheilt werden. Für Sicherheit und Bequemlichkeit sind allenthalben die zweckdienlichsten Vorkehrungen getroffen, eben so für die Erholung der Badegäste, indem vor dem Schiffe ein einladender Wirthshausgarten angelegt ist, in welchem man mit warmen und kalten Getränken bedient werden kann. Die ganze Gegend trägt hier einen Charakter einfacher Ländlichkeit, und als natürliche Staffage dient ein schöner zahmer Hirsch mit stattlichen Geweihen. Seine Zahmheit äußert sich nicht nur gegen die anwesenden Gäste, als vorzüglich gegen einen Wolf, darunter ist aber nicht etwa das abschreckende Raubthier zu verstehen, sondern der Hr. Cassier, der hier auch das Geschäft eines freundlichen Cicerone versteht. Die neuerrichteten Gesellschaft-Wagen sind vor dem Rothenthurmthore rechts aufgestellt und fahren alle Stunde, bei größerem Andrange auch alle halbe Stunde nach dem Badeorte und wiederum zurück. Eine Person bezahlt für die Hinfahrt 6 kr. C. M. für die Zurückfahrt 3 kr. C, M. Die Fiacker beim Rothenthurmthore fahren um 30 kr. C. M, hinaus und um 20 kr. C. M. wieder zurück. Für Fußgänger ist am Ende des k. k. Augartens ein sehr angenehmer Weg bis zur Badeanstalt angelegt. Derselbe führt durch die baumbepflanzte Aue ist mit Pappelbäumen und Strauchwerk besäumt, und mit Ruhebänken versehen. Ueber die schilfbewachsenen Donauweiher sind luftige Stege gebaut, von welchem Standpunkte die Umgegend das Ansehen eines englischen Parkes gewinnt, und daher als ein Beitrag zur Verschönerung Wiens betrachtet werden darf.

Wiener Theater-Zeitung (Bäuerles Theaterzeitung), 13. Juli 1833

Ein früher Meinungsmacher war der Mediziner Pasqual Joseph Ritter von Ferro, der 1780 die Kaltwasserbehandlung als therapeutische Methode erkannt hatte und so Auslöser eines ersten Booms für das Baden im kalten Flusswasser wurde. Er eröffnete 1781 ein Flussband in der Donau, gleich hinter dem Augarten.

Alle Vorzüge der Wiener Badevorlieben finden wir im Dianabad vereint. »›Geht in's kalte Wasser!‹ sprachen die Ärzte und wir gehen. Aber wo gehen wir hin? In die Donau? Hu! das ist uns verweichlichten Residenznaturen zu kalt, und wem's nicht zu kalt ist, dem ist's zu weit. Also wohin? Wohin anders als in's Dianabad, in die großartige Badeanstalt und Schwimmschule mit dem spiegelklaren Wasser und der immer gleichen Temperatur! Wir gehen in's Dianabad. Wer da weiß, daß sich innerhalb des Bassins eine Wassermenge von 15.000 Eimern bewegt, daß durch einen Wasserhebekanal immer frisches Wasser in die Filtrir-Apparate geführt, und das Bassin damit versorgt wird, der muß unsere Vorliebe für das ›Dianabad‹ begreifen können. Wenn wir aufrichtig sprechen sollen, so müssen wir gestehen, daß uns die Donaubäder vorzüglich das lehmige. augenscheinlich schmutzige Wasser verleidet; im ›Dianabade‹ aber fesselt uns das krystallhelle Wasser, in welchem man jede Bewegung des Schwimmenden genau sieht, und wo jede Unreinlichkeit zu sehen wäre.« (*Der Wanderer,* 21. Juni 1845).

Wer Baden mit einer kleinen Landpartie vereinen wollte, besuchte ab 1839 das Ferdinand- und Marien-Bad in einem Donauarm beim Augarten.

Nicht unerwähnt soll unsere Entdeckung der »Hütteldorfer Riviera« bleiben. Das *Kleine Blatt* zeigt sie uns als Wimmelbild am Sonntag den 11. August 1929 auf Seite 1. Die bildreiche Gazette *Der Kuckuck* hat an diesem Tag zwei nackte Buben am Wienfluss – »Heiß ist's« – als Aufmacher. Die eigentliche Geschichte, »Die Wienfluß-Riviera«, enthüllt Details, die Bilder von Fritz Zvacek zeigen uns genauere Einzelheiten. »Stärker aber als alle diese Verbotstafeln ist das Badebedürfnis der Menschen geworden. Zwischen Hütteldorf und Hietzing hat sich an den Ufern der Wien ein buntes Badeleben entwickelt, das keine Obrigkeit mehr unterbinden könnte. Kinder waren die ersten, die die Stiegen ausfindig machten, die in das Flußbett hinabführen. Schüchtern folgten ihnen einzelne Erwachsene, und heute sind es schon ganze Familien, die samt und sonders ihren Sonntag, ihre freien Wochentagsstunden am Wienfluß verbringen. Hier liegt die Familie eines Metallarbeiters. Der Vater ist seit Monaten schon arbeitslos. Nun hat der Sommer auch in sein Leben etwas Freude gebracht: Wenn i so in der Sun da lieg und die Kinder spielen im Wasser, da denk i mir, was brauch i a Riviera, hab'n wir net a a schöne Riviera da in Hütteldorf?«

Die Wienfluß Riviera

Das Sonnenbad

Bildreportage vom Wienfluss im »Kuckuck« vom 11. August 1929 und biedermeierliches Idyll am Donaukanal vor den Toren des damaligen Dianabades.

KAPITEL IV

ALLES IN BEWEGUNG

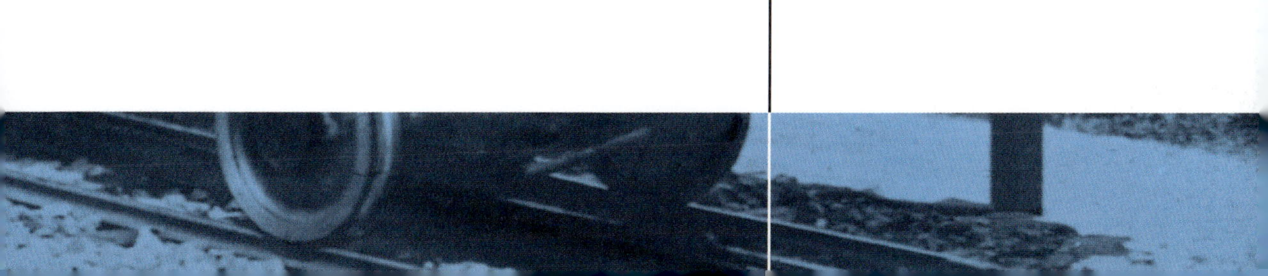

Endstation: Abrissbirne

Die große Zeit großer Bahnhöfe

Sie wurden als die »Kathedralen der Gründerzeit« bezeichnet, andere nannten sie »Paläste der Ringstraßenära«. Ausgedehnte Repräsentationsbauten mit imponierend protzenden Fassaden, aufgereiht außerhalb des dicht verbauten Stadtgebietes: an der »Linie«, also am späteren Gürtel, sowie beim illustren Praterstern. Mit speziell angefertigten Kleidungen strömten die Massen in die weiträumigen Tore der Kathedralen, andere wichen in der Gegenrichtung aus den Toren hinaus zu den riesigen Vorplätzen mit den Droschken. Der Zweck ihrer Besuche war freilich nicht eine stille und geruhsame Andacht, sondern eine schnelle Abfahrt mit dem in der Gleishalle bereits wartenden Eisenbahnzug. Wir sprechen von den monumentalen Kopfbahnhöfen, errichtet von den verschiedenen Eisenbahngesellschaften der Monarchie, die mit Glanz und Glorie für die Zugkraft ihrer Gesellschaft werben und die Passagiere anlocken sollten. Heute sind die Bahnmonumente der ersten Stunde alle verschwunden, manche von Ihnen existieren in neuer(er) Form, teils unter trendigen Namen, Stichwort »Hauptbahnhof« weiter.

Und die Bahnen – sieben an der Zahl – hießen in verkürzter Form: die Südbahn, die Ostbahn, die Westbahn, die Nordbahn, die Nordwestbahn, die Kaiser Franz Josephs-Bahn sowie die Aspangbahn.

Das älteste Gebäude am Gelände des ehemaligen Nordbahnhofs: Der unter Denkmalschutz stehende Wasserturm wird heute für Kunstprojekte genutzt.

Die jeweiligen Bahngesellschaften ließen von dafür spezialisierten Architekten das jeweilige Empfangsgebäude errichten. Das Empfangsgebäude, das Foyer oder das Vestibül dienten dem Aufenthalt und der Kommunikation des Publikums – oder sagen wir der Passagiere. Von der Funktion, freilich nicht von der Gestaltung, ähnelten sie somit der alten Kassenhalle des noch allseits bekannten Südbahnhofes. Im Empfangsgebäude waren für die beiden Aufgaben – Aufenthalt und Kommunikation – eine Vielzahl von Restaurants und Trafiken und Kiosken eingebaut. Davon abgesondert – auch damals lebte man nicht in einer klassenlosen Gesellschaft – befanden sich die exklusiven Warteräume des Hochadels sowie des Kaiserhauses.

Räumlich getrennt vom Empfangsgebäude war die Gleishalle, in der sich Perron – heute Bahnsteig – an Gleis fügte. Diese Hallenbauten führten durch die riesige Spannweite ihrer Dächer – noch dampften auf den Gleisen die Dampflokomotiven und verrussten so die Perrons – die Baumeister zu erstaunlichen innovativen Lösungen sowie zum Austesten neuer Baumaterialien.

Nordbahnhof

Beginnen wir mit dem Nordbahnhof, errichtet von Theodor Hofmann zwischen 1859 und 1865, im zur damaligen Zeit üblichen Stil des Historismus. Den Historismus konnte man im Nordbahnhof präzisieren: Das Empfangsgebäude glänzte mit romantisch-historisierenden Formen, die von manchen Zeitgenossen als »maurisch«, von anderen etwas treffender als neugotisch interpretiert wurden. Und wo stand der neugotische Palast: nördlich des heutigen Pratersterns an der – logischerweise – Nordbahnstraße. Eigentümer der Kaiser Ferdinands-Nordbahn war Salomon Meyer Freiherr von Rothschild, und damit die Passagiere dies dankbar zur Kenntnis nehmen konnten, betrachteten sie im Empfangsgebäude mehr oder weniger unterwürfig die riesige Statue des Freiherrn, die heute als Leihgabe des Technischen Museum im Jüdischen Museum der Stadt Wien steht. Er führte im Hauptberuf als Großbankier ein »Handelshaus«.

Die Kaiser Ferdinands-Nordbahn war von Baron Rothschild und seinem Bankhaus errichtet worden, um die Kohlen von seinen Kohlenrevieren rund um das mährische Ostrava nach Wien zu transportieren. So verlief die Trasse von Wien über Gänserndorf nach Lundenburg, dem heutigen Břeclav, sodann über Olmütz, dem heutigen Olomouc, ins mährisch-schlesische Kohlenrevier rund um Ostrau/Ostrava und weiter nach Krakau. Unermüdlich schleppten die Lokomotiven tags und nachts die für die Wiener Fabriken des sich gerade entwickelnden Kapitalismus wichtigen Brennstoffe in die Haupt- und Residenzstadt. Hinter dem Bahnhof – auf dem Terrain bis zur Vorgartenstraße - befanden sich insgesamt fünf Kohlenhöfe mit einer Vielzahl von Kohlenrutschen. Im heutigen Nordbahnviertel blieb die Straßenbezeichnung »An den Kohlenrutschen« als Erinnerung. In der Hochblüte der Bahn überlegte das Bankhaus Rothschild sogar einen vierspurigen Ausbau der Strecke.

Blick vom einstigen Wiener Nordbahnhof auf den Prater mit dem Circus Busch, dem Riesenrad und der Rotunde im Hintergrund. Erhalten blieb nur der imposante Wasserturm (links).

Zu den Kohlezügen kamen noch exquisite Personenzüge. Legendär war der berühmte St. Petersburg-Nizza-Express, der den reisewilligen russischen Adel mit den Badeorten Südfrankreichs verband. Für Erholung suchende Gäste war gegenüber des Bahnhofes, Adresse Nordbahnstraße 50, ein Hotel mit dem eigenartigen Namen »Donau« errichtet. Zeitgerecht wurde es zur Wiener Weltausstellung 1873 vollendet. Die Verbindung mit dem System »Bahn« blieb auch in der Folgezeit gewahrt. In besagtem Hotel ist heute die ÖBB-Immobilienmanagement GmbH untergebracht.

Auch nach der Verstaatlichung der Kaiser Ferdinands-Nordbahn am 3. Juli 1906 änderte sich wenig am kolossalen Bahnhofspalast. Selbst im Zweiten Weltkrieg – Bahnhöfe waren beliebte Ziele der alliierten Luftangriffe – waren die Zerstörungen nicht bestandsgefährdend. Allerdings war die Weiterfahrt wegen der zerstörten Nordbahnbrücke nicht mehr möglich. So blieb das Empfangsgebäude erst einmal erhalten, während der Zugbetrieb eingestellt wurde. Bis ins Jahr 1955 diente es als Lager und als Büro für verschiedenste Firmen. Dann wurde es sukzessive abgerissen und durch der Mode der Zeit entsprechende Neubauten ersetzt.

Übriggeblieben sind die Gleisanlagen des Lastenbahnhofes, über die ursprünglich die Wiener Bevölkerung und die Fabriken mit Kohle versorgt wurden. Sie reichten fast bis zur Vorgartenstraße und hießen »Frachtenbahnhof Praterstern«. Nach dessen Einstellung entstand in diesem

Erinnerungen an einen Prachtbau des Historismus: der 1859 bis 1865 von Theodor Hofmann im maurischen Stil errichtete Nordbahnhof. Zahlreiche Ansichtskarten wie diese gingen in die weite Welt hinaus.

Wien II., Nordbahn.

innerstädtischen Entwicklungsraum ein eigenes Stadtviertel, das durch eine Durchmischung von Grünanlagen und Wohngebieten gekennzeichnet ist. Wir verweisen auf die Schilfflächen und die Frösche und Kröten. Einen Namen hat es auch: Stadtentwicklungsgebiet Nordbahnhof. Und von unserem großen Bahnhof blieb nur mehr ein einziges Gebäude erhalten: der denkmalgeschützte, 1890 errichtete Wasserturm, von dem aus mittels eines Kranes die Dampflokomotiven mit Wasser befüllt wurden. Der im Grundriss quadratische Ziegelbau steht neben der ausgeschilderten Nordbahnhalle und ist über die Ley- oder Innstraße zu erreichen, die Adresse lautet Leystraße 157.

Nordwestbahnhof

Praktisch ausschließlich für den Güterverkehr wurde die Strecke der Nordwestbahn (ÖNWB) gebaut, deren mächtiger und etwas überdimensionierter Bahnhof 1870–1873 auf dem Gelände nördlich der Taborstraße im 20. Wiener Gemeindebezirk errichtet wurde. Bis heute wird das dortige Gemisch aus Gleisanlagen und Speditionsbüros als »Frachtenbahnhof Nordwestbahnhof« bezeichnet. Ab 2020 soll auf dem Areal ein neuer Stadtteil entstehen, Entwicklungsleitbilder sind bereits vorhanden.

Vom Nordwestbahnhof konnte man über Stockerau, Hollabrunn nach Retz, weiter nach Znaim, von dort nach Prag, Dresden und Berlin fahren. Die Gründungsmitglieder der Bahn waren nordostböhmische Grundbesitzer und Fabrikanten aus dem Raume Reichenberg/Liberec, die Bahn diente fast ausschließlich für Güter- und Militärtransporte. Wegen des fehlenden Personenverkehres, der ab 1. Februar 1924 über den Nordbahnhof abgewickelt wurde, wirkte der monumentale Bahnhof doppelt überdimensioniert.

So konnte der Bahnhof Raum bieten für zahlreiche politisch eher unerfreuliche Aktivitäten. Am 11. Februar 1913 erschoss Paul Kunschak, Bruder des christlich-demokratischen Politikers Leopold Kunschak, den Sozialdemokraten Franz Schuhmeier, der gerade von Stockerau mit dem Zug heimgekehrt war. Und anlässlich der Eröffnung des Schifahrerparadieses »Schneepalast« am 27. November 1927 wurde auf Bürgermeister Karl Seitz ein Pistolenattentat verübt, das dieser aber überlebte.

Nach der Annexion durch die Nazis trat am 26. März 1938 Hermann Göring in der sich für Massenversammlungen bestens geeigneten Halle auf. Und am 9. April 1938, am Vortag der soge-

Die Halle des Nordwestbahnhofes verwandelte sich zum »Schneepalast«: Auf Kunstschnee aus Soda konnte man hier ab dem 26. November 1927 die ganze Wintersaison lang dem Schifahren frönen.

nannten »Volksabstimmung« zum »Anschluss«, hielt Adolf Hitler hier eine seiner gefürchteten Brandreden. Als es den Nazis darum ging, mit der Wanderausstellung »Der ewige Jude« gegen die Juden Propaganda zu machen, fiel die Wahl des Ausstellungsortes auf den Nordwestbahnhof (2. August bis 23. Oktober 1938). Ein paar Wochen später folgte dann das Novemberpogrom.

Südbahnhof und Ostbahnhof

Unsere imaginäre Tour führt weiter zum ehemaligen Südbahnhof, der ja durch die geschickte Anordnung der beiden Bahnhofshallen eigentlich der Südostbahnhof war, jedoch im kollektiven Gedächtnis als »Südbahnhof« erhalten bleiben wird. Bis 1955 standen dort tatsächlich zwei getrennte Bahnhöfe, eben der Ostbahnhof und der Südbahnhof. Der gemeinsame Bahnhofsvorplatz war der Ghegaplatz, er befand sich südlich der Kreuzung

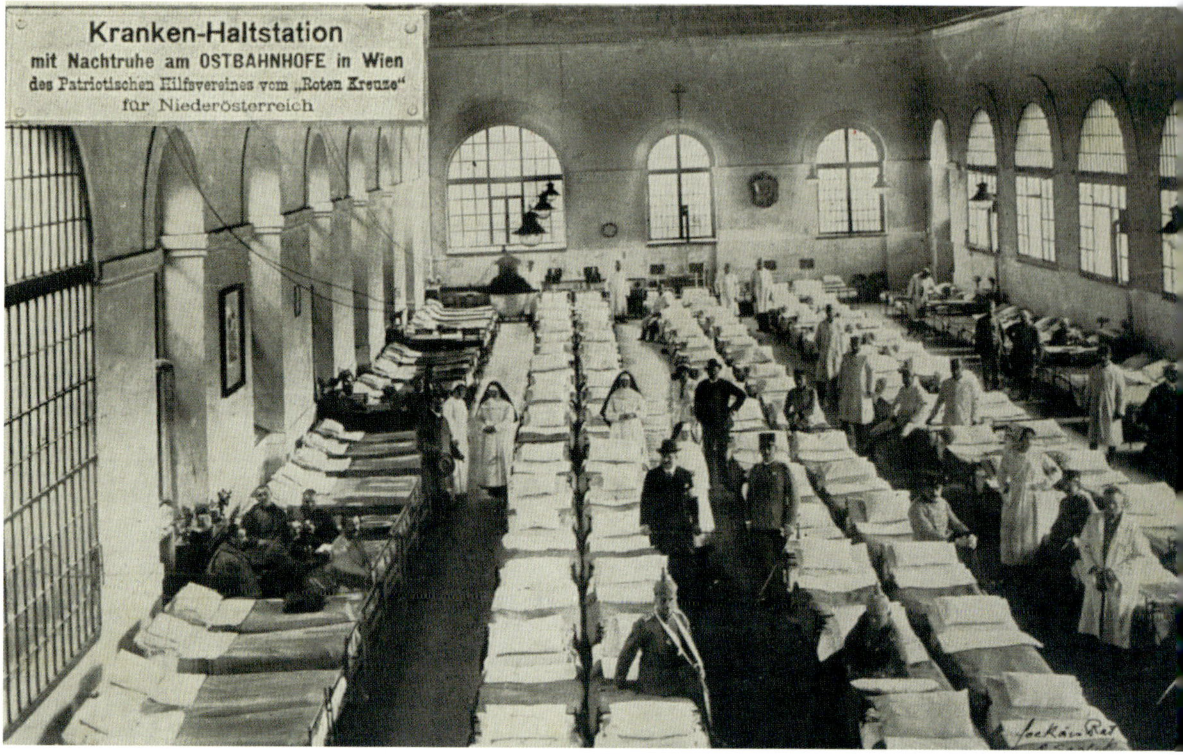

Am Areal des Hauptbahnhofes befanden sich einst der Ostbahnhof (oben) und der Südbahnhof. Der Westbahnhof (unten) wurde 1858 anlässlich der Inbetriebnahme der »k. k. priv. Kaiserin Elisabeth-Bahn« eröffnet.

Gürtel-Prinz-Eugen-Straße, also eindeutig außerhalb des Gürtels. Vom Ghegaplatz aus konnten sich die Passagiere nach links zum Ostbahnhof oder nach rechts zum Südbahnhof wenden.

Der Ostbahnhof wurde zwischen 1867 und 1870 von Carl Schumann im Stil der französischen Bahnhofsarchitektur errichtet. Über den Haupteingängen befanden sich freistehende Figuren: Allegorien der Städte Wien, Budapest, Prag und Brünn. Um zur allgemeinen Verwirrung beizutragen: Der Ostbahnhof wurde oft als Staatsbahnhof bezeichnet, da er als Kopfbahnhof der STEG, der Staatseisenbahngesellschaft, diente. Die STEG war allerdings alles andere als eine Staatseisenbahn, in Wirklichkeit gehörte die STEG dem Pariser Bankhaus »Crédit Mobilier« und den dort wirkenden Brüdern Isaac und Émile Pereire. Durch den Zukauf verschiedener Linien entstand ein ziemlich verwirrendes Netz an Bahnstrecken. So konnte man vom Ostbahnhof über Stadlau, Mistelbach, Laa nach Brünn und weiter nach Prag reisen, und Prag liegt von Wien aus betrachtet eindeutig im Westen, oder besser: im Nordwesten. Diese Verbindung ist heute nicht mehr befahrbar. In Laa an der Thaya beendet der Prellbock die Fahrt, die einen Kilometer weiter auf der anderen Seite der Grenze in Hevlín wieder fortgesetzt werden könnte.

Zudem konnte man vom Staatsbahnhof über Marchegg nach Pressburg und weiter nach Budapest fahren. Durch Güter- und Truppentransporte gab es enge Verbindungen zwischen den beiden *twin-citys.* In den 70er- und 80er-Jahren des 19. Jahrhunderts dampften über 100 Züge pro Tag von Wien über Marchegg und Pressburg nach Budapest.

So, und nun zum für die Passagiere wahrscheinlichsten wichtigsten Bahnhof, zum Südbahnhof. Von Karl Kraus stammt der Satz: »Nach Ägypten wärs nicht so weit. Aber bis man zum Südbahnhof kommt!« Nun, Ägypten war zwar ein bisschen außer Griffweite, aber mit der Südbahn konnte man tatsächlich in den Süden reisen, die klassische Route führte über Graz, Laibach/Ljubljana, Adelsberg/Postojna nach Triest. Übrigens konnte man laut dem *Österreichischen Kursbuch* von 1915 von Triest zwar nicht nach Ägypten, aber immerhin nach Ragusa (Dubrovnik) fahren. Das Schiff startete an der Molo S. Carlo (heute: Molo Audace) um 11 Uhr. Des Weiteren gehörten zur Südbahn auch viele ungarische Strecken sowie die Brenner- und die Pustertaltalbahn.

Der Südbahnhof wurde zwischen 1869 und 1874 von Wilhelm von Flattich im Stil der Neorenaissance errichtet, er war also um einiges klassischer als der verspielte und verschnörkelte Nordbahnhof. Beim schnellen Hinsehen hatte die Fassade Ähnlichkeiten mit dem Musikvereinsgebäude.

Wie übrigens auch andere Bahngesellschaften setzte die Südbahngesellschaft ihren Chefarchitekten bei allen wichtigen Bahnhofsbauten ihrer Linie ein. Das Baubüro von Wilhelm von Flattich sorgte so für eine einheitliche Gestaltung und geschlossene Wirkung aller Bahnhöfe der Südbahn. So ähnelte der Bahnhof in Pivka, heute in Slowenien, dem Bahnhof in Toblach im Pustertal.

Wilhelm von Flattich – nebst dem Wiener Südbahnhof auch der Errichter des zweiten Kopfbahnhofes der Südbahn, des Bahnhofes in Triest – hatte für die Strecken der Südbahn Typenprojekte in fünf verschiedenen Größen geplant. Nach dem tatsächlichen Bedarf suchte die Bahngesellschaft am jeweiligen Ort die geeignete Typengröße aus.

Der französische Direktor der Südbahngesellschaft, Eugène Bontoux, zeigte wie die großen Vorbilder des Eisenbahnbaus auch wirtschaftliche Ambitionen. Im Jahr 1881 vereinigte er die sechs wichtigsten an der Südbahn liegenden Eisen- und Stahlwerke der Steiermark

zur »Österreichischen-Alpinen Montangesellschaft«. Wer damals größere Aktienpakete der »Alpin-Montan« kaufte, brauchte sich über seinen Lebensstandard keine großen Sorgen mehr machen. 1881 hatte eine Aktie einen Nennwert von 55 Gulden, in der neuen Währung 110 Kronen. Im Jahr 1912 erreichte sie schließlich einen Kurs von 1.110 Kronen.

Die Südbahngesellschaft profitierte – abgesehen vom Gütertransport vom Freihafen Triest nach Wien und umgekehrt – sehr stark vom individuellen Reiseverkehr. So war es folgerichtig, dass die Direktion auch im sich gerade entwickelnden Tourismus ein repräsentatives Standbein aufbaute. 1878 errichtete sie in Toblach das heutige »Grand Hotel«, 1882 folgte auf dem Semmering das legendäre »Südbahnhotel«. Karl Kraus lässt in den *Letzten Tagen der Menschheit* die von ihm karikierten Abonnenten der *Neuen Freien Presse* stets »Auf der Terrasse des Südbahnhotels« auftreten und über die Vorteile des Krieges schwadronieren.

Dem Südbahnhof widerfuhr nach dem Zweiten Weltkrieg ein ähnliches Schicksal wie dem Nordbahnhof. Die Zerstörungen erlaubten dennoch einen fast ungehinderten Fahrbetrieb. Bis ins Jahr 1955 existierte noch der Ghegaplatz sowie das von Flattich errichtete Empfangsgebäude. Nein, es erfolgte keine Restaurierung des alten Bahnhofes, er wurde Stück für Stück abgetragen. Ein Säulenkapitell und den Torso einer Statue finden wir heute im Schweizergarten, gleich vorne am Landstraßer Gürtel, bei der S-Bahnstation »Quartier Belvedere«.

Der neue Südbahnhof, eigentlich der Südostbahnhof, wurde schließlich am 29. September 1956 um 13 Uhr eröffnet. Für den Ghegaplatz war kein Platz mehr vorhanden, er verschwand aus dem Stadtbild. Auch dieser Südbahnhof ist Geschichte, er wurde 2011 abgerissen, um dem neuen Hauptbahnhof Platz zu machen. Immerhin blieb die Ghegastraße; sie reicht vom Gürtel bis zur 2009 geschaffenen Alfred-Adler-Straße. Erinnerungsfanatiker werden wieder im Technischen Museum fündig; nebst einem Modell (1:100) des Südbahnhofes von Flattich ist auch noch ein Modell (1:93) des dritten Südbahnhofes, verfertigt von Robert Kalasek (TU-Wien), zu sehen. Auch das Areal des Hauptbahnhofes gibt's als Architekturmodell.

Franz-Josefs-Bahnhof

Ähnliche Ziele wie mit der Nordwestbahn konnte man auch mit der Kaiser Franz Josephs-Bahn erreichen. Ihre Trasse führte von Wien über Tulln und Eggenburg nach Gmünd, von dort entweder nach Pilsen – dort arbeiteten die Škoda-Werke als Waffenschmiede der Monarchie – und zu den westböhmischen Bädern, oder weiter auf einer ursprünglichen Flügellinie nach Prag. Der ursprünglich außerhalb des Gürtels geplante Wiener Kopfbahnhof wurde auf Druck der Gemeinde Wien in die Altstadt hineinverlegt und von 1869 bis 1872 am Althanplatz errichtet. Er diente 1967 sogar als Filmkulisse für den Streifen *Mayerling* mit Omar Sharif, Catherine Deneuve und James Mason und wurde aber 1974 abgerissen. Jener monumentale Glasbau, der heute den Bahnhof – von außen kaum wahrnehmbar – beherbergt, stammt aus dem Jahr 1978.

Die Kaiser Franz Josephs-Bahn wurde gegründet von einem Konsortium von deutschböhmischen Adeligen, so dem Fürst von Schwarzenberg und dem Graf von Czernin sowie dem Linzer Fuhrmeister Adalbert von Lanna. Mit von der Gruppe war der inzwischen geadelte Matthias Ritter von Schönerer, der in jungen Jahren nach England zum Bahnstudium geschickt worden war. Matthias von Schönerer kaufte das nahe bei Zwettl liegende Schloß Rosenau, das er bald

Das Gebäude des Franz-Josefs-Bahnhofs wurde in den 1870er-Jahren errichtet und mehr als 100 Jahre später, im Jahr 1974, abgerissen.

zu seinem Stammwohnsitz machen sollte. Sein Sohn Georg von Schönerer stieg als Schloss- und Gutsbesitzer in die Politik ein, wo er es bald zu einem wortkräftigen und lautstarken Exponenten der deutschnationalen Bewegung brachte. Die Eisenbahn, der sein Vater Reichtum und Ehre verdankte, ließ auch den Sohn nicht los. Ab 1885 agitierte er vehement für die Verstaatlichung der »verjudeten« Nordbahn.

Die Kaiser Franz Josephs-Bahn zählte – im Gegensatz zu manch anderen Bahnen der Monarchie – vor allem Privatpersonen zu ihren Kunden: wohlhabende Bewohner der Donaumetropole, die zur Kur mit der Bahn ins westböhmische Bäderdreieck fuhren. Die Waggons der speziell für diesen Zweck zusammengestellten »Bäderzüge« hatten Wände mit japanischer Seide sowie samtüberzogene Fauteuils und wurden von den begeisterten Kurgästen von Karlsbad und Marienbad als »Appartements auf Rädern« bezeichnet. Irgendwo auf der Strecke von Wien über Budweis nach Pilsen und Eger traf der »Bäderzug« auf den »Bierzug«. Der startete tagtäglich in der Früh in Pilsen, um in eigens konstruierten Kühlwaggons das Bier der südböhmischen Braustadt in die durstende Wienerstadt zu transportieren. Wessen Leber dort durch den stetigen Biergenuss ein wenig erkrankte, der konnte ja zur Heilung mit dem Bäderzug in die Gegenrichtung nach Karlsbad fahren.

Westbahnhof

Der sechste Bahnhof in dieser Aufzählung ist der Kopfbahnhof der Kaiserin Elisabeth-Westbahn, der heutigen Westbahn, kurz der Westbahnhof. Er wurde von 1854 bis 1858 vom Bahnarchitekten Moritz Löhr errichtet. Die Gleishalle (104 mal 27,2 Meter) war bei der Ausfahrt von zwei markanten Türmen flankiert. Das Empfangsgebäude wies ein repräsentatives Portal mit drei großen von Statuen gekrönten Bögen auf. Es öffnete sich jedoch nicht zum Gürtel, nein, sondern in Richtung Süden, zur Langauergasse. Dadurch fehlte der geräumige, im Normalfall mit Droschken besetzte Bahnhofsvorplatz.

Die West-Ost-Achse, also die Achse Wien–Linz–Salzburg, war in der Monarchie allerdings fast ohne Bedeutung, die wichtigsten Handelswege verliefen über die Süd-Nord-Achse. Die Westbahn wurde vor allem gebaut, um der Kaiserin und Namensspenderin eine schnelle und komfortable Reise in ihre bayrische Heimat zu ermöglichen, zudem drängte Bayern nach dem Abschluss eines 1856 erfolgten Staatsvertrages mit Österreich auf die Errichtung des Anschlusses nach Salzburg. Erst mit der Erschließung Westösterreichs, mit der Errichtung der Strecke nach Innsbruck und dem Bau des Arlbergtunnels, gewann die Weststrecke an Bedeutung.

Der Kaiser konnte die neue Bahn freilich auch zur Reise in sein Sommerparadies nach Bad Ischl nutzen. Jedes Mal, wenn der Kaiser nach der glücklich vollendeten Sommerfrische mit dem Dampfzug unfallfrei auf dem Wiener Westbahnhof anlangte, überreichte er als protokollarische Gepflogenheit dem Bahnhofsvorstand einen Orden, der verächtlich als »Bahnhofsspinat« bezeichnet wurde. Der Vorstand des Westbahnhofes – ein Kaiserlicher Rat Zavadil – soll es derart zur meistdekorierten Person der gesamten Monarchie gebracht haben.

Im Zweiten Weltkrieg – vor allem in den letzten Kriegstagen beim »Kampf um Wien« – ist der alte Westbahnhof erheblich zerstört worden. Das neue heute noch bestehende Hallengebäude konnte am 24. November 1951 eröffnet werden. Im Herbst 2011 wurde der Hallenbau durch Einkaufszentren und Hotelbauten umschlossen, für den Gesamtkomplex hat sich der Name »BahnhofCity Wien West« eingebürgert. Der Platz davor, der Europaplatz, heißt im Übrigen seit 1958 so, eine reverenz an den Europagedanken.

Aspangbahnhof

Ein siebenter Bahnhof sei noch aufgezählt, obwohl seine Bedeutung mit den vorher aufgezählten nicht vergleichbar war: der Aspangbahnhof, der 1881 südlich der Aspangstraße im dritten Wiener Gemeindebezirk eröffnet und kurz vor der Jahrtausendwende gesprengt wurde. Für den Bau der Aspangbahn, die bis Wiener Neustadt mehr oder weniger parallel zur Trasse der Südbahn errichtet wurde und über Traiskirchen, Sollenau, Wiener Neustadt nach Aspang führte, erhielt ein belgisches Konsortium am 28. November 1877 die Bewilligung. Der Name der Firma lautete »Societé Belge de Chemin de Fer«. Ursprünglich war die Aspangbahn als transeuropäische Fernverbindung geplant, die über Zagreb bis nach Saloniki führen sollte; ihr ursprünglicher Name lautete demgemäß »WSB«, also »Wien-Saloniki-Bahn«. Kein Witz, schließlich hatten die kaiserlich-königlichen Truppen 1878 Bosnien besetzt, und die Militärbehörden, die ja stets in den Neubau von Bahnhofsstrecken eingebunden waren, planten bereits Verlängerungen durch die noch zu gewinnenden Gebiete des Balkans.

Kurioserweise gehörte dem belgischen Konsortium auch die Schneebergbahn. Der Hauptzweck der Schneebergbahn lag freilich nicht im Transport von bergsteigenden Wienern in das

Bergmassiv, sondern von Braunkohlemassen aus dem Grünbacher Kohlerevier in die Donaumetropole. Die bergsteigenden Wiener fuhren damals mit Direktzügen vom Wiener Aspangbahnhof auf einer Verbindungsschleife über Sollenau und Fischau nach Puchberg, ohne den heute dafür notwendigen Zwischenstopp in Wiener Neustadt in Anspruch zu nehmen.

Mit dem 1. Jänner 1899 übernahm die »k. k. Privilegierte Eisenbahn Wien–Aspang« auch sämtliche Anlagen sowie die Betriebsführung der Schneebergbahn. Die Erschließung des Schneeberges war damals fest in belgischer Hand.

Auf dem Areal des einstigen Aspangbahnhofes erinnert ein Kunstwerk von PRINZGAU/podgorschek an jene 47.035 Jüdinnen und Juden, die von hier in die »Durchgangs«- und Vernichtungslager deportiert wurden.

Die Aspangbahn hielt sich lange als Privatbahn und wurde erst 1937 dem Wirtschaftskörper der Österreichischen Bundesbahnen einverleibt.

Ab 1939 starteten vom Aspangbahnhof insgesamt 47 Transporte, bei denen 47.035 Jüdinnen und Juden in Waggons verfrachtet wurden, doch nur 1073 sollten überleben. Diese traurigen Zahlen hat das Künstlerduo PRINZGAU/podgorschek auf einem 2017 eröffneten Mahnmal festgehalten. Es besteht aus zwei langen Betonschienen, die in einen dunklen, hohlen Betonblock führen. Ein Symbol für die Fahrt in den Tod.

ERSTE DONAU-DAMPFSCHIFFAHRTS-GESELLSCHAFT
1829
JAHRGANG
1936
HANDBUCH
FÜR
DONAU-
REISEN
VERLAG PAYER & CO. WIEN

Schiff ahoi auf der Donau

Von der DDSG – Beherrscherin der Donau

Geblieben ist der allseits bekannte »Donaudampfschifffahrtskapitänsgesellschaftskajütenjunge«. Doch auch der Kajütenjunge kann noch verlängert werden – durch die »Donaudampfschifffahrtselektrizitätenhauptbetriebswerkbauunterbeamtengesellschaft«. Und *Schiff ahoi!* – diese Gesellschaft wird immerhin vom *Guiness-Buch der Rekorde* als längstes Wort der deutschen Sprache geführt.

Verschwunden hingegen ist das Direktionsgebäude der DDSG – wir versuchen, mit griffigen Abkürzungen die langen Komposita zu vermeiden, schließlich verfügen wir über Inkompetenzkompensationskompetenz. Das Direktionsgebäude lag auf der rechten Seite des Donaukanals flussabwärts nach der Einmündung des Wienflusses, die Adresse lautete Dampfschiffstraße 2, dahinter befindet sich die Zentrale der Berufsrettung Wien. Das erst 1980 abgerissene Gebäude wurde zwischen 1853 und 1855 von Eduard Kuschée errichtet und entsprach in Gestaltung und Aussehen noch nicht den gewaltigen Repräsentationsbauten der Eisenbahngesellschaften, da es als Sitz der Administration errichtet wurde und nicht als Aufenthaltsort der Passagiere. Der kubische Bau bestach durch seine vier Ecktürme und einen Mittelturm. Für Gebäude, die dem öffentlichen Verkehr zuträglich sind, von enormer Wichtigkeit: Auf dem Turm zeigten die Uhrwerke den Stand der Zeit an.

Die DDSG, die 1829 gegründete Erste Donau-Dampfschifffahrts-Gesellschaft, gab Jahr für Jahr ein Handbuch heraus, das sowohl Fahrplan als auch Reiseführer war.

Der Donaukanal war damals der schiffbare Arm der Donau, so befand sich die Anlagestelle der Donaudampfer vor dem Direktionsgebäude. Von diesem gelangte man über eine kleine Straße zur Böschung und weiter über

Die Zentrale der DDSG befand sich am Donaukanal in Nachbarschaft zum 1897 errichteten Gebäude der Wiener Freiwilligen Rettungsgesellschaft (rechts).

mehrere Stufen auf das wartende Dampfschiff. Von hier und auch von der zweiten Anlegestelle am Schwedenplatz starteten die Dampfer, um – so die häufigsten Ziele – nach Pest und nach Pressburg zu gelangen.

Da das Gebäude an einer Kurve des Donauarmes weithin sichtbar war, symbolisierte es den Anspruch der DDSG, als Beherrscherin der Schifffahrt auf der Donau und darüber hinaus auf dem östlichen Mittelmeerraum zu gelten.

Freilich wurde die DDSG schon einige Jahre vorher gegründet: Am 13. März 1829 fand die konstituierende Generalversammlung statt, zu der zwei britische Schiffskonstrukteure, John Andrews und Joseph Prichard, aufgerufen hatten. Die beiden Engländer erhofften ein kaiserliches Privileg zur Befahrung der Donau mit Schiffen ihrer Konstruktion, das jedoch erst nach dem gelungenen Probelauf des ersten Schiffes wirksam werden sollte.

Das erste Schiff, das mit Bewilligung von Kaiser Franz I. den Namen »Franz I.« trug, startete die Probefahrt am 17. September 1830 in Wien – und beendete sie erfolgreich nach 14 Stunden und 15 Minuten in Pest. Von diesem Tag an erhielt auch das vom Kaiser zuerkannte Privileg seine Gültigkeit.

Zurück zum Direktionsgebäude unterhalb der Einmündung des Wienflusses. Wir schrieben von der Beherrschung des östlichen Mittelmeerraumes. Blicken wir kurz auf den Fahrplan der DDSG, den wir der Broschüre *150 Jahre DDSG. Früher Postdienst* entnehmen. Er muss dem binnenländischen Wiener wie eine Nachricht von einem fremden Planeten vorgekommen sein, von dem er weder Lage noch Zustand wusste. So fuhr anno 1840 die »Sophia« von Wien nach Linz und zurück, die »Maria-Anna« fuhr von Wien über Pressburg nach Pest. Gut, das wird den potenziellen Kunden kaum verwirrt haben. Jetzt aber kommt es. Der »Ferdinand I.« dampfte von Pest nach Konstantinopel, in einer kleinen Fußnote wird vermerkt, dass die Fahrt 11 Tage dauert, und die »Stambol« fuhr von Konstantinopel (heute Istanbul) nach Smyrna (heute Izmir), die »Seri-Pervas« von Smyrna weiter über die verschiedensten Inseln bis nach Alexandria.

Im Jahr davor, also 1839, wurden an die auf das Schiff wartenden Zeitgenossen bedruckte Zettel verteilt, die als »Avis« bezeichnet wurden. Vielleicht hatte die Direktion sie auch in den Räumen des Direktionsgebäudes achiffiert, wir wissen es nicht. Aber wir kennen den Text des »Avis« im Originalwortlaut: »Das Dampfschiff Maria Dorothea, Kapitän Pietronis, wird am kommenden 6. März um 4 Uhr nachmittags pünktlich nach den Dardanellen auslaufen und seine Fahrten alle 15 Tage wiederholen. Es wird Passagiere, Güter usw. nach diesem Zielhafen und ebenso nach Konstantinopel und Smyrna befördern. Frachtaufträge für Waren, Geldsendungen sowie Pakete werden nur bis Mittag ausgeführt werden. Briefe werden im Büro von Herrn Jules Loir, dem Vertreter des Direktors, bis 2 Uhr nachmittags entgegengenommen.«

Die DDSG eroberte also den östlichen Mittelmeerraum. Sie unterhielt insgesamt 31 Agentien – so bezeichnete sie ihre Agenturen oder Dependancen – »in durch Seedampfschiffe angelaufenen Häfen«, etwa in Jaffa, in Beirut, in Tripolis, auf den Inseln Rhodos und Kos. Und das zu einer Zeit, in der der Großteil der Donau – etwa ab dem Eisernen Tor – unter osmanischer und die Mündung unter russischer Kontrolle war. Und selbst der Postverkehr in den Nahen Osten wurde von der DDSG übernommen. Dafür wurden eigene Briefmarken gedruckt. Sie trugen den stolzen Text »Erste k. k. pr. Donau Dampfschiffahrts-Gesellschaft«.

Allerdings erfolgte von staatlicher Seite ab 1848 eine Neuorganisation der Schifffahrt in der Monarchie. Der Mittelmeerraum war für den »Österreichischen Lloyd« mit Sitz in Triest reserviert, und nur mehr die Donau verblieb der DDSG, die so zu einem Binnenschifffahrtsunternehmen degradiert wurde. Den Verlust des Mittelmeeres kompensierte sie durch den Aufbau einer Personen- und Güterschifffahrt auf den Flüssen Theiß und Save, später auf der Drau. Und Schlepper für Schlepper, Schiff für Schiff wurde sie das größte Binnenschifffahrtsunternehmen der Welt. Wir blättern im *Almanach für die Erste k. k.priv. Donau-Dampfschiffahrts-Gesellschaft 1894,* herausgegeben vom damaligen Bürochef J. Drozynski. Und wir erfahren: Die DDSG betrieb etwa 20 Schifffahrtslinien mit einer Gesamtlänge von 5250 Kilometern. Beispiele gefällig? Eine Verbindung führte von Regensburg nach Sulina – in diesem für die Schifffahrt wichtigen Ort mündete die Donau ins Schwarze Meer. Eine zweite fuhr von Sulina weiter nach Batum, heute Batumi in Georgien. Undsoweiterundsofort. Der Schiffspark bestand aus 154 Raddampfern, 25 Schraubenschiffen und 8 Kettenschiffen. Und die DDSG unterhielt zwei Werftanlagen. Die größere befand sich in Altofen *(Obuda),* einem Teil des heutigen Budapest. Die merklich kleinere in Korneuburg.

Von offiziellen Daten zu persönlichen Eindrücken. Wir zitieren die deutsche Reiseschriftstellerin Clara Maerkel-Krumhaar, die 1910 den Text *Auf der Donau zu den Balkanvölkern* verfasste: »Blau konnte die Donau auch der farbenwildeste Sezessionist nicht nennen, als wir, vom Extrazug nach Wien getragen, an einem frostigen Juliregentag – er ist seit fünf Wochen der einzige sonnenlose geblieben – die Hildegarde an der

Die deutsche Reiseschriftstellerin Clara Maerkel-Krumhaar erkundete von Wien aus mit einem Schiff der DDSG den Balkan.

Rudolfsbrücke bestiegen, um südslawische Länder kennen zu lernen. [...] Der Fahrpreis der Donau-Schiffahrt-Gesellschaft von Wien bis Samovit in Bulgarien und zurück beträgt I. Klasse rund 90 Kronen. Schon abends ist erlaubt, sich einzuschiffen, gesondert die Männlein, je vier in der Kajüte, und ebenso die Damen – die neuesten Schiffe führen auch sechs Einzelkabinen à 10 Kronen. Um 7 Uhr früh erzittert der Dampfer, ein Pfiff, die Räder werfen rauschend die Wasser auf, bei sanftem Plätschern träumen wir an der noch morgenschlummernden fröhlichen Kaiserstadt vorüber und betreten gerade das Deck, um an der Mündung der March bei der Stromwarte Ungarns, den Felsenköpfen von Deveny mit dem Arpád-Millenniums-Denkmal, den Trümmern des Grenzschlosses, den ersten mächtigen Eindruck des Landes, das ein Bindeglied zwischen europäischer und byzantinischer Kultur bildet, zu erhalten.«

Fünf Mosaike in der Dampfschiffgasse Ecke Löwengasse erinnern an die großen Zeiten der Donauschifffahrt.

Genug des Zitates, die schunkelige Reise auf den Donauwellen dauert noch eine Vielzahl von Seiten. Noch einmal zurück zum Direktionsgebäude am Donaukanal. Wir besichtigen den ehemaligen Standort. Nunmehr treffen wir an der Dampfschiffstraße auf den Rechnungshof, wir sichten Fahnen mit dem Bundesadler und der Aufschrift RH. Die Adresse blieb gleich: Dampfschiffgasse 2; der Name kommt wohl nicht von ungefähr. Die heute vielbefahrene Straße trennt uns jedoch von der ehemaligen Anlegestelle. Doch ein paar Meter weiter, Ecke Löwengasse, die hier einmündet, wurde das Eckhaus als Hommage an die einstigen Zeiten behübscht, die Fassade ist ein Wellenwogen in verschiedenen Blautönen, fünf Mosaike von Donauschiffen lassen keine Zweifel aufkommen am »DDSG Ahoi!«

Wir wenden uns der neuen Anlegestelle zu, die noch im 19. Jahrhundert von hier an die Donau verlegt wurde. Nach der Vollendung des Großbaus »Donaudurchstich« im Jahre 1875 benötigten die Dampfschiffe nicht mehr den Umweg über den kleinen Seitenarm, den Donaukanal, sondern konnten im Bett der neuen Donau die Stadt Wien in gerader Linie durchqueren. Und am Praterkai, unterhalb der Reichsbrücke, die in der Monarchie zur Erinnerung an den Thronfolger Rudolfsbrücke hieß, errichtete die DDSG ihre Wiener Agentie: ein ebenerdiges Gebäude mit einer Passagierhalle.

Eine große Zäsur erfolgte jedoch im Jahre 1918. Mit dem Ende der Monarchie – sie wurde ja auch als Donaumonarchie bezeichnet – und den damit sich neu etablierenden Nachfolgestaaten wurden die Bestände der DDSG mehr oder weniger aufgelöst und den neuen Staaten zugeschlagen. Laut den Bestimmungen des Vertrags von Saint-Germain wurde mit Wirkung vom 2. August 1921 eine Vielzahl von Schiffen abgetreten: an den SHS-Staat, an Rumänien und die Tschechoslowakei, in weiter Folge auch an Ungarn und kurioserweise an das Nicht-Donau-Land Frankreich. Im »der Rest ist Österreich« verblieb nur mehr der Rest der DDSG, die so von einem multinationalen Unternehmen zu einem Staatsbetrieb mittlerer Größe schrumpfte. Im »Handbuch für Donaureisen« des Jahres 1936 liest sich die Namensliste der Schiffe der DDSG wie ein heimatkundliches Potpourri (»Dürnstein«, »Aschach«) zwischen Walzerseligkeit (»Johann Strauß«), Planeten (»Saturnus«, »Uranos«) und griechisch-römischer Mythologie (»Helios«, Jupiter«), versetzt mit imperialen Reminiszenzen (»Habsburg«, »Rudolf«), das für die

Aufrechterhaltung des Betriebes ständig staatliche Subventionen benötigte.

Die Direktion blieb jedoch bis 1981 »im kubisch anmutenden Gebäude« an der Schifffahrtsstraße. Im selben Jahr, genauer am 5. Juni 1981, wurde das neue »Schifffahrtszentrum« unterhalb der Reichsbrücke errichtet. Weithin sichtbar thront es auf dem Hochwasserdamm, seine Konturen sind dem eines liegengebliebenen Riesenschiffes nicht unähnlich, die Adresse lautet Handelskai 265. Architekt Heinz Scheide kümmerte sich auch um zusätzliche Einrichtungen, wie die Zollabteilung und das Restaurant »Tegetthoff«.

Das Schifffahrtszentrum steht heute noch am Donaudamm, die am Dach angebrachten Buchstaben DDSG wurden abmontiert, drinnen sind die Büros der »DDSG Blue Danube«, die unternehmenstechnisch keine Nachfolgerin der alten DDSG ist, sondern – trotz der beabsichtigten Namensähnlichkeit – mehr oder weniger eine Neugründung.

Da der Subventionsgeber, also der Staat, die DDSG privatisieren wollte, wurde sie in einem ersten Schritt 1991 gespalten: in den Cargo-Bereich einerseits und in die Personenschifffahrt andererseits. Die Cargo-Schifffahrt erlebte seither ständige Besitzerwechsel; die Personenschifffahrt der DDSG wurde hingegen 1995 in ihrer bisherigen Form aufgelöst.

Im Sprachgebrauch verblieben der »Donaudampfschiffahrtsgesellschaftskapitän« und alle seine sprachlichen Erweiterungen. Weiters der Verein »Freunde historischer Schiffe« sowie der Klub der Kapitäne mit dem klingenden Namen »Danubius«.

Der Landungsplatz der Donauschiffe bei der Reichsbrücke: Hier wurden die Schiffe be- und entladen und hier gingen Matrosen wie auch Kapitäne an Land.

Verschwundenes Eisenbahnvergnügen: Eine Bergfahrt auf der 5,5 Kilometer langen Strecke von Nussdorf zum Kahlenberg dauerte bei einer Höchstgeschwindigkeit von 12 km/h eine halbe Stunde.

Einmal Kahlenberg und zurück

Die Zahnradbahn und was von ihr blieb

Was macht ein gelernter Wiener, wenn anno domini 1910 der Halley'sche Komet sich voller Tücke nähert und namhafte Wissenschaftler den Untergang des Planeten Erde prophezeit haben? – »Die Wiener Bevölkerung faßt den Halleyschen Kometen von der humorvollen Seite auf; Ansichtskarten, die den ›Zusammenstoß‹ darstellen, werden schon heute gekauft, Kometenlieder werden in allen Nachtlokalen gesungen und ein Fiaker sagte erst gestern am Graben zu seinem Wasserer: ›Wann'st den Wag'n net urndli herrichst, kriegst an Renner, als ob Di der Komet gscht'raft hätt'‹. – In Nußdorf aber singen sie beim Heurigen das lustige Nestroysche Lied des Schusters im *Lumpazivagabundus:* ›Die Welt steht auf kan Fall mehr lang ...‹ und eine solche weinfrohe Auffassung der Situation dürfte wohl das klügste sein.« (*Neue Schlesische Zeitung,* 19. April 1910). So manche Wagemutige versuchten den nahenden Untergang ins Auge zu blicken, ja dem Ende quasi ein Stück entgegenzugehen. »Da sind nun viele auf den guten Einfall gekommen, das Naturobservatorium auf dem Kahlenberg aufzusuchen, sich dort im Hotel zu installieren, um hoch oben in reiner, dunstfreier Luft den Himmels-Vagabunden in seiner ganzen fesselnden Schönheit zu bewundern.« (*Neues Wiener Tagblatt,* 14. Mai 1910).

Fazit: Man fährt mit der Zahnradbahn auf den Kahlenberg, trankelt dort ausgiebig den servierten Nußberger, hält Ausschau nach dem schweifenden Kometen und harret ansonsten unverdrossen der kommenden Dinge. Übrigens: Der Planet Erde hat damals ohne mit der Wimper zu zucken den vorbeizischenden Kometen am 20. April 1910 ebenso

Angesichts des Kometen fuhren im April 1910 viele Wienerinnen und Wiener auf den Kahlenberg, um einen – man weiß ja nie – vielleicht letzten Blick auf ihre Heimatstadt zu erhaschen.

überlebt wie den Halley'schen Kometen vom 1835er-Jahr, den wir nun »Lumpazivagabundus-Komet« nennen wollen. Und unser gelernter Wiener wird frühmorgens mit leicht brummendem Schädel mit der Zahnradbahn nach Nussdorf zurückgekurvt sein. Weniger gut tat der Erde in den nächsten Dekaden dann jener Mann, der am 20. April 1910 seinen 21. Geburtstag feierte. Damals war er noch ein erfolgloser Ansichtskartenmaler, wohnte im Obdachlosenasyl in der Meldemannstraße und hieß Adolf Hitler ...

Auch wir wollen mit jener Bahn, welche am 20. April 1910 von den Kometen-Fans benutzt wurde, auf die lichten Höhen des Kahlenberges trudeln. Einen Waggon dieser Bahn gibt es übrigens noch. Er steht etwas zerdepscht auf dem Kahlenberg, auf dem Platz vor dem »Kahlenberg Suite Hotel«. Der Waggon ist natürlich nicht original, sondern nachgebaut. Und betreten kann man ihn auch nicht.

Damals gab es am 20. April ein riesiges Volksfest. Kreti und Plethi feierten mit – oder besser getrennt von – den gekrönten Häuptern, für die ein Kahlenbergbesuch zur normalen Dienstprozedur gehörte. Zu ihnen zählten etwa der montenegrinische Fürst Nikola, der serbische Fürstregent Aleksan-

dar samt Ehefrau Draga, über das weitere monarchistische Who's who kann nur spekuliert werden.

Die Weinbauern der Gegend verkauften ihre Produkte – es hätte ja auch der letzte Wein sein können, den man gerade austrank, also konnte ein allerletzter Wein auch nicht schaden. Auf den Wiesen tanzte und hüpfte man dem Spektakel entgegen. Bis es dann passierte: Am späten Abend flog der Komet – tatsächlich mit einem ordentlichen Schweif – unbekümmert und folgenlos am Kahlenberg vorbei.

Wir lesen darüber im *Döblinger Extrablatt,* Ausgabe Nr. 15: »Der 20-jährige Kontorist Ignaz Färber bestieg sonntagnachts den Kahlenberg, um den großen Kometen besser zu sehen. Er stürzte über einen Abhang und erlitt eine Verrenkung im linken Schultergelenk. Färber kletterte ins Tal und wurde von der Rettungsgesellschaft in die Wohnung gebracht. Der Arzt beruhigte den Mann noch, indem er ihm mitteilte, dass der Komet erst wieder in ca. 75 Jahren wiederkommen würde. Bei der Ankunft des Halleyschen Kometen am 20. April 1910 versetzte dieser viele Menschen in Angst. Und die Männerwelt nutzte die Gunst der Stunde, da man ja wusste, dass die Welt ›in Scherben‹ ginge. Also versprach man den Damen das ›Blaue vom Himmel‹, weil man sowieso vorhatte, zusammen zu sterben«.

Wir wollen uns jedoch nicht um die komplizierte Umlaufbahn des Kometen, sondern um die etwas einfachere Bergstrecke der Kahlenbergbahn kümmern. Die private Kahlenbergbahn-Gesellschaft hätte den Betrieb der Zahnradbahn – der ersten der Monarchie – zur Wiener

Weltausstellung 1873 aufnehmen wollen. Und schaffte es natürlich nicht. Ein Grund für die Verzögerung: Die Grinzinger Weinbauern forderten hohe Ablösesumme für ihre Grundstücksflächen.

Die Eröffnung erfolgte im Folgejahr, am 7. März 1874. Die Trasse führte von Nussdorf über die Haltestelle Grinzing zum Krapfenwaldl und erreichte nach einem Schwenk in Richtung Nordosten den Kahlenberg. Die Endstation lag in der Nähe der 1877 eröffneten Stephaniewarte, die wiederum aus dem Baumaterial einer früheren auf den Kahlenberg führenden Drahtseilbahn errichtet wurde. Von der Bergstation musste man bis zum Berghotel noch acht bis zehn Minuten weiterhatschen, der Weg führte sogar ein wenig bergab. Selbst schuld, denn der Besitzer des Hotels hat gegen eine zu nahe gelegene Eisenbahnstation mit Erfolg Einspruch erhoben.

Nun zur Fahrt selbst. Die Streckenlänge betrug 5,5 Kilometer, der Höhenunterschied lag bei etwa 200 Metern, die Fahrt dauerte 30 Minuten hinauf und 25 Minuten hinunter, die Höchstgeschwindigkeit betrug 12 km/h für die Bergfahrt und 15 km/h für die Talfahrt.

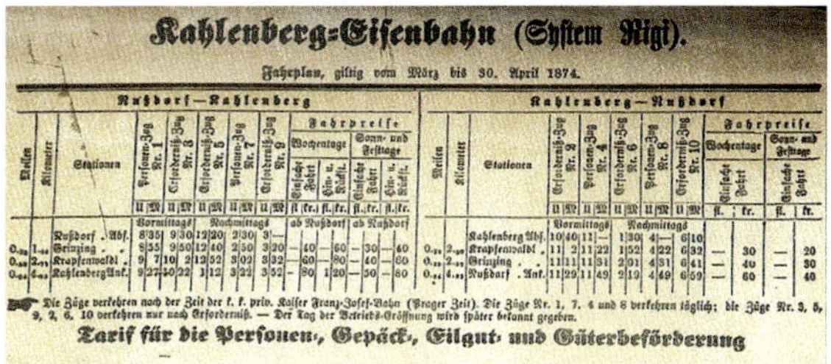

Kahlenberg-Eisenbahn (System Rigi).

Fahrplan, giltig vom März bis 30. April 1874.

Nußdorf—Kahlenberg

Meilen	Kilometer	Stationen	Personen-Zug Nr. 1	Erfordernis-Zug Nr. 3	Erfordernis-Zug Nr. 5	Personen-Zug Nr. 7	Erfordernis-Zug Nr. 9	Fahrpreise Wochentage Einfache Fahrt	Fahrpreise Wochentage Hin- u. Rückf.	Fahrpreise Sonn- und Festtage Einfache Fahrt	Fahrpreise Sonn- und Festtage Hin- u. Rückf.
			U. M.	U. M.	U. M.	U. M.	U. M.	fl. kr.	fl. kr.	fl. kr.	fl. kr.
			Vormittags		Nachmittags			ab Nußdorf		ab Nußdorf	
		Nußdorf . Abf.	8 35	9 30	12 20	2 30	3 —				
[illegible]	[illegible]	Grinzing . .	8 55	9 50	12 40	2 50	3 20	— 40	— 60	— 30	— 40
[illegible]	[illegible]	Krapfenwaldl .	9 7	10 2	12 52	3 02	3 32	— 60	— 80	— 40	— 60
[illegible]	[illegible]	Kahlenberg Ank.	9 27	10 22	1 12	3 22	3 52	— 80	1 20	— 50	— 80

Kahlenberg—Nußdorf

Meilen	Kilometer	Stationen	Erfordernis-Zug Nr. 2	Personen-Zug Nr. 4	Erfordernis-Zug Nr. 6	Personen-Zug Nr. 8	Erfordernis-Zug Nr. 10	Fahrpreise Wochentage Einfache Fahrt	Fahrpreise Sonn- und Festtage Einfache Fahrt
			U. M.	U. M.	U. M.	U. M.	U. M.	fl. kr.	fl. kr.
			Vormittags		Nachmittags				
		Kahlenberg Abf.	10 40	11 —	1 30	4 —	6 10		
[illegible]	[illegible]	Krapfenwaldl .	11 2	11 22	1 52	4 22	6 32	— 30	— 20
[illegible]	[illegible]	Grinzing . .	11 11	11 31	2 01	4 31	6 41	— 40	— 30
[illegible]	[illegible]	Nußdorf . Ank.	11 29	11 49	2 19	4 49	6 59	— 60	— 40

Die Züge verkehren nach der Zeit der k. k. priv. Kaiser Franz-Josef-Bahn (Prager Zeit). Die Züge Nr. 1, 7, 4 und 8 verkehren täglich; die Züge Nr. 3, 5, 9, 2, 6, 10 verkehren nur nach Erforderniß. — Der Tag der Betriebs-Eröffnung wird später bekannt gegeben.

Tarif für die Personen-, Gepäck-, Eilgut- und Güterbeförderung

Ja, das schaffen wir auch, dachten sich die Autoren und starteten erwartungsgemäß bei der Talstation. Im damaligen Empfangsgebäude ist heute die Restauration »Einkehr zur Zahnradbahn« untergebracht, um das Restaurant herum führt die Endstationsschleife der Straßenbahn D. Schon auf der Stirnseite des lang gestreckten Gebäudes mit Mittelrisalit erspähen wir auf einem großen Bild die alte Zahnradbahn mit ihrer Dampflokomotive, sie hält offenbar gerade bei der Station »Grinzing«.

Wir folgten jedoch nicht dem Ruf zur Einkehr – drinnen hätten wir auf der Speisekarte weitere Motive der Zahnradbahn gesehen –, sondern wandern schnellen Fußes die alte Trasse entlang. Der Weg heißt heute – man wird's nicht glauben – »Zahnradbahnstraße«, und wir halten steten Blickkontakt zu dem gegenüber liegenden Beethovengang. Dann biegen wir ein auf den Unteren Schreiberweg und halten auch nicht beim Krapfenwaldbad – Reste des Stationsgebäudes blieben bis in die 1950er-Jahre erhalten. Eigentlich wollten wir ja die Fahrzeit der damaligen Zahnradbahn – 30 Minuten – zumindest einstellen. Doch wir müssen bekennen: Im Dickicht der Weingärten und der Wälder konnten wir die alte Trasse nicht mehr eruieren, obwohl die Route auf dem Display unserer mobilen Geräte in aller Klarheit aufgezeichnet war und wir die Widerlager der Brücke über die Kahlenberger Straße fanden. Also nichts wird's mit einem neuen Streckenrekord. Nach 50 Minuten hielten wir im Gegensatz zur alten

Mit bunten Grüßen vom Kahlenberg, egal, ob man oben gewesen war oder nicht, konnten man einst seine Lieben beeindrucken.

Franz Grillparzer adelte den Blick auf Wien mit seinem berühmten Spruch »Hast du vom Kahlenberg das Land dir rings besehn, so wirst du, was ich schrieb und was ich bin, verstehn.«

Dampflokomotive nur leicht schnaufend bei der 1887 von der Kahlenbergbahn-Gesellschaft errichteten Stephaniewarte.

Um eine Fahrt anno dazumal zu veranschaulichen, sichten wir wieder die uns zur Verfügung stehende Literatur. Im *Döblinger Extrablatt,* Ausgabe Nr. 15, erschien ein Interview mit dem Lokomotivführer Karl Höfle, Beruf Maschinist, damals wohnhaft in der Zahnradbahnstraße 18.

»Wenn ich mit meinem eisernen ›Rösserl‹ aus dem ›Stall‹ in Nußdorf gefahren bin, hab' ich immer die Dampfpfeife gezogen, dass es nur so gezischt hat. Der Pfiff war nämlich das Signal für meine ›Alte‹, damit sie mir rechtzeitig den Kaffee zum fahrenden Zug bringt. Damals haben wir es noch nicht so eilig gehabt wie heutzutage! Mit der Zahnradbahn sind so manche noble Herrschaften gefahren. Zum Beispiel der Kaiser von Siam, der Schah von Persien und andere. Der begeisterndste Passagier war aber König Alexander von Serbien, der dann mit seiner Gemahlin Draga Maschin von seinen eigenen Leuten abgemurkst wurde. Nur die Hunde haben nichts zu lachen gehabt. Die haben nämlich nicht einsteigen dürfen, nicht einmal mit einer Hundekarte! Das Mitnehmen von Hunden war strengstens verboten. Die armen Viecherln haben neben dem Geleise einherlaufen müssen und sind dann natürlich mit heraushängender Zunge auf dem Kahlenberg angekommen! Einmal hab' ich so ein Hunderl zusammengeführt. Das Hunderl hat durchaus auf den fahrenden Zug aufspringen wollen, sein Frauerl hat g'schrien und gejammert, und auf einmal war das Hunderl unterm Zahnradl, und aus war's! Auch ein Eisenbahnunglück gab es – das war eine heitere Geschichte. Bei

»

Unbeschreibend reizend ist diese Fernsicht …

[…] von der Höhe des Leopold- oder Kahlenberges – Namen, auch in historischer Beziehung bedeutend – wenn das Gold der aufgehenden Morgensonne dieses Eden überglänzt, oder vom Kobenzl, Himmel und andern Gebirgsrücken, von welchen dieses herrliche Thal wie mit einem grünen Gürtel umgeben ist. Zur Bequemlichkeit jenes Geschlechtes, welches das Zarte und Reizende genannt ist, befinden sich in dem Dorfe Grinzing stets gesattelte Esel, auf deren Rücken es bequem nach dem Krapfenwäldchen oder nach dem Kahlenberg trottiren kann. Es sind gute, wohl abgerichtete Thiere, die nicht wie Pegasus schwer aufsitzen lassen, und leicht absetzen, aus welcher Ursache denn auch gerne manche junge Herren sich ihrer bedienen. In Bezug der materiellen Interessen des Magens erübrigt uns noch zu sagen, daß im Krapfenwäldchen ein sehr guter Gasthof sich befindet, dem Hr. Geringer, eingebildeter und thätiger Mann, vorsteht, und dessen Küche, Keller und gute Bedienung, nichts zu wünschen übrig lassen.

Bäuerles Theaterzeitung, 14. Mai 1834

«

Ein altehrwürdiges Relikt: Das Technische Museum Wien zeigt das Triebzahnrad der 1874 eröffneten Zahnradbahn, das bis 1908 verwendet wurde.

der Bergfahrt machte sich plötzlich ein Räderpaar eines Waggons selbständig, wodurch das Geleise auseinandergerissen wurde. Geschehen ist ja weiter nichts, aber die Polizei hat das lädierte Geleis gesperrt, und so konnten wir nur noch eingeleisig fahren. Da ist es oft zu großen Krawallszenen gekommen, da jeder zuerst auf den Kahlenberg hinauffahren wollte. Täglich verkehrten 22 Züge in beiden Richtungen. Der Betrieb wurde um 6 Uhr aufgenommen, der letzte Zug rollte um 23 Uhr talwärts. Eine Talfahrt um diese Zeit, wenn die Stadt im Lichterglanz lag, war bestimmt für jeden Passagier ein Erlebnis. Mir ist es heute noch eine schöne Erinnerung!«

Dabei sind damals Massen von Ausflüglern mit der Dampfeisenbahn befördert worden: 12.000 bis 15.000 pro Tag bei sommerlichem Schönwetter. Dafür reichten drei Personenwagen pro Zug mit jeweils 54 Sitzplätzen. Der Zug startete jeweils um 22 Minuten nach der vollen Stunde bei der Talstation, in Stoßzeiten wurden zusätzliche Garnituren bereitgestellt.

Damals bürgerte sich bei den Benutzern der Begriff »Rigibahn« ein: »Auch wir fahren mit der Rigibahn«. Warum? Die Rigi ist ein Berg in der Schweiz, und die damals weit über die Grenzen der Schweiz bekannte Rigibahn fuhr von einem Ort namens Vitznau auf diesen schönen Ausflugsberg hinauf. Jetzt folgt eine sprachliche Delikatesse: Unsere Kahlenbergbahn benutzte ebenso wie die Rigibahn das System Riggenbach, und der Herr Riggenbach, mit Vornamen Niklaus, war der Konstrukteur der sprachlich ähnlich lautenden Rigibahn. Für Spezialisten: Innerhalb der Schiene befand sich die Leiterzahnstange. Diese Zahnstange hatte beidseitig ein nach außen gerichtetes Profil. In ihrer Mitte befanden sich die Zähne, wie die Sprossen innerhalb einer Leiter. Der Kreis der Zahnräder liegt auf der Schienenoberkante, und somit ragen die Zahnräder unter die Schienenoberkante. Klar? Wer sehen will, wie das alles funktionierte, wie die Zähne ineinandergriffen, wird im Technischen Museum fündig. Hier sind Triebzahnrad und Zahnstange einer in der Schweizer produzierten Kahlenbergbahnlok (Inventarnummer 40.664) anno 1874 ausgestellt.

Zu Beginn des Betriebs 1874 schrieb die Kahlenberg-Gesellschaft keine fetten Gewinne: Die Talstation in Nussdorf war von der Stadt aus nur schwer erreichbar. Um die von uns kolportierte Frequenz zu erreichen, wurde 1885 von der »Linie« weg eine Tramwaytrasse bis zur Talstation der Zahnradbahn eröffnet, die »Linie« befand sich in der Gegend des heutigen Liechtenwerder

Platzes. Zudem konnte man bereits ab 1870 mit der Kaiser Franz Josephs-Bahn bequem bis zur Station Nußdorf reisen. Allerdings galt für die Züge auf besagter Bahnstrecke die »Prager Zeit«, und wer weiß, ob alle Passagiere die Umrechnung zur der nach »Wiener Zeit« verkehrenden Zahnradbahn schafften. Jedenfalls benötigte man von der Eisenbahnstation Nußdorf nur 5 Minuten *per pedes* zur Talstation der Zahnradbahn. Und bei der Rückkehr konnte man bei mangelnder Kondition noch bei einem auf der Strecke liegenden Heurigen einkehren.

Ob bei der Zahnradbahn auch ein »Oberzahnradbahnbahnrat« (Copyright: Karl Farkas) seinen Dienst versah, das wissen wir nicht. Allerdings können wir berichten, dass allfällige Bahnräte bereits im Ersten Weltkrieg nichts zu lachen hatten: Wegen Kohlenmangels kam es zu Einschränkungen des Regelbetriebes. Verhandlungen mit den Wiener Stadtwerken betreffs Übernahme scheiterten, eine Elektrifizierung konnte nicht mehr finanziert werden. Wegen akuten Kohlenmangels und desolaten Oberbaumaterials wurde am 16. September 1919 der Regelbetrieb eingestellt. Und am 26. November 1921 dampfte der letzte Personenzug hinauf auf den Kahlenberg. Somit wurde eine Bahnverbindung, die über 45 Jahre lang die Wiener Ausflügler zu ihrem wohl bekanntesten Ausflugsberg – dem Kahlenberg – führte, für immer aus dem Verkehr gezogen.

Zum Glück gibt es heute einen Bus, er erleichtert die Hinauf- wie auch die Hinabbeförderung wesentlich. Der 38 A fährt vom Bahnhof Heiligenstadt (U 4) in 25 Minuten auf den Kahlenberg. Gäbe es keinen Bus, müsste man wohl überlegen, ob nicht die biedermeierlichen Aufstiegshilfen eine Alternative wären – das waren Eseln (siehe Seite 177).

Eine technisch erfolgreiche Konstruktion: Zeichnung der zentralen Zahnstange zwischen den beiden Geleisen.

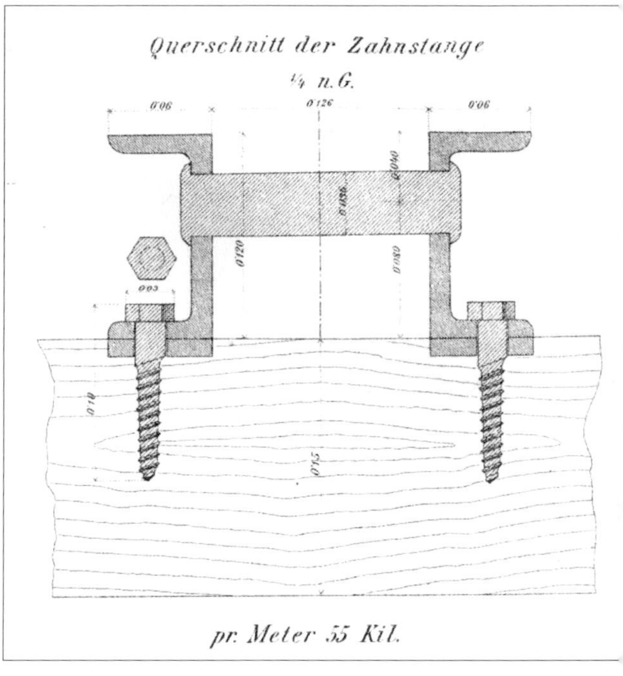

In seiner Frühzeit unterstrichen derartige handkolorierte Ansichtskarten mit idealisiert dargestellten Fluggeräten die Bedeutung des Asperner Flugfeldes.

Begegnungen am Flugfeld Aspern

Promis, Pioniere, Pechvögel

In der Frühzeit der Luftfahrt war von Flugplätzen und Flughäfen keine Spur, es gab Flugfelder. Der Name war genau passend und kam nicht von ungefähr, es waren tatsächlich Felder, ganz so wie wir sie heute von Segelflugplätzen kennen.

Und so führt uns die Spurensuche zunächst in den 11. Bezirk auf die Simmeringer Haide. Hier zog der Franzose Louis Blériot, der im Sommer 1909 in einer knappen halben Stunde erstmals den Ärmelkanal überflogen hatte, am 23. Oktober 1909 seine Kreise. Laut Schätzungen Blériots, er musste aus der Luft ja den Überblick haben, kamen mehr als 300.000 Besucher. Die Schätzungen aus Sicht jener, die am Boden verweilten, lagen bei 160.000 Zusehern. »Ein Menschenstrom, wie man ihn in Wien noch selten gesehen hat, flutet nach dem Flugfelde.« Darunter war auch der Kaiser, für den man eigens ein Zelt errichtet hatte. Seine Majestät trug »den neuen hechtblauen Offiziersmantel«, so schrieb *Die neue Zeitung* am nächsten Tag. Blériot stieg mehrmals in die Luft und begeisterte das Publikum wie auch den Monarchen. »Höher und immer höher schwingt sich der Monoplan empor. Ruhig wie ein riesenhafter Vogel zieht er durch die Luft dahin, ein Anblick von ganz eigenartiger Großartigkeit. Das imposanteste ist der Eindruck der unerhörten Leichtigkeit und absoluten Sicherheit, den der Flug erweckt. Des Publikums hat sich tiefgehende Erregung bemächtigt. Man sieht, wie die Leute mit Tränen in den Augen den märchenhaften Flug beobachten. Während das Publikum geradezu tobt vor freudiger Erregung, zieht Blériot hoch in der Luft mit unerhörter Sicherheit seine Kreise.«

Im Herbst 1910 sollte die »Wiener Flugwoche« veranstaltet werden. Offen war jedoch der Ort der Veranstaltung. Simmering kam nicht mehr in Frage, weil hier die Wiener Neustädter Aviatiker nicht starten wollten. Zur Diskussion standen Plätze in Schwechat oder Aspern. Das Schwechater Flugfeld (500 x 600 m) war etwas zu klein, lag in unmittelbarer Nähe zum Zentralfriedhof, allerdings konnte es mit der guten Erreichbarkeit durch die Straßenbahn punkten. Der Asperner Platz (1000 x 1000 m) hingegen lag hinter dem Ort Aspern in Richtung Essling. Er wurde gelobt wegen seiner Größe, seines vollkommenen ebenen Bodens und wegen seiner Lage, die rundum nur Wiesen, Felder und Äcker aufwies. Hier konnten die waghalsigen Flieger im Notfall gefahrlos landen. Angesichts dieses Platzes schlugen die Aviatiker vor, ihn nicht nur für die Flugwoche im Oktober 1910 zu verwenden, sondern hier überhaupt ein permanentes Flugfeld einzurichten. Die Option zur Durchführung des Wiener Events in Wiener Neustadt wollten

Am 9. Juni 1913 um 14:53 Uhr setzte Graf Ferdinand Zeppelin mit seinem Luftschiff »Sachsen« auf Wiener Boden auf, zuvor hatte er vor den Augen des Kaisers eine Ehrenrunde über Schönbrunn gedreht.

wiederum die Veranstalter nicht akzeptieren. Kurzum, es gab keine Einigung, und somit entfiel die Wiener Flugwoche in diesem Jahr.

Doch immerhin sollte am 10. Oktober 1910 in Wien Fluggeschichte geschrieben werden. Flugpionier Karl Illner (1877–1937) absolvierte den ersten größeren Überlandflug Österreichs. Er startete auf der Simmeringer Haide und flog nach Horn (75 Minuten) und zurück (56 Minuten) ohne Schwierigkeiten. Als Belohnung bekam er den von der Gemeinde Wien gestifteten Preis von 20.000 Kronen, die Stadt Horn setzte ihm ein Denkmal.

Doch die Zeit war reif für ein Flugfeld, und das Flugfeld sollte in Aspern sein. Viel später wurde die Schwechater Variante umgesetzt, allerdings nicht auf dem oben erwähnten Feld beim Zentralfriedhof, doch die Schwechater Version setzen wir als bekannt voraus. Zum Thema »Asperner Fluggeschichten« folgen wir den Aufzeichnungen von Ing. Erwin Rössler auf der Website *www.flugfeld-aspern.at*. Weil wir gerne Geschichten lesen und sie auch dann weiter erzählen, haben wir in alten Zeitungen und in der Nationalbibliothek gestöbert.

Kurz ein paar Eckdaten: Die offizielle Eröffnung des Flugfeldes fand am 23. Juni 1912 mit einer Internationalen Flugwoche statt. Vorher war die Wiener Flugfeld Ges.m.b.H. gegründet und – wie es sich gehört – ins Handelsregister eingetragen worden. Einen Tag nach der Eröffnung gab es auf der Titelseite der *Illustrierten Kronen Zeitung* eine Zeichnung, die unter anderem einen Verletzten zeigte. »Die große Wiener Flugwoche. Drei Unfälle am ersten Tage.« Details entnehmen wie dem Blattinneren; demnach waren nach Schätzungen weit über 100.000 Neugierige gekommen. »Der erste Tag der großen Wiener Flugwoche nahm einen glänzenden, sensationellen Verlauf. Wenn auch der prächtige, volle Erfolg des Tages durch drei Unfälle getrübt war, von denen der eine einen tragischen Ausgang nahm – der französische Flieger Ehrmann stürzte und wurde schwer, fast tödlich verletzt vom Platze getragen – die sportlichen Leistungen der internationalen Konkurrenten waren über jedes Lob erhaben, und die hochgespannten Erwartungen, mit denen die Wiener dem ersten Tag des großen Ereignisses entgegengesehen hatten, wurden vollauf befriedigt. Einem Oesterreicher, dem kühnen Oberleutnant v. Blaschke, der unter dem Decknamen v. Czakay an der Konkurrenz teilnimmt, und schon beim Wettflug Berlin–Wien den zweiten Platz besetzt hatte, gelang es gestern, einen Höhenweltrekord aufzustellen und mit diesem die berühmtesten französischen Flieger Prevost, Garros und Bedel um 1300 Meter zu schlagen. Noch ein zweiter Österreicher, der Ingenieur Sablatnigg, errang gestern einen ersten Preis in der Konkurrenz auf Distanz.«

Dieser Mix des ersten Tages, Sensation und Tragik im selben Atemzug, sollte typisch werden für die nächsten Tage wie auch für die nächsten Jahre des Asperner Flugfeldes. Die Internationale Flugwoche ging mit tragischen Unfällen zu Ende. Der Absturz einer Etrich-Taube aus 15 Meter Höhe am Sonntag den 30. Juni endete mit einem Totalschaden, die beiden Passagiere überlebten aber unverletzt. Weniger gut ging es dem Piloten Leonce Lehrmann. Er stürzte ab, weil das Seitenruder blockierte, und musste schwer verletzt ins Rudolfspital gebracht werden.

Am 9. Juni 1913 kam es zur nächsten Novität: Zur Landung des Luftschiffes »Sachsen" mit Graf Ferdinand Zeppelin an Bord. Ein für den 8. Juni 1910 geplanter Besuch des Grafen musste vorerst abgesagt werden. Doch 1913 klappte es, Graf Zeppelin und 23 weitere Personen an Bord waren am 9. Juni um 4 Uhr früh in Baden-Baden gestartet und hatten Wien zum Ziel. Um 11:50 Uhr wurde Linz, um 12:45 St. Pölten überflogen und um 13:35 Uhr sichtete man das Luftschiff in Korneuburg. Jene Wiener, die sich auf den Hütteldorfer Hügeln des Wienerwaldes postiert hatten, konnten die Fahrt des Zeppelins von Norden nach Schönbrunn am besten verfolgen: Hier wartete der Kaiser. Als Ihre Majestät es bemerkte, »wendete [er] kein Auge von dem Luftschiff, das langsam näher kam.« An der vorderen Gondel wehte eine Fahne mit den schwarz-goldenen Farben des Monarchen. Das Luftschiff machte einen Bogen um das Schloss, senkte sich und huldigte dem Kaiser. Dieser wiederum salutierte und war ebenso begeistert wie die enthusiasmierten Leute im Park. Nach der Kaiserhuldigung lenkte der deutsche Graf die »Sachsen« nach Aspern zum Flugfeld. Um 14:53 Uhr setzte es auf Wiener Boden auf. Die Landungsstelle hatte man vorher mit einer weißen Plane markiert. Am Flugfeld begrüßte der Wiener Bürgermeister Weißkirchner den Grafen Zeppelin. Um 19 Uhr stand ein Abendessen im Rathaus am Programm, am nächsten Tag eine Audienz beim Kaiser.

Noch ein paar technische Daten des Luftschiffes: Es war 158 Meter lang, hatte einen Durchmesser von 14,6 Metern und fasste 22.000 Kubikmeter Gas. Der Aktionsradius lag bei 2500 Kilometern. Graf Ferdinand Zeppelin selber war Jahrgang 1838 und gehörte als 75-jähriger zu den Senioren der Aviatik, die in jenen Jahren bereits von jungen Männern dominiert wurde.

1914 lesen wir gar von einem tödlichen Unfall. Am 9. März war ein Doppeldecker abgestürzt, der Pilot Oberleutnant Elsner verunglückte tödlich, sein Passagier wurde schwer verletzt. Bald gesellten sich zu den Flugveranstaltungen auch Fallschirmvorführungen. So kam es am 12. April zu einem weiteren Unglück. Der Fallschirmspringer Ernest Bourhis war aus rund 400 m Höhe abgesprungen, sein Schirm war hängengeblieben, zerriss und öffnete sich nicht ganz; nur mit Mühe konnte er landen. Auch das Flugzeug blieb nicht intakt. Das Höhenleitwerk wurde beschädigt, die Bruchlandung war unausweichlich. Der Pilot überlebte.

Wer die Malaise in Aspern nicht live sehen konnte, hatte um dreiviertel zehn Uhr abends im Graben- und im Tuchlaubenkino die Gelegenheit, das ganze nochmals zu betrachten. Eine cineastische Novität für damalige Zeiten.

Zwischen 21. und 29. Juni 1914 fand in Aspern das 3. Wiener Flugmeeting statt. Mit den Schüssen von Sarajevo am 28. Juni 1914 ging nicht nur das Meeting vorzeitig zu Ende, sondern auch die erste große Zeit der Fliegerei in Aspern. Die wagemutigen Manöver der tollkühnen Männer hatten ein jähes Ende gefunden, fortan war der Flugplatz in militärischen Händen.

Auch eine neue Aufgabe wartete: Die Luftpost. Hier schrieb Aspern wieder Geschichte. Am 20. März 1918 hob das erste Postflugzeug von Aspern via Krakau und Lemberg nach Kiew ab. Ob sich in späterer Folge die Luftpost etablieren würde, war in diesen Tagen noch ungewiss. Wenig später wurde der Luftpostverkehr auf der 1200 km langen Strecke zur täglichen Routine. »Für diese Luftpost ist nachstehender Fahrplan aufgestellt worden: Hinflug: Wien–Aspern ab 4 Uhr 30 Min., vormittags, Krakau an 8 Uhr, ab 8 Uhr 30 Min., Lemberg an 11 Uhr, ab 11 Uhr 30 Min., Proskurow an 2 Uhr nachmittags, ab 3 Uhr, Kiew an 5 Uhr 30 Minuten. Für den Rückflug mit Start in Kiew um 4 Uhr vormittags gelten vice versa dieselben Flug- und Aufenthaltszeiten.« (*Tages-Post,* 20. Juni 1918). Die Aufnahme des Postverkehrs war auch Anlass für den Besuch des Kaisers in Aspern. Kaiser Karl kam mit Familie, mit seiner Frau Zita und den Kindern Robert, Otto und Adelheid. Der Monarch zeigte sich sehr interessiert und plauderte mit dem Piloten Franz Zuzmann (1895–1987), einem in zahlreichen Luftkämpfen »gestählten« Fliegeras der k. u. k. Luftschiffertruppe. Ob Karl auch – wie Kaiser Franz Joseph – sagte »Es hat mich sehr gefreut«, ist nicht überliefert. Doch zum Glück war ein Fotograf dabei. So ist belegt, wie der Herr Papa seinen fünfeinhalbjährigen Sohn Otto, ganz in weiß gekleidet mit Sommerhut, in das Fliegercockpit setzte.

Nach dem Ersten Weltkrieg waren nicht nur Österreich, sondern auch der Flugbetrieb auf der Verliererseite, die noch intakten Flugzeuge mussten zerstört werden. Auf militärischem Gebiet fand keine weitere Entwicklung statt, kein Wunder, denn bis zum 14. September 1922 war in Österreich selbst die zivile Luftfahrt verboten. Lediglich die Siegermächte durften hier landen und abheben. Die Franzosen sollten hier die Nase vorn haben. Ab Mai 1922 wurde die Strecke Paris–Prag–Wien–Budapest vice versa fahrplanmäßig beflogen, ab dem Herbst wurde die Route bis Istanbul ausgedehnt: Wien war Drehscheibe und Sprungbrett zwischen der westlichen Welt und dem Balkan geworden. Damit kam auch der Verkehr in andere Richtungen und mit anderen Unternehmungen in Schwung. Das Flugfeld in Aspern konnte in eine verheißungsvolle Zukunft blicken und übernahm weitere Ausbauten. Bald kamen Nachtlandungen dazu, für die man Scheinwerfer bereitstellte. Ein Warteraum für Passagiere folgte, doch der Transfer der Passagiere nach Wien war noch einigermaßen verbesserungsbedürftig. Ab 1926 standen dafür zwei Autobusse und ein PKW zur Verfügung. 1927 wurde mit dem Bau einer Funkanlage mit drei über 70 m hohen Antennenmasten begonnen. 1930 verkehrten hier zehn internationale Fluggesellschaften; Aspern lag aus Sicht der Fluggäste der Imperial Airways nun zwischen London und Indien. Dass es mittlerweile auch eine Betonpiste gab, auf der die schweren Maschinen starten und landen konnte, muss nicht extra betont werden. 1930 konnte sich der Flughafen Aspern mit zehn regelmäßig anfliegenden Gesellschaften, darunter den britischen Imperial Airways auf der Fernlinie London–Indien, als internationaler Flughafen bezeichnen.

Am 29. April 1931 kam Elly Beinhorn. 1907 in Hannover geboren, fing sie als 21-jährige Newcomerin mit der Flugausbildung an, erwarb 1929 den Pilotenschein und ging 1931 als tollkühne Afrikafliegerin in die Luftfahrtgeschichte ein. Ihr Start zu diesem Abenteuer erfolgte am 4. Januar 1931 in Berlin. Auf ihren Rückflug zum Ausgangspunkt machte sie, von Klagenfurt kommend, in Aspern eine Zwischenlandung. Hier wurde sie begeistert von den Journalisten empfangen. Wir

Eine neue Zeit kündigt sich an: Kaiser Karl mit seiner Familie am Asperner Flugfeld anlässlich des weltweit ersten Linienpostfluges Wien-Budapest am 18. Juli 1918.

empfehlen die Lektüre des Berichts in der *Neuen Freien Presse* vom 30. April 1931, wo Beinhorn über weite Strecken im O-Ton zu Wort kommt und frei von der Leber den Wiener Journalisten erzählte: »Ich merkte zwar nichts von Afrika, die Städte sahen alle so europäisch aus, aber die Landkarte und die Leute versicherten mir, daß ich nun in Afrika war. Peinlich war in Afrika das Gefühl, 700 Kilometer mutterseelenallein über die Wüste zu fliegen. Und ich erinnere mich da oben, daß ich nicht einmal ordentlichen Notproviant mithatte, nur ein Stückchen Dauerwurst, und als Waffe bloß einen Revolver.« Die unerschrockene Fliegerin sollte noch im selben Jahr zu einem Rundflug um die Welt starten. Sie heiratete am 13. Juli 1936 den Rennfahrer und Nazi-Sportstar Bernd Rosemeyer. Mit ihm zusammen bildete sie ein von der Presse oft kolportiertes und von den Massen verehrtes nationalsozialistisches »Traum-Ehepaar«. Elly Beinhorn veröffentlichte zahlreiche Bücher und starb im Alter von 100 (!) Jahren in einem Seniorenheim bei München.

Nach dem »Anschluss« an das »Dritte Reich« kamen andere Berühmtheiten. Am 27. April 1938 entstieg Leni Riefenstahl dem Flugzeug. Der Schriftsteller Albert von Jantsch-Streerbach, Autor des Zsolnay Verlages, begrüßte sie in Vertretung von Staatssekretär Hermann Stuppäck. Riefenstahl war gekommen, um die Wiener Erstaufführung ihres Olympia-Filmes zu promoten. Im ausverkauften Großen Saal des Wiener Konzerthauses sprach sie über »Filmschaffen im Dienste einer Idee«. Dabei ging es um den olympischen Gedanken, der von den Nationalsozialisten für Propagandazwecke ausgeschlachtet worden war. Zwei Tage später sollte um 14.35 Uhr auch Joseph Goebbels in Aspern landen, um sich in Wien feiern zu lassen. Dazu die *Illustrierte Kronen-Zeitung* am nächsten Tag: »Wien umjubelt den Eroberer Berlins«. Am 29. Mai folgte ein neuer Rekord. 347 Flugzeuge landeten in Aspern im Zuge des Deutschlandfluges – diese Zahl sollte später nie mehr übertroffen werden. Also ein Fall für das Buch der Rekorde. In weiterer Folge wurde der Flughafen kriegstauglich gemacht, er bekam Flakstellungen und Splitterschutzboxen.

Nach Ende des Zweiten Weltkrieges waren viele Teile des Flughafens zerstört. Die Pisten konnten jedoch benutzt werden und somit diente das Flugfeld den Sowjets, die bis 1955 Transdanubien besetzt hielten, als Luftstützpunkt. Dann erfolgte der Wiederaufbau, der den Flughafen wieder verkehrsfit machte. Wir zitieren Erwin Rössler: »In den fünfziger und sechziger Jahren war Aspern Schauplatz eifriger Ausbildungstätigkeit, von Rund-, Bedarfs- und Ralleyflügen, Zwischenlande- bzw. Zielplatz der wiederaufgenommenen Europaflüge der FAI, sowie Basis einer Reihe von Flugtagen, so besonders im Jahre 1962 zur 50-Jahr-Feier des Flugplatzes und 1965 unter ausgezeichneter internationaler Beteiligung. Flugtage, die Erinnerungen an die legendären Flugmeetings der Pionierjahre wachriefen. Noch ein weiteres »goldenes Jubiläum« wurde gebührend gefeiert: So wie fünf Jahrzehnte vorher bei der Eröffnung der ersten Flugpostlinie, zog am 30. März 1968 eine Ehrenkompanie des Bundesheeres mit Musik auf.«

Noch eine Nutzung sei erwähnt, sie begeisterte Fans von Autorennen. In den Jahren 1956 bis am 1977 fanden hier Motorsportveranstaltungen statt, die sich größter Beliebtheit erfreuten und auch eine Reihe von Promis anlockten, darunter den saudiarabischen König Ibn Saud, der 1963 mit Harem gekommen war. Vom Who's who der heimischen und internationalen Rennfahrer, die in Aspern kurvten, nennen wir nur ein paar mit Namen: Jim Clark, Helmut Marko, Dieter Quester, Jochen Rindt, Niki Lauda und Keke Rosberg, der 1975 das Rennen der Formel Super V gewann.

Am 31. März 1977 war am Flughafen Wien Aspern offiziell Schluss. Später sollten nur mehr dann und wann Flieger aufsteigen und Rennfahrer kreisen. Mit dem Abriss der Pisten im Juli 2009 hatte auch das Dröhnen der Motoren ein Ende. Aspern ist seit den frühen 1980er-Jahren die Adresse für das dort errichtete Motoren- und Getriebewerk der Opel Wien GmbH, einer Tochter von GM (»General Motors«). Ja, und dann wäre da noch die »Seestadt Aspern« – sie gehört zu den größten Stadtentwicklungsgebieten Europas und zu den Vorzeigeprojekten Wiens. Das wäre aber ein Thema für das »Wien von morgen.«

Im wehmütigen Rückblick finden wir auf einem Denkmal am Straßenrand der Groß-Enzersdorfer Straße, das in seiner Bauart an ein Grab erinnert, die größten aviatischen Momente zwischen 1912 und 1977: den ersten Postflug, den ersten polnischen Linienflug, sowie die Namen der verunglückten Fliegerhelden.

Mit einem Internationalen Flugmeeting fand im Juni 1912 die Eröffnung des Asperner Flugfeldes statt. Plakat zur Veranstaltung 1912.

Großprojekt im »Ständestaat«: Der Bau der am 10. Oktober 1937 eröffneten Reichsbrücke wurde offiziell am 26. Februar 1934 begonnen.

Die zweite Reichsbrücke

Von den Mühen der Errichtung bis zum Einsturz

Sonntag, der 10. Oktober 1937, war ein Festtag. Ganz Wien war auf den Beinen, um bei der Eröffnung der Reichsbrücke dabei zu sein. Genau genommen war es die zweite Reichsbrücke, jene, die am 1. August 1976 früh morgens einstürzen sollte und seither einen fixen Platz in den Geschichtsbüchern gefunden hat. Retrospektiv betrachtet wird sie vor allem wahrgenommen, weil sie einstürzte; dass sie fast 39 Jahre ihren Dienst versah, dass sie den »Ständestaat«, die NS-Zeit, die »Schlacht um Wien« und die Zeit der Besatzung als »Brücke der Roten Armee« überdauerte, dass sie eine lange Vorgeschichte hatte, ist völlig in den Hintergrund gerückt, als wäre es kein Thema.

So wie der Tag des Brückeneinsturzes durch den Unfall von Niki Lauda, der beim Formel-1-Rennen am Nürnburgring schwerste Brandverletzungen erlitt, ein emotionales Rufzeichen bekam, so ähnlich war es bei der Eröffnung der Reichsbrücke im Herbst 1937. Ein paar Wochen vorher, am 18. September, war die Rotunde, Prachtbau der Weltausstellung von 1873, größte Kuppel der Welt und Wiener Wahrzeichen, abgebrannt. Wie wohltuend musste an diesem zweiten Oktobersonntag die Eröffnung der neuen Reichsbrücke gewesen sein?

Der heutige Brückenschlag zwischen der Leopoldstadt und der transdanubischen Donaustadt ist folglich – sieht man von temporären Behelfsbrücken ab – die dritte Reichsbrücke (Eröffnung: 8. November 1980). Zurück zur nicht mehr existierenden zweiten Reichsbrücke, die am Tag der Eröffnung als »stolzes Werk österreichischen Aufbauwillens« (*Neuigkeits-Welt-Blatt,*

10. Oktober 1937) so manches Titelblatt zierte. Tatsächlich war die Reichsbrücke – in damaliger Zeit – nicht eine Wiener Angelegenheit, denn zuständig war der Bund, das Bauwerk lag jedoch in Wien. Damit war – zumal die erste Reichsbrücke auch noch vorhanden war – ein Konfliktpotential vorhanden, das tatsächlich reichte, um den Bau der Brücke zu verzögern.

Die Donaumetropole besaß mit der am 21. August 1876 eröffneten Kronprinz Rudolfs-Brücke eine im 19. Jahrhundert ausreichende Donauquerung. Angeordnet hatte den Bau am 12. September 1868, wie damals üblich, der Kaiser höchstpersönlich. Die Position der Brücke kam nicht von ungefähr, sie lag an einer der zentralen städtebaulichen Achsen, die von der Gloriette in Schönbrunn über den Stephansdom zum Praterstern reichte und mit der »stabilen Brücke« eine Fortsetzung zum linken Donauufer haben sollte.

Zwei Generationen später gab es enormen Bedarf für eine leistungsfähigere Brücke. Genügte das Bauwerk anfangs den Anforderungen des Verkehrs, der gänzlich mit Pferden abgewickelt wurde, änderte sich mit dem Aufkommen von Autos die Verkehrssituation. Weiters muss festgestellt werden, dass auch immer mehr Menschen von hüben nach drüben und umgekehrt wollten. Breit war sie mit 11,40 Metern nicht wirklich, 15,20 Meter waren vorgesehen, doch man entschied sich für eine Sparversion. 7,60 Meter entfielen auf die Fahrbahn, 3,80 Meter auf die beiden Trottoirs. Zum Vergleich ein Blick auf die heutige Reichsbrücke, wo je drei Fahrspuren dominieren: Fußgänger und Radfahrer sind an die Flanken verbannt, einen Stock tiefer. Nach dem Ende der Monarchie wurde die Donauquerung mit den bastionsartigen Brückenköpfen am 6. November 1919 offiziell zur »Reichsbrücke« erklärt. Ab den 1910er-Jahren wurde der Ruf nach besseren Donauquerungen laut, man urgierte ein zweites Straßenbahngleis und forderte zusätzliche Donaubrücken. 1912 gab es eine Idee: Die Gehwege sollten seitlich auf Konsolen montiert werden, um in der Mitte mehr Platz zu haben. Jetzt rächte sich die Sparerei der 1870er-Jahre, denn ursprünglich waren ja 15,20 Meter vorgesehen gewesen. Die Straße, deren Benutzung längst keine Mautzahlung erforderte, und in deren Mitte seit Juni 1898 die Straßenbahn fuhr, war endgültig zu schmal geworden und konnte den Verkehr des 20. Jahrhunderts nicht mehr aufnehmen.

Wien war zur Millionenmetropole geworden, Transdanubien war das Ziel vieler Wiener, die im Gänsehäufel Erholung suchten und fanden.

Am 18. August 1874 wurde die Brücke über die Donau als »Kronprinz Rudolfs-Brücke« eröffnet. »Der Kaiser habe bedauert, der Eröffnungsfeier nicht beiwohnen zu können.« (Neues Wiener Tagblatt, 19. August 1874).

Einblick in die Verhältnisse der Zwischenkriegszeit zeigten heiße Sommertage. Am Sonntag den 7. August 1927 besuchten 13.000 Besucher das Gänsehäufel. Straßenbahn, Autos und Fußgänger drängten ans andere Donauufer. »Jene Leute, die zur Alten Donau oder aufs Gänsehäufel wollten, hatten heiße Kämpfe zu bestehen, bis sie einen Platz in der Straßenbahn fanden. Bei der Haltestelle Vorgartenstraße standen die Wartenden – dies ist beileibe keine Übertreibung – zu Tausenden.« Soweit die *Illustrierte Kronen-Zeitung* vom 9. August. »Jedermann schimpfte. Einmal auf den Bund, dann wieder auf die Gemeinde. Die Passagiere waren sich nicht ganz im Klaren, in wessen Kompetenz ein Umbau der Reichsbrücke fallen würde. Bis ein Wissender die notwendigen Aufklärungen gab und sagte: »Die Bundesregierung muaß brandeln!« (= zahlen).

Jahrelang ging nun ein Disput hin und her, umbauen oder neu bauen, das war die Frage. 1928 brach Stadtbaudirektor Franz Musil eine Lanze für den Neubau, er begründete dies unter anderem mit dem Schwerverkehr. Die Brücke war nur für LKWs bis zu 7,5 t zugelassen. Nicht selten fuhren Lastwagen mit 10 oder mehr Tonnen über die Brücke, was selbstverständlich

Die beiden Reichsbrücken könnten allerlei Geschichten erzählen …

die Substanz der Brücke belastete. Franz Musil forderte ein neues Bauwerk mit 32 Tonnen Tragfähigkeit, zwei zentralen Straßenbahngleisen und je zwei Richtungsfahrbahnen sowie Gehwegen. Die allsonntäglichen Drängereien zur Badesaison und die Ausweglosigkeit der Lage führte zum »Reichsbrückenskandal« (Copyright: *Arbeiter-Zeitung* vom 16. Juni 1930: *Massenbesuch in den Bädern – Der Reichsbrückenskandal*).

Ein Neubau war unausweichlich, die Benutzung der alten Brücke wurde misstrauisch wahrgenommen, man mutete ihr immer weniger Belastungen zu. Ab Jänner 1932 waren nur mehr Straßenbahnen mit einem Beiwagen erlaubt, sie durften auch nicht überfüllt sein, außerdem mussten die Entfernung zwischen zwei Straßenbahnzügen 83 Meter betragen. LKWs durften nicht schwerer als 6 t sein, Anhänger waren überhaupt verboten worden.

Noch zierte sich der Bund, obwohl die Gemeinde Wien wiederholt finanzielle Unterstützung zugesagt hatte. Im September 1932 hatte man sich schließlich auf 32,2 % Zuschuss aus der Stadtkassa geeinigt. Ende Februar nächsten Jahres erfolgte die Ausschreibung seitens des Bundesministeriums für Handel und Verkehr, wobei die damalige Diktion nicht von einem Neubau, sondern von einem »Umbau« sprach. Insgesamt wurden 22 Entwürfe eingeschickt, darunter auch ein Tunnelprojekt. Da aber kein Entwurf zu 100 Prozent überzeugen konnte, entschied man sich für ein salomonisches Urteil. Es gab vier Erstgereihte, die Projekte »Donauweltstadt«, »Freie Donaufahrt«, »Kettenbrücke« und »Reichsstraße«, sie alle bekamen je 10.000 Schilling Preisgeld zuerkannt. Interessanterweise waren bei allen vieren die Architekten Siegfried Theiss und Hans Jaksch als »baukünstlerische Mitarbeiter« dabei. Im Dezember 1933 entschied man sich für die »Kettenbrücke«. Für deren Bau waren zweieinhalb bis drei Jahre Bauzeit und Kosten von 24 Millionen Schilling veranschlagt wurden. »Die zu erbauende Kettenbrücke wird mit einer Spannweite von 243,5 m für die Mittelöffnung und für die beiden Seitenöffnungen von je 61,5 m die drittgrößte Kettenbrücke auf dem europäischen Festlande sein.«

Weitere Details weiß der Wiener Stadthistoriker Peter Payer: »Am 26. Februar 1934 wurde offiziell mit dem Neubau der Reichsbrücke begonnen, zu einer Zeit also, als der Staat Österreich gerade von den größten innenpolitischen Unruhen seit seinem Bestehen erschüttert worden war.« Am 22. Februar waren auf Anordnung des Bundeskanzlers in den Außenbezirken 40.000 Portionen Gulasch und Brot für die hungerleidende Bevölkerung verteilt worden, schrieb die *Illustrierte Kronen-Zeitung* am 23. Februar. Knapp zwei Wochen vorher hatten die »Februarkämpfe« beim Karl-Marx-Hof in Döbling, beim Schlinger-Hof in Floridsdorf und beim Goethe-Hof in Kaisermühlen, wo das Bundesheer mit Artillerie auf die aufständischen Schutzbündler und Sozialdemokraten schoss, zahlreiche Tote gefordert. Der nun beginnende Bau der Reichsbrücke, der in diesen unruhigen Zeiten Hunderten von Arbeitslosen Arbeit gab, hatte daher förmlich therapeutischen Charakter. Damals – Ende 1934 – waren 38,5 Prozent der unselbstständig Erwerbstätigen bzw. 770.000 Personen arbeitslos. Große Infrastrukturprogramme wie der Bau der Großglockner Hochalpenstraße, der Höhenstraße und der Reichsbrücke in Wien sollten gegensteuern. Am 12. September wurde das Tragwerk der alten Reichsbrücke um 26 Meter stromabwärts verschoben – eine Meisterleistung der Ingenieure, die in sechs Stunden vollbracht wurde –, um in der Verkehrsachse Platz für den Neubau zu schaffen. Nach nur 48-stündiger Unterbrechung konnte der Verkehr wieder über die nun dislozierte alte Reichsbrücke geführt werden.

Überschattet wurde der Bau, der von einer Arbeitsgemeinschaft der Firmen Wagner Biró, Porr, Universale und Redlich & Berger ausgeführt wurde, von einem Expertenstreit zwischen Paul Fillunger und Karl Terzaghi. Beides waren anerkannte Professoren an der Technischen Hochschule (heute TU Wien). In Sachen Tragfähigkeit des Schwemmsandes bei den Fundamenten der Brücke hatte sich ein zunächst akademischer Expertenstreit entfacht, der aber bald zur persönlichen Fehde wurde. Dies führte zu einem tragischen Ende: Am 7. März 1937 schied Paul Fillunger gemeinsam mit seiner Frau freiwillig aus dem Leben. Die Technische Hochschule setzte hierauf eine Expertenkommission ein, die zu folgendem Ergebnis kam: »Das Professorenkollegium fühlt sich verpflichtet, Professor Dr. Terzaghi zu versichern, daß kein Anlaß bestand, die Lauterkeit seiner Absichten und Handlungen je in Zweifel zu ziehen.« In der Bauphase war es zu einem schrecklichen Schiffsunfall gekommen. Am 11. Juni 1936 um 13:30 Uhr kollidierte der Personendampfer »Wien« der DDSG mit einem Brückenpfeiler. Das Schiff zerbrach in zwei Teile und versank auf der Stelle. Sechs Tote waren zu beklagen. Der Bau der Brücke verzögerte sich durch die schwierige Bergung des Wracks für mehrere Monate. Immerhin konnten am 16. November des Jahres 1936 die 420 Meter langen Tragketten der Brücke vollendet werden, was damals mit der Dachgleiche eines Hauses verglichen wurde (*Salzburger Volksblatt,* 17. 11. 1936).

Allen Schwierigkeiten zum Trotz ging auch dieser Bau erfolgreich zu Ende, freilich erfolgte eine finale Testphase. Bei der Belastungsprobe an den ersten drei Oktobertagen 1937 war die Ausgangslage wie folgt: Die Eigenlast des Tragwerkes betrug 45 Tonnen je Meter Brücke, die errechnete Nutzlast 15 Tonnen. Um dies auszutesten, ließ man 84 Lastkraftwagen mit je 10 Tonnen und 28 Straßenbahnwagen mit je 18 Tonnen auf die Brücke fahren, die eine Länge von 130 Meter füllten. Mit anderen Worten, ein Meter Brücke wurde mit rund 10 Tonnen belastet; insgesamt gab es 114 Messstellen und 260 Personen, die die Brücke auf Herz und Nieren prüften, ehe sie für den Verkehr frei gegeben wurde.

Die Eröffnung am 10. Oktober 1937 war keineswegs ein rein Wiener Festtag. Die Bundesbahnen gewährten eine 50 %ige Ermäßigung. Die Hinfahrt durfte am 9. Oktober ab Null Uhr angetreten werden, die Rückfahrt bis 11. Oktober um 24 Uhr. Teilnehmerkarten für den Festakt gab es um 20 Groschen, das entsprach dem damaligen Preis für eine Ausgabe der *Wiener Zeitung.* Bei der Eröffnung sprachen Bundespräsident Miklas – »Es sind österreichische Baustoffe, aus denen sie hergestellt worden ist, ausschließlich österreichische Arbeit hat sie geschaffen« – und Bundeskanzler Schuschnigg, der seine Rede wie folgt schloss: »Ohne Arbeiter in Österreich kein Vaterland!« Kardinal Innitzer spannte den Bogen seiner Worte weiter: »Möge diese Brücke, nach der Weltkriegskatastrophe das größte technische Werk Österreichs, dem österreichischen Volk ein Symbol der Brüderlichkeit, der Gemeinsamkeit und des Friedens, der sozialen Gerechtigkeit und der Liebe und Treue zum Staate, zu unserem lieben Vaterland Österreich sein!« (*Neue Freie Presse,* 11. Oktober 1937).

Neben feierlichen Festreden gab es auch einen langen und prachtvollen, von Musikkapellen begleiteten Festzug: Hier präsentierten sich alle Handwerker, die am Bau der Brücke beteiligt waren. Es war eine nicht enden wollende Reihe jener, die Hand angelegt hatten (»Wir erdachten und schufen die Brücke«). Sie reichte von Ingenieuren, Jurymitgliedern, der Bauleitung, Beamten der technischen Prüfanstalten bis zu Steinbrucharbeitern, Arbeitern der Zementfirmen, Saisonarbeitern,

Während der Besatzungszeit 1945 bis 1955 wurde die Reichsbrücke zur »Brücke der Roten Armee«. Sie führte in die russische Zone jenseits der Donau.

Deichgräbern, Bauarbeitern, Zimmerern, Bergleuten, Hochofenarbeitern, Walzwerksarbeitern, Stahlarbeitern aus Eisenerz, Kapfenberg, Donawitz und Seegraben, Wasserleitungsarbeitern, Post- und Telefonarbeitern, Asphaltierern, Pflasterern, Anstreichern, Belastungsprüfern, Bundes- und Straßenbahnern und schließlich Matrosen der DDSG (Donaudampfschifffahrtsgesellschaft). Die Wagen des Festzuges trugen Aufschriften mit Daten zum Brückenbau: »Es wurde 30.000 Kubikmeter Erdbewegung geleistet, damit könnte der Platz am Hof 3 Meter hoch aufgeschüttet werden« oder »Es wurden 46.000 Kubikmeter Beton hergestellt, das entspricht einer mannshohen Mauer von der neunfachen Ringstraßenlänge.«

Die Eröffnung klang in einem riesigen Volksfest im Prater aus, wo nicht nur die beteiligten Arbeiter, sondern auch die Wiener und Wienerinnen mit »echten Volksbelustigungen«, wie Sackhüpfen, Schubkarrenrennen, Tauziehen, Fassrollen ihre Freude hatten.

Die Freude konnte bis zum 1. August 1976 dauern.

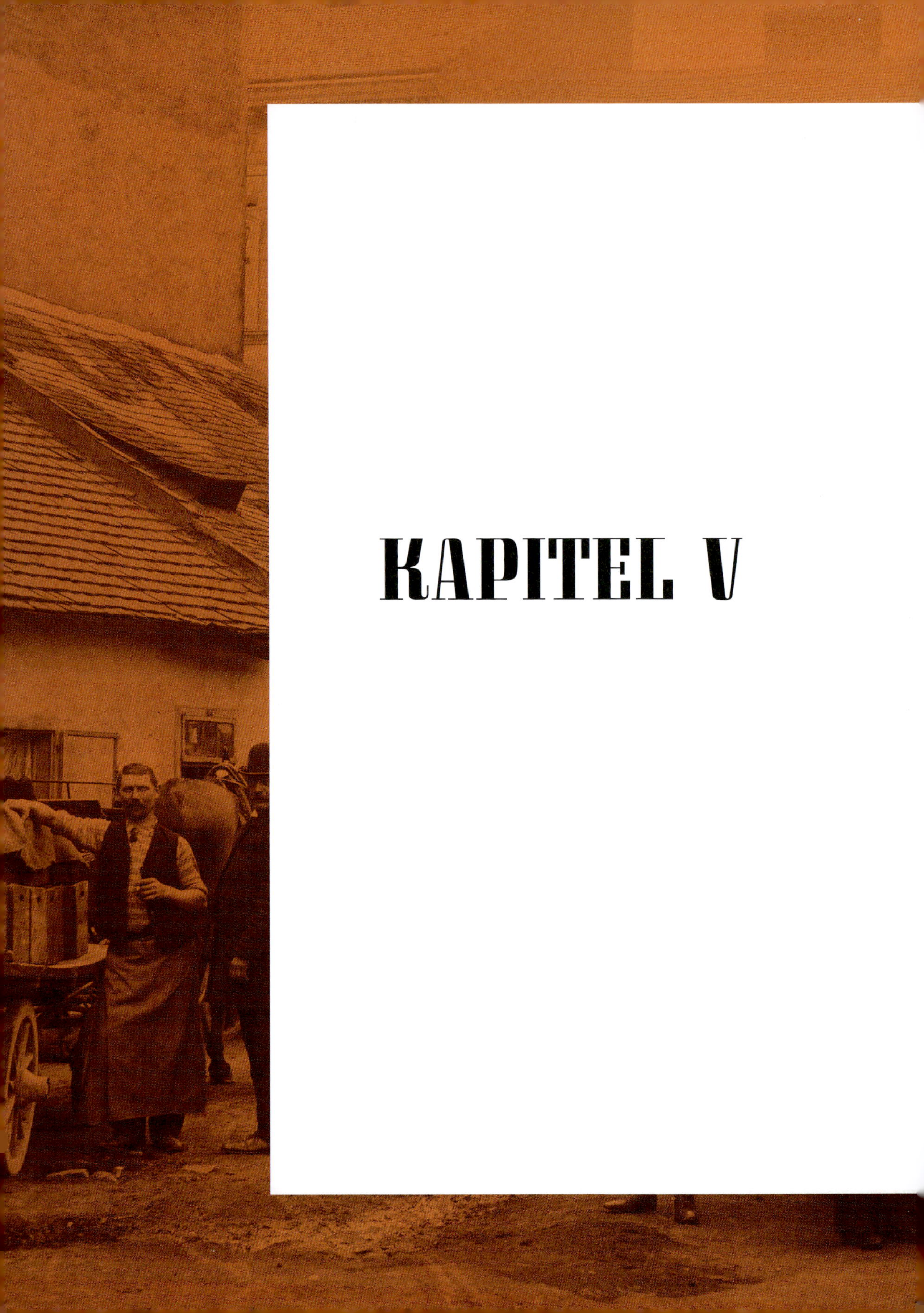

KAPITEL V

AUS DEM ALLTAG VON GESTERN

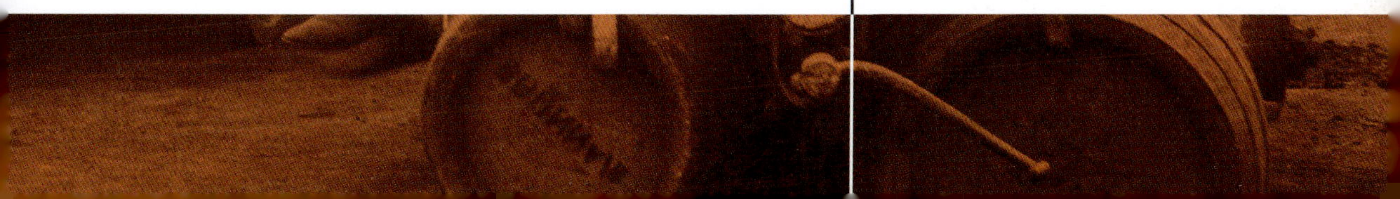

Der Pavillon der Wiener Molkerei, errichtet anlässlich der Weltausstellung 1873. Im 20. Jahrhundert schenkte die Wiener Molkerei hier Milch aus, auch heute noch heißt das Restaurant »Meierei im Prater«.

Molkereien, Meiereien und Milchfrauen

Aus vergangenen Tagen der Wiener Milchversorgung

Der Name »Molkereistraße« im Stuwerviertel der Leopoldstadt kommt nicht von ungefähr. Hier befand sich einst Wiens größte Molkerei, die WIMO. Von der Ausstellungsstraße, einer jener großen Straßen, die sternförmig vom Praterstern ausgehen, biegt man in Höhe der Perspektivstraße links in die Molkereistraße ein. Gleich bei der nächsten Ecke, der Stuwerstraße, war der Standort der Molkerei. Auf der Fläche von einem Hektar zog sich deren Areal zwischen Stuwerstraße und Obermüllnerstraße bis zur Wohlmutstraße hin. Erbaut wurde sie von den Architektenbrüdern Anton (1858–1940) und Josef Drexler (1850-1922) in den Jahren 1898 bis 1901. Damals hieß der gesamte Straßenzug, der die Lassallestraße mit der Ausstellungsstraße verbindet, Harkortstraße: Eine Referenz an den gleichnamigen Eisenkonstrukteur und Firmeninhaber der Duisburger Baufirma, der 1873 die Rotunde errichtet hatte. 1906 wurde deren südliches Ende zur Molkereistraße umbenannt.

Zurück zur WIMO, der *Wiener Molkerei,* die im Februar 1931 an diesem Standort ihr 50-jähriges Jubiläum feierte. Der genossenschaftlich organisierte Betrieb wurde damals als Österreichs älteste und berühmteste Großmolkerei gepriesen. Und dies zu Recht, wie die Zahlen beweisen: Am Beginn stand die für Molkereien nahezu lächerlich kleine Milchmenge von 5.300 Litern pro Tag, im Jubeljahr 1931 waren es rund 135.000 Liter, also 25 mal mehr. Als Jahresschnitt wird von zeitgenössischen Quellen die Verarbeitung von 64 Millionen Litern Milch zu Frischmilch, Butter und Käse genannt. Rund 22.000 Kühe mussten dafür gemolken werden. Hätte man die

Oben: Nur wenige wissen es: Das noble »Steirereck« war einst eine Milchtrinkhalle.
Rechts: Märzstraße 125, ein alltägliches Schicksal: zuerst Milchgeschäft, dann Greißler, nun geschlossen.
Nachfolgende Doppelseite: Im Inneren der Wiener Molkerei: Federzeichnung von Hugo Charlemont im »Kronprinzenwerk«, 1886.

Jahreslieferung der Milch in Einliterflaschen gefüllt, ergäbe das »eine Pyramide bei 900 Quadratmetern Grundfläche von der doppelten Höhe des Stephansturmes,« wie das *Neuigkeits-Welt-Blatt* am 4. Februar 1931 den Lesern zu veranschaulichen suchte. Ähnliche Vergleiche illustrierten den Vertrieb: »Die von den Autos und Pferdefuhrwerken der Wiener Molkerei zurückgelegte Strecke für Abtransport der Milch, Obers, Butter, Käse usw. an die Kunden beträgt täglich zirka 5000 Kilometer, d. i. fünfmal die Strecke Prag–Triest. In acht Tagen legen die Fuhrwerke der Wiener Molkerei eine Strecke zurück, die dem Erdumfang am Äquator entspricht.«

Die WIMO punktete damals nicht nur mit Quantität, sondern auch mit Qualität, namentlich war es die Säuglingsmilch, die unter fachärztlicher Aufsicht der Muttermilch möglichst nahe angepasst wurde. Daneben gehörten die Kindermilch und Dr. Axelroths Yoghurt, »mit echtem bulgarischen Ferment (Maya bulgaris) erzeugt«, zu den Erfolgsprodukten. Der Vertrieb erfolgte über ein eigenes Filialnetz mit 150 Standorten in Wien und weiteren rund 1000 Abgabestellen.

MILCH
LEBENSMITTEL

Refugium für Balkonpflanzen: das einstige Milchgeschäft in der Adamsgasse an der Ecke zur Krieglergasse. Auch in der Weyringergasse 36 erinnert nur mehr ein Schriftzug an die Molkerei.

Kein Wunder, dass große Teile Wiens von den täglichen Lieferungen der WIMO abhängig waren, die in der Nacht maschinell mit Unterstützung von 70 Arbeitern gefüllt und dann ausgeliefert wurden. Wie politisch sensibel die Arbeiterschaft in der Zwischenkriegszeit reagierte, zeigt folgender Vorfall. Unter neun Arbeitern, die am 6. September 1929 in der WIMO aufgenommen worden waren, befand sich ein Mann der Heimwehr. »Daraufhin trat die gesamte Arbeiterschaft der Wiener Molkerei sofort in den Streik und heute früh konnten alle Kunden der Wiener Molkerei nicht mehr mit Milch beliefert werden.«, schrieb die Zeitung *Freiheit!,* ein »Organ für die christliche Arbeiterschaft Österreichs«, am nächsten Tag. Die Folgen – »Ganze Häuserviertel von Wien stehen heute ohne Milch da.« – konnten nur bedingt von der *Niederösterreichischen Molkerei* (NÖM) kompensiert werden. Denn auch dort drohte die Arbeiterschaft aus Solidarität mit Streik. Heute sind am einstigen Standort der WIMO der Wohnpark Molkereistraße, die Fachhochschule des bfi Wien, ein Studentenheim, Geschäfte usw. Ein eindrucksvolles Modell der Molkerei (1:12) aus den Jahren 1906/07 befindet sich in der Schausammlung des Technischen Museums Wien.

Die 1898 gegründete NÖM, die es auch heute noch gibt, allerdings nicht mehr in Wien, sondern in Baden bei Wien, hatte über Jahrzehnte ihren Sitz am Höchstädtplatz im 20. Bezirk. Heute treffen wir dort auf den Hauptstandort der FH Technikum Wien. Vis-à-vis befand sich der Sitz der KPÖ, der Kommunistischen Partei Österreichs. Über Jahrzehnte war das markante Verwaltungshochhaus der NÖM eine Landmark in der Brigittenau gewesen. Die NÖM, ebenfalls ein genossenschaftlich organisierter Betrieb, hatte sich von hier ausgehend ab den 1960er-Jahren zum größten Molkereistandort Österreichs gemausert und 1992 die WIMO übernommen. Doch 1996 wurde der Standort Höchstädtplatz geschlossen und vier Jahre später erfolgte der Abriss.

Freilich waren schon vor der NÖM zahlreiche kleinere Molkereien in Wien geschlossen worden. In Analogie zum Kino- oder Theatersterben von einem Molkereisterben zu sprechen ist also durchaus legitim. Bei den Kinos und Theatern haben doch einige überlebt, die Wiener Molkereien sind indes alle »ausgestorben«.

Darunter fällt etwa auch die einstige *Wiedner Molkerei* des Johann Trösch, die auch unter dem Namen *Alpenmilch Zentrale* geführt wurde, in der Weyringergasse 36. Ihre Wurzeln reichen bis 1863 zurück, doch 1990 wurde auch diese Molke-

rei geschlossen. Heute hat hier die Kreativszene eine neue Heimat gefunden, der blaue Schriftzug *Alpenmilch Zentrale* blieb erhalten. Das hier eröffnete Lokal »imHof«, der Name sagt alles über den Standort, hat sich zum Szenetreff mit einer kulinarischen Palette von Kichererbsensuppe mit Koriander und Jungzwiebel bis hin zu Steirischem Wurzelfleisch mit Petersilerdäpfeln entwickelt.

In der Branche wurde der obige Betrieb als »Trösch IV« bzw. als »4er Trösch« bezeichnet, um ihn vom »3er Trösch« zu unterscheiden. Josef Trösch hatte im 3. Bezirk eine Molkerei. Ein längst stillgelegtes Geschäft mit dem Schriftzug »TRÖSCH III« in der Adamsgasse, Ecke Krieglergasse, im dritten Bezirk blieb als Relikt. Eine andere, ebenfalls nicht mehr existierende Molkerei im 3. Bezirk war die *MIAG,* die Milchindustrie AG (Lechnerstraße 4), die in ihren besten Zeiten 135 Filialen und 500 Milchgeschäfte belieferte.

Der Name *Alpenmilch-Zentrale* taucht auch im 18. Bezirk auf, wo sie unter Anton Partik bis 1970 in der Herbeckstraße 88–90 bestand. Wenn man in ältere Firmenverzeichnisse schaut, etwa in den *Compass,* das Jahrbuch für Handel, Gewerbe und Industrie des Jahres 1930, so stößt man auf die Wurzeln der Alpenmilch: Das Trio »Partik, Putz & Johann Trösch, Alpenmilch-Zentrale, Kuchl« hatte sich 1913 gebildet.

Im Stuwerviertel in der Leopoldstadt befand sich einst Wien größte Molkerei: die WIMO, die Wiener Molkerei.

Im Jahr 1970 schloss auch eine andere Molkerei in Währing: die *Wiener Milchverwertung Joh. Klein KG* in der Antonigasse 35. Sie wurde damals von der *Schärdinger Molkerei* übernommen, die seit 1932 in Linzer Straße 225 ihren Sitz hatte. Aber die *Schärdinger Molkerei* ist heute in Wien auch schon wieder Geschichte.

Blickt man in die Zwischenkriegszeit zurück, findet man fast in jedem Bezirk eine, manchmal sogar mehrere Molkereien. Sie waren Klein- und Mittelbetriebe, hatten ihre fixen Stammkundinnen, die vielfach in das angeschlossene Geschäft kamen, um dort Milch, Butter und Topfen frisch und in bester Qualität zu kaufen. Versorgt wurden neben dem jeweiligen Bezirk auch die angrenzenden Nachbarbezirke. Eine Übersicht der einst florierenden Molkereien brachte das *Neuigkeits-Welt-Blatt* am Sonntag, dem 27. Juni 1926. Für alle Nostalgiker und Milchtrinker der Gegenwart wollen wir nun die Produktionsstätten der Vergangenheit noch einmal kurz lebendig werden lassen.

Die *Wiener Milchverwertungs Gesellschaft m. b. H.* befand sich in der Klosterneuburgerstraße 38 in der Brigittenau. Sie war 1913 von 42 Milchgroßhändlern gegründet worden. Die *Molkerei der Aloisia Stutz* mit Sitz in der Hasnerstraße 36 in Ottakring war zunächst ein Verkaufslokal (en Gros & en Detail) und wurde erst später zu einer Molkerei ausgebaut. Sie belieferte Kunden in Neubau, Josefstadt, Rudolfsheim, Fünfhaus, Hernals und Ottakring. Hier befand sich im Übrigen auch die 1883 gegründete *Erste Wiener Kindermilch-Anstalt Josef Wegscheiders Söhne* (Ottakringer Straße 235). Die Auslieferung von Kindermilch an Sonntagen brachte dieser Anstalt prompt behördliche Strafen ein. Eine diesbezügliche Vorsprache bei Bürgermeister Seitz wie auch zahlreiche ärztliche Schreiben, die auf die Notwendigkeit der Kindermilch auch an Sonntagen hinwiesen, blieben erfolglos. Die *Erste Hietzinger Molkerei,* ein kleiner Betrieb, den Eduard Houzar 1909 gegründet hatte, befand sich in der Auhofstraße 144. Die *Erste Mariahilfer Molkerei und Milchgroßhandlung* (Aegidigasse 7, 9 und 10) geht auf 1878 zurück. Die Milch bezog man aus den Bezirken Amstetten, Hollabrunn, Stockerau, Mistelbach und Floridsdorf.

Die *Erste Simmeringer Molkerei* war 1908 in der Dorfgasse Nr. 70, der heutigen Mautner-Markhof-Gasse, gegründet worden. Die Absatzmärkte waren in Simmering, Favoriten und in der Landstraße. Die *Erste Neubauer Molkerei* (Bandgasse 3) hatte sich 1896 aus einem kleinen Milchgeschäft in der Zieglergasse 68 entwickelt. Die *Erste Ottakringer Molkerei und Milchgroßhandlung Krenstetter* führte die Redtenbachergasse 14 als Heimadresse. Die Milch der Großhandlung Krenstetter war wegen ihres Fettreichtums in ganz Ottakring beliebt und wurde auch in Kaffeehäuser und Spitäler geliefert.

Ebenfalls im 16. Bezirk, in der Koppstraße 60, befand sich die *Molkerei Leopold Kraft.* Auch sie war aus einer kleinen Milchhandlung entstanden und bezog die Milch aus Trautmannsdorf und Wimpassing beim Leithagebirge. Die *Molkerei Johann Klein* war in Hernals (Leopold Ernstgasse 5) aus einem Fuhrwerksbetrieb hervorgegangen. Die *Brigittenauer Molkerei* in der Nordwestbahnstraße 71 versorgte die inneren Bezirke Wiens. Nicht weit davon entfernt, in der Alliiertenstraße 8–10, war die *Molkerei Johann Watzek,* ein Nahversorgungsbetrieb der Leopoldstadt und der Brigittenau.

Im 14. Bezirk hatte sich die *Milchgroßhandlung und Molkerei Groier* in der Wurmsergasse 18 einen Namen gemacht, sie punktete insbesondere mit Süßrahmbutter. Die *Erste Meidlinger Molkerei Josef Wolf und Sohn* (1922, Malfattigasse 22) versorgte Meidling mit Milch aus dem niederösterreichischen Alpenvorland und dem Burgenland.

Freilich kam die Wiener Milch nicht nur aus dem Umland. Ein guter Teil der Milch im Wien des 19. Jahrhunderts wurde aus den Wiener Vorstädten und Vororten geliefert. Alleine 1869 produzierten 493 sogenannte *Milchmeier,* in der alpenländischen Diktion würde man sie als »Hörndlbauern«

bezeichnen, alleine in den Vorstädten mit rund 5.200 Kühen täglich mehr als 50.000 Liter Milch. Aus den Vororten, also den Bezirken außerhalb des einstigen Linienwalls, des heutigen Gürtels, kamen weitere 33.000 Liter. Ab den 1870er-Jahren wurden nach und nach Molkereien, die sich um die Milchversorgung kümmerten, gegründet. Neben den heute nicht mehr existierenden Molkereien und Milchmeier sind auch zahlreiche Milchtrinkhallen verschwunden. Allerdings sind einige als Bauwerke noch erhalten. Doch wer würde vermuten, dass die gastronomische Topadresse der Stadt, das »Steirereck« im Wiener Stadtpark, einst eine Milchtrinkhalle war? Wir haben nicht nur eine historische Ansichtskarte gefunden, sondern noch dazu eine eindeutige Notiz: »Verein abstinenter Frauen. Heute Montag, 5 Uhr nachmittags, Zusammenkunft in der Milchtrinkhalle im Stadtpark. Bericht der Frau Berta Fröhlich über den Haager Frauenkongreß.« (*Der Morgen. Wiener Montagblatt,* 10. Mai 1915). Eine andere Adresse befindet sich in der Prater Hauptallee Nr. 3. Die heutige »Meierei« war ein »Milchkur-Pavillon der Wiener Molkerei«, kurz WIMO.

Milch und andere Milchprodukte, wie die für die Wiener Küche so wichtige Butter, den Topfen und auch den Rahm bezogen die Wiener Hausfrauen in zahlreichen kleinen Milchgeschäften. Diese wurden von den Molkereien beliefert, die über ein eigenes Filialnetz verfügten. Wollte eine Wiener Hausfrau Milch kaufen, bekam sie bei der Milchfrau in den kleinen Geschäften pasteurisierte Milch aus Molkereien, die strenge Standards, insbesondere was den Fettgehalt der Milch betraf, befolgten. Zur wohl bekanntesten Milchfrau Wiens wurde die gebürtige Russin Galina Djuragin (1898–1991). Als Alja Rachmanowa verfasste sie mit ihrem Buch *Die Milchfrau in Ottakring* im Jahr 1933 einen Weltbestseller. Er beruhte auf autobiografischen Erfahrungen und wurde in 22 Sprachen übersetzt. 1997 erschien eine Neuedition des Klassikers, sehr zu empfehlen ist das Vorwort von Dietmar Grieser, das reich an Hintergrundinformationen ist.

Im Abonnement kamen die frische Milch und der Topfen billiger: Das Milchgeschäft der Vereinsmolkerei listet, ähnlich einem Gasthaus, zahlreiche Produkte auf den Tafeln beiderseits des Einganges auf. Foto aus dem Jahr 1901.

Über 50 Bierfässer auf einem Wagen: Nur kräftige Zugpferde konnten die schwer beladenen Bierwägen der Brauereien zu den Gasthäusern ziehen.

Prost bei »Maria Krügel« an der Riverside

Liesinger Brauereigeschichten

Sitzt man beim Schöny in Hochrotherd im Wienerwald – Achtung, Pferdefleisch und schöne Aussicht! – im Garten, so fällt unvermeidlich der Blick auf ein Schild der Liesinger Brauerei. Entweder hat der Herr Schöny nicht die Courage gehabt, dieses wertvolle Schild abzumontieren, oder er hat die Demontage in halbwegs frommer Absicht vergessen. Gut. Uns gibt das Schild beim Schöny einen dankbaren Hinweis: Es muss dereinst eine Liesinger Brauerei gegeben haben! Und fragen wir uns nach deren Standort, so hat sich dieser bereits in ihrem Namen versteckt: in Liesing!

Vielen ist noch der letzte verbliebene Rest der Brauerei in Erinnerung: der 72 Meter hohe Silo. Mit zwei riesengroßen Krügeln, deren Henkel verschlungen waren, dem Logo der Brau AG. Dieser Silo wurde erst 1966 bis 1968 errichtet und diente als Lagerraum für Gerste. Ein früher Hinweis auf die Tatsache, dass die Brauerei in ihren letzten Bestandsjahren nur mehr als Mälzerei Verwendung fand. Ursprünglich sollte der Silo als Wahrzeichen von Liesing, als Landmark, auch nach dem Bau des »Riverside-Ensembles« erhalten bleiben. Diesbezügliche Ambitionen erwiesen sich jedoch als unwirtschaftlich. Also erfolgte im Juni des Jahres 2006 der »Abriss« des Silos, zumal er – wie jeder Lagerraum – ästhetisch als nicht gerade wohl proportioniert empfunden wurde. Er konnte wegen der Nähe zum Aquädukt der Hochquellenwasserleitung nicht gesprengt werden, sondern musste tatsächlich unter dem Einsatz einer Vielzahl von Kränen Stück für Stück abgetragen werden. Nun war ausreichend Platz, um das wendige, besser sich schlängelnde oder wie der Fluss Liesing sich drehende von »Coop Himmelb(l)au«

geplante »Riverside« zu errichten. Geblieben sind allerdings noch ein paar Arbeiterwohnhäuser der Brauerei – auf der anderen Seite der Liesing, in unmittelbarer Nähe zur Hochquellenwasserleitung. Sie entstanden noch in der Monarchie nach Plänen von Leopold Simony. An ihn erinnert der Meidlinger Simonyhof in der Koppreitergasse 8–10. In Liesing sehen wir unverputzte, gelb gefärbelte Ziegelbauten, zweistöckig, für die damalige Zeit sicher ein Fortschritt. Neun für die Arbeiter und drei für die Beamten.

Aber starten wir mit dem Anfang, nämlich mit dem Anfang der Liesinger Brauerei. Diese wurde im Jahre 1838 auf dem Gelände zwischen dem Fluss Liesing und dem steilen Steinmaßl, der weiter zum Sauberg hinaufführt, von einem »Helden« errichtet – ja, der Gründer hieß tatsächlich Johann Georg Held und war ursprünglich Militärbeamter! Am 7. März 1839 tranken die durstigen Liesinger vom ersten Sud des neuen Bieres. Von seiner Mutter hatte unser stark sehbehinderter Held einen Felsenkeller im Steinmaßl erworben, so wurde in der Anfangszeit das »Ober-Liesinger Felsenkeller-Bräu« ausgeschenkt. Auf Grund der Nähe zur im Jahr 1841 – welche zeitliche Konkordanz – eröffneten Südbahnstrecke Wien–Wiener Neustadt expandierte die Liesinger Brauerei rasant. Ochsen karrten die mit Bierfässern beladenen Gespanne zur etwa 500 Meter entfernten Station der Süd-

Unten: Industriegebiet an der Südbahn: das Liesinger »Bräuhaus« auf einer Karte aus dem Jahr 1872.
Rechts: Auch heute noch Wahrzeichen von Liesing: die von den Architekten Helmer & Fellner 1898 errichtete Brauhausrestauration mit Türmchen und Erkern.

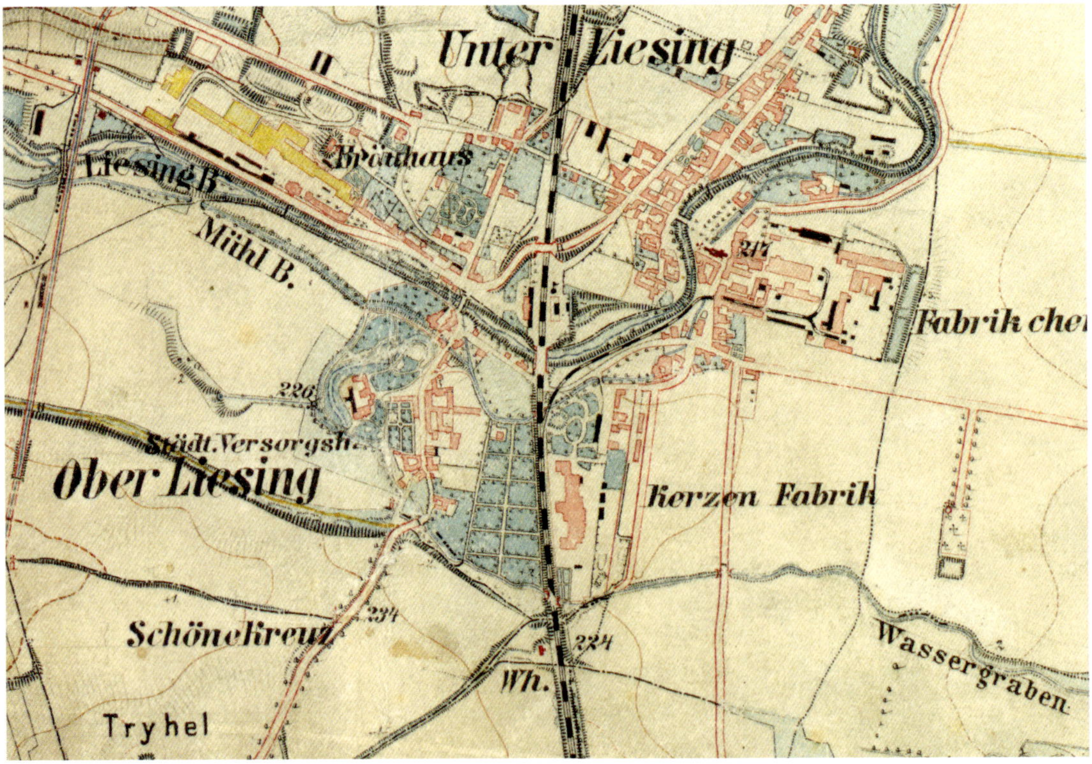

JACOB SPEISER

bahn. Viel, viel später – im Jahre 1882 - wurde ein Anschlussgleis gebaut, das noch bis zu den letzten Umbauten anlässlich der Errichtung des »Riverside« in Teilen erhalten blieb. Es verlief in einem kleinen Park am Ufer der Liesing und endete abrupt an der Breitenfurter Straße. Im Park konnte man einen Ammoniak-Kompressor – er diente zur Kühlung des Bieres – als museales Ausstellungsstück besichtigen. Er war in der Brauerei über neunzig Jahre von 1885 bis 1976 im Betrieb. Nach der Umgestaltung des Vorplatzes ist er heute im Bezirksmuseum Liesing untergebracht.

Zurück zu unserem halbblinden Helden. Zur Verblüffung der Liesinger Trinker hinterließ er ein rätselhaftes Testament. Nach seinem Tod, der im Jahre 1850 erfolgte, sollte der Betrieb der florierenden Brauerei eingestellt werden. Das Brauhaus müsse versteigert und sein gesamter Besitz verkauft werden.

Doch dem Gott des Bieres sei gedankt: Die Erben unseres Helden wurden von den damaligen Miteigentümern ausbezahlt, und die ehemaligen Mitbesitzer führten die Brauerei in Eigenregie weiter. Sie hießen Moritz Faber und Theodor Löwenthal. Laut dem sachkundigen Brauereiführer *Wiener Bier-Geschichte* von Springer, Paleczny und Ladenbauer hätte die im Testament verfügte Einstellung der Brauerei gar nicht wirksam werden können: Zum Zeitpunkt des Todes unseres Helden waren Faber & Löwenthal bereits die Mehrheitseigentümer. Was natürlich nichts am desaströsen »Letzten Willen« des Brauereigründers ändert.

Das Gegenteil passierte. Die Anlage wurde vergrößert. Eine neue Mälzerei, eine neue Kelleranlage, neue maschinelle Einrichtungen. Und es wurde expandiert. Die »Liesinger Brauerei« hatte in fast allen Kronländern der Monarchie ihre Bierdepots, in Russland wurden zwei zusätzliche Brauereien gegründet (in St. Petersburg und in Samara), darüber hinaus wurden ihre Fässer auf den afrikanischen und den asiatischen Kontinent exportiert. Liesing war damals ein Markenname. 1872 wurde die Brauerei strukturell von einem Familienbetrieb in die »Aktiengesellschaft der Liesinger Brauerei« umgewandelt, personell wurde sie vom Sohn des ehemaligen Miteigentümers Moritz Faber Junior dominiert, dessen Name für das »Liesinger« steht wie der Name »Dreher« für das »Schwechater«. Bei der Wiener Weltausstellung 1873 war Faber Junior mit einem eigenen Pavillon vertreten – daneben stand natürlich der Dreher-Pavillon und bewarb das »Schwechater«.

In der damals noch selbstständigen Gemeinde Liesing hatte die Brauerei einen zentralen und identitätsstiftenden Stellenwert. Die illustren Theaterarchitekten Helmer & Fellner errichteten 1898 die famose »Brauhausrestauration« mit Türmchen und Erkern und weiteren Stilelementen des Historismus. Die Brauhausrestauration wurde kurz, aber falsch, oft als »Brauhaus« bezeichnet. Ein paar Schritte vom Rathaus entfernt, auf der anderen Seite der Liesing, hatte die Gemeinde nun ihre repräsentative Vergnügungsstätte, in der die wichtigsten Bälle, Versammlungen und politische Veranstaltungen abgehalten wurden. »Maria Krügel« wurde die Restauration vom Volksmund genannt, da schon am Sonntagvormittag so mancher brave Liesinger statt zum Gebetsbuch zum Krügel griff. Der Festsaal des »Brauhauses«, so die Autoren der *Wiener Bier-Geschichte,* fasste immerhin 6000 durstige Gäste. Heute residiert im Brauhaus, deren Außenfassade bis zur Gegenwart kaum verändert wurde, zu ebener Erde eine KFZ-Werkstatt, im ersten Stock wird indes Billard gespielt. Zwischen KFZ-Werkstatt und vor dem »Riverside«-Komplex stößt man auf den »Dr.-Helmut-Zilk-Brunnen«.

Zurück zur Brauerei. Der damalige Ausstoß konnte sich sehen – oder besser: schmecken

Die Arbeiterwohnhäuser der ehemaligen Liesinger Brauerei in der Haeckelstraße sind heute noch bewohnt.

lassen. Pro Jahr erreichte er zwischen 300.000 und 400.000 Hektoliter. Damit lag die »Liesinger Brauerei« im Großraum Wien an dritter Stelle. Vor ihr behaupteten sich nur die Schwechater Brauerei und überraschenderweise die St. Marxer Brauerei.

Nach den kriegsbedingten Engpässen, dem Verlust großer Absatzmärkte und dem Tod von Moritz Faber wurde der Betrieb 1928 mit der Österreichischen Brau AG fusioniert. Wir zitieren aus der schon erwähnten *Wiener Bier-Geschichte:* »Die Erneuerung der ganzen Einrichtung wurde nun im beschleunigten Tempo fortgesetzt. Es entstand eine neue Maschinen- und Kesselanlage, der Gärkeller und der Lagerkeller wurden mit Großraumgefäßen ausgestattet, automatisch arbeitende Maschinen zum Waschen, Füllen, Verschließen und Etikettieren der Flaschen beschafft, eine Eisfabrik mit einer Tageserzeugung von 2000 Block Eis (50.000 kg) wurde an die Kühlanlage angeschlossen, die Arbeitsmaschinen mit elektromotorischem Antrieb ausgestattet, das Pferde- und Ochsenfuhrwerk durch Lastautos ersetzt, die Bierniederlagen in Wien und in der Provinz mit künstlicher Kühlung ausgestattet ...« Folgerichtig blieb das Liesinger Bier in aller Munde. Unter folgenden Sorten konnte der Durstende wählen: »Die Liesinger Brauerei erzeugt drei Sorten Bier: Das allgemein bekannte Liesinger Lagerbier, das helle stark gehopfte Kaiserbier und das starke, malzige dunkle Porterbier.« Während des Dritten Reiches arbeiteten für die in die »Ostmärkischen Brau AG« eingegliederte Brauerei zahlreiche Häftlinge des KZ-Mauthausen-Außenlagers »Schwechat II«.

Nach Ende des Zweiten Weltkrieges zählte die Liesinger Brauerei 1945 zu den ersten Betrieben, die wieder voll arbeiten konnten. Die Aktienbrauerei befand sich damals in den Händen der USIA, also der sowjetischen Besatzungsmacht. Und diese kümmerte sich um die Gerstelieferungen, bald konnten an die 500 Mitarbeiter in der Brauerei beschäftigt werden. Nach 1955 entschied sich die »Österreichische Brau AG« im Zuge einer Umstrukturierung, am Standort Liesing eine große Mälzerei zu errichten. So wurde der anfangs bereits erwähnte Silo oder Getreidespeicher errichtet, er konnte 22.000 Tonnen Gerste fassen.

Im Rahmen einer Produktionskonzentration passierte im Jahre 1973 das schier Unvermeidliche: Das Kerngeschäft der Brauerei, also die Brauerei, wurde für immer eingestellt. Am 13. Juli 1973 wurde der allerletzte Sud vorbereitet. Kurz darauf verschwanden die Flaschen mit ihren grünen ovalen Etiketten und die Bierdeckel mit den zahlreichen Burgmotiven (Heidenreichstein, Marchegg, Litschau, Kreuzenstein, Forchtenstein etc.) für immer aus den Gasthäusern der näheren und weiteren Umgebung. Eine kurze Zeit diente die weitläufige Anlage nur mehr als Abfüllanlage für Limonaden und für Sodawasser, später wurde sie als Marktgebiet für Flohmärkte aller Art verwendet. Es kam, wie es kommen musste. Nach einem ungeklärten Großbrand am 11. Februar 2005 war auch das Zeitalter der Ramscherei beendet, die Abrissarbeiten konnten beginnen. Und im Juli des Folgejahres wurde der große, weithin sichtbare Silo demontiert.

Seit dem Jahr 2012 steht nun das von Coop Himmelb(l)au geplante neue Stadtviertel mit dem Namen »Riverside«. Es beinhaltet alle für ein neues Stadtviertel notwendigen Einrichtungen. Zu den 450 Wohnungen kommen Garagen, Büros, Einkaufszentren, Ärzte- und Sportzentren und dergleichen mehr.

An die alte Brauerei erinnern nur mehr der Name der Busstation »Alte Brauerei Liesing«, ein Steg über den Fluss, der »Brauereisteg« sowie das Schild »Liesinger Bier« in Hochrotherd im Garten des Gasthauses Schöny.

Logo und Wahrzeichen: zwei verschränkte Bierkrüge auf Bierdeckeln sowie der im Jahr 2006 abgerissene Silo der Liesinger Brauerei (rechte Seite), der als Lagerraum für Gerste diente.

Für den tschechischen Teil der Wiener Bevölkerung: Wiens Sehenswürdigkeiten in Tschechisch.

Tschechen in Wien: Wo sind sie nur?

Querverbinder zwischen Kulinarik, Politik und Fußball

Bei Zahlen halten wir uns gerne an offizielle Angaben. So etwa an die im Habsburgerreich durchgeführte Volkszählung des Jahres 1910. Damals bekannten sich 1.726.955 Personen zu »Deutsch als Umgangssprache«. Hingegen waren 518.333 der Bewohner und natürlich auch der Bewohnerinnen Wiens in Böhmen und Mähren »heimatberechtigt«. Die Auswertung von Zahlen ist oft problematisch, sie hängt ganz von der Fragestellung und ihrer Interpretation ab. Denn bei den »Böhmen und Mähren« wurden die Slowaken nicht mitgezählt, weil die Slowaken überhaupt nicht gezählt wurden, denn sie galten damals noch als Ungarn. Wir probieren es daher mit anderen Zahlen der Volkszählung 1910, wir betrachten die Geburtsorte. Von der Wiener Bevölkerung waren geboren: 467.158 Personen in Böhmen bzw. Mähren. Die Gesamtbevölkerung wurde mit 2.031.421 ermittelt. Somit hatten fast ein Viertel der Wiener einen Migrationshintergrund und bei dem sind die Slowaken gar nicht mitgerechnet. Mehr noch, Wien wurde damals als die größte tschechische Stadt in Europa bezeichnet.

Geblieben ist davon nicht viel. Oh doch, die Wiener Familiennamen. Und die allseits bekannte These von Hobbygenealogen: »A echta Wiener hat a behmische Großmutter«. Verifiziert hat dies Dietmar Grieser in seinem Buch *Die böhmische Großmutter,* das sechs Auflagen erlebt hat.

Zum Thema tschechische Familiennamen verweisen wir auf ein Lied des Nichttschechen Georg Kreisler – er war jüdischer Wiener –, das er als »Telefonbuchpolka« bezeichnete. Also bitte heben sie das Bein zum Tanzschritt: Wir beginnen mit dem Refrain: *»Vondrak, Vortel, Viplaschil, Voytech, Vozzeck,*

Vimladil ...« – wer den Rest des Zungenbrechers fehlerfrei aussprechen kann, möge sich zur Belohnung eine Portion Powidltatschkerl gönnen. Hermann Leopoldi besang sie, wir sprechen von den Powidltatschkerln, schon 1937: *Powidltatschkerln aus der schönen Tschechoslowakei schmecken noch viel besser als die feinste Bäckerei.*

Sie, wir sind zurück bei den Tschechen, kamen aus den strukturschwachen Gebieten von Böhmen, Mähren und der Slowakei, selten mit Zug und Reisegepäck, oft mit Kind und Kegel und dem Leiterwagerl. So marschierte ein gewisser Josef Jonaš im Jahre 1895 von Kamenice bei Iglau mit seiner Kateřina Rokosova zu Fuß nach Wien. Vier Jahre später, also 1899, erblickte ihr Erstgeborener František das Licht der Kaiserstadt – er sollte sich rasch eindeutschen, einwienern, einfloridsdorfern. Die Wiener setzten ihm mit dem 1961 eröffneten »Jonas-Reindl«, einer unterirdischen Straßenbahnschleife beim Schottentor, ein Denkmal; freilich war damals der Franz Jonas schon Wiener Bürgermeister, und vier Jahre später wurde er Präsident der Republik Österreich, sein Schwarzweißbild sollte von 1965 bis 1974 in allen Schulen, Wachzimmern und Amtsstuben des Landes hängen. Allerdings hatte er schon in Jugendjahren den Haček von seinem s gestrichen und biografische Angaben über seine tschechische Herkunft tunlichst unterlassen.

Und sie wohnten in den berüchtigten Zinskasernen in den südlichen Bezirken der Haupt- und Residenzstadt, und sollten sie keine Kronen oder Heller für die Zinskasernen aufbringen können, dann hausten sie in den Ringöfen, in denen sie die Ziegel für die Wienerstadt brannten, mit einem Ziegel als Polster und einer Scheibtruhe als Lagerstätte. Wir zitieren aus den *26 Verschwindungen* von Beppo Beyerl: »Der Ziegelbehm musste in der Regel erst den Ackerboden abbauen, ehe er zur wichtigen Lehmschicht vordrang. Die wurde mit einem Krampen ausgestochen und dann in Scheibtruhen zu Sammelplätzen geführt, wo sie in Pyramidenform geschichtet wurde.

Während unser Ziegelbehm die nächste Lehmschicht ausstach, hatte die aufgeschichtete Lehmpyramide einmal nichts zu tun. Sie muss nur »ausliegen«, und das möglichst lange.

Dann breitete der Ziegelbehm die Lehmschicht am Boden aus und schöpfte fleißig Wasser, bis ein schlammiger Lehmmatsch entstand. In diesem Schlamm bildeten sich Löcher auf der Oberfläche. Jeder Ziegelbehm hüpfte nun in ein Schlammloch, und nun begann eine nette saubere Tätigkeit: Er musste den Lehm mit bloßen Füßen treten. Er musste ihn so lange treten, bis er sich wie Butter schneiden ließ.

Diese Tonmasse wurde nun zum Schlagtisch geschleppt. Zumeist in der Scheibtruhe, die von einem Hund gezogen wurde. Hatte unser Ziegelbehm keinen Hund, musste er selber die Truhe schleppen. Am Schlagtisch begann die Tätigkeit der Frau, der Ziegelbehmin. Sie schlug den Ton ab und presste ihn in ein vorbereitetes Model. Eine Ziegelbehmin schlug übrigens bis zu 10.000 Ziegeln pro Woche. Nach dem Glattstreichen wurden die Modeln auf einem Trockenplatz aufgereiht. Das war wiederum Kinderarbeit, ein wahrer Mann wäre da fehl am Platze gewesen. Was hätte der behmische Pamperletsch denn machen sollen. In den ersten Lebensjahren lag er auf einer Schürze neben der Mutter, dann durfte er am Schlagtisch bereits zusehen, dann war es soweit und er schleppte die Ziegel zum Trockenplatz. Die Ziegel mussten dort komplett austrocknen, dann wurden sie in die Ringöfen gebracht.«

Als Baumaterial für die damals stark expandierende Großstadt war der Baustein aus gebranntem Lehm und dem blauen Tegel unentbehrlich, und wo konnte Lehm abgebaut werden: auf den Südhängen des Laaer Berges und des

Wienerberges. An die ehemaligen Lehmgruben erinnern heute noch etwa die »Löwygrube« am Laaer Berg sowie der beliebte »Wienerbergteich« zwischen der Triester Straße und der Neilreichgasse.

Doch die tschechischen Hackler steckten fest in einem System der Abhängigkeit, aus dem sie kaum entrinnen konnten. Für diese Fronarbeit erhielt der Ziegelbehm seinen Gehalt in Blechmarken. Mit diesem Marken durfte er in den Kantinen einkaufen: Lebensmittel, aber auch Kleidung, Seife und so weiter. Dieses »Trucksystem« war insofern gewinnbringend, weil der Kantineur um ein Drittel teurer verkaufte als der Greißler außerhalb der Anlage.

Matthias Sindelar, auch der »Papierene« genannt, Kicker der Wiener Austria und des legendären Wunderteams, in Aktion.

Übrigens: Die »Firma« auf dem Wienerberg gehörte einem Herrn Heinrich Drasche, der sie von seinem Onkel Alois Miesbach geerbt hatte. Und woher kam dieser Herr Drasche, seines Zeichens Ziegelbaron? Aus Brünn. Ja, er war nicht der einzige Brünner in Wien. Auch Leo Slezak, der in Drasches

Heinrichhof wohnte, war ebenso ein Brünner wie Adolf Loos. Sein erstes Haus, das er am Michaelerplatz baute, sorgte wie weiter vorne gezeigt für Schlagzeilen und Erregungen. Der allseits beliebte Peter Alexander brachte es in seinem Lied »Als Böhmen noch bei Öst'reich war« auf den Punkt: *A bisserl Wien, a bisserl Brünn, no da liegt a gute Mischung drin.*

Nur wenige der Ziegelbehm konnten diesem System entrinnen – manche wurden Fußballer. An den wohl berühmtesten aller tschechischen – eigentlich mährischen Fußballer erinnert eine Tafel in der Wiener Annagasse 3: *In diesem Haus verstarb in der Nacht zum 23. Jänner 1939 unter ungeklärten Umständen der Wiener Fußballkönig Matthias Sindelar, genannt der Papierene. Sindelar (geb. am 10. Februar 1903 in Kozlov, Tschechien) war lange Jahre Herzstück und spielerischer Kopf der Wiener Austria als auch des legendären Wunderteams.* Gelebt hat Sindelar aber bis zu seinem Tod – zumindest offiziell – in der Quellenstraße 75. Er interpretierte Fußballspiele, wie Schauspieler Theaterstücke interpretieren – tragisch, komisch oder je nach Laune. Am 23. Jänner 1939 – also nach der Annexion durch die Nazis – drehte er in der Wohnung in der Annagasse, die seiner Geliebten gehörte, den Gashahn auf. So die eine Interpretation. Die zweite Interpretation ist um einiges banaler. Matthias – auf Tschechisch Mocl – Šindelař ist an einer Gasvergiftung in Folge eines defekten Ofens gestorben. Weitere Memorabilien sind die Sindelargasse (Seitengasse der Bitterlichgasse) und – wie es sich für berühmte »Wiener« gehört – ein ehrenhalber gewidmetes Grab am Zentralfriedhof (12B-3-11).

Quellenstraße 75: Wo einst der legendäre Matthias Sindelar wohnte, hält heute Beppo Beyerl die Ehre der Wiener Austria hoch.

Sein Pendant im dualen Farbsystem der Wiener Kickerei war der grünweiße Pepi Bican. Seine Eltern kamen aus dem tschechischen Sedlice, sein Vater übersiedelte nach Wien, um als »Ziegelbehm« mühsam sein Leben zu fristen. Der junge Pepi lernte das Kickerhandwerk erst bei der Favoritner »Hertha«, im Jahre 1931 – mit 17 Jahren – wurde er von Rapid Wien erworben. Für die Grünweißen schoss der junge Star vor allem dank seiner Schnelligkeit Tor um Tor. Bald sollte er sich mit dem um zehn Jahre älteren Sindelar um die Nummer neun im »Wunderteam« matchen. Doch Pepi Bican wich der Konfrontation aus: 1937 übersiedelte er nach Prag, wo er bis 1948 für sein geliebtes Team von Slavia Praha Tor für Tor scorte. 1997 – noch zu Lebzeiten – erhielt er in München von der »Federation of Football« einen Pokal. Eingraviert in der oberen Zeile: »World's Best Goal Scorer of this Century«. In der unteren Zeile »Australia and Czechoslovakia«. Ausgerechnet Australia! Da lachen selbst die Kängurus! Vier Jahre später, am 12. Dezember 2001 verstarb der auch auf Tschechisch so bezeichnete Pepi Bican in Prag.

Zuletzt sei noch erwähnt, dass beide fußballerischen Konkurrenten privat einander gut kannten, sie waren praktisch Nachbarn im Wiener

75
Quellen-Str.

Pepi Bican, ebenfalls ein Tscheche, war wio Josef Uridil, ein Rapidler. Letzterem widmete Hermann Leopoldi im Jahr 1922 den populären Foxtrott »Heute spielt der Uridil«.

Arbeiterbezirk Favoriten. In der Quellenstraße 75 wohnte der Fußballkönig Mocl Šindelař – so sein tschechischer Name – offiziell bis zu seinem Tode, und in der Quellenstraße 101 sein Kronprinz Pepi Bican. An beiden Häusern gibt es weder Verweise noch Gedenktafeln für die beiden Fußballstars.

Aber in Wien lebten nicht nur Fußballer, sondern auch Heilige; wenngleich auch Fußballer – wie die eben Erwähnten – oft wie Heilige verehrt werden. Einer hieß Clemens Maria Hofbauer und wurde am 26. Dezember 1751 in Tasovice bei Znaim geboren. Der Name seines Vaters lautete Pavel Dvořák, was man mit »Hofer« oder »Hofmeister« eindeutschen kann. Der junge Johannes – so sein eigentlicher Name – lernte in Znaim das Bäckerhandwerk, eine zweisprachige Gedenktafel erinnert dort an seinen Erstberuf. Und in der Wiener Kirche »Maria Am Gestade« befinden sich in einem rechten Seitentrakt die Reliquien sowie der Esstisch, das Chorhemd und der Bußgürtel des Heiligen. Fünf Jahre nach seiner Heiligsprechung anno 1909 wurde er zudem zum Schutzpatron von Wien gekürt. An seinem Sterbetag, dem 15. März, werden beim Gedenkgottesdienst »Clemensweckerl« gesegnet und verteilt.

Und was machten die nicht durch kickerische oder bäckerische Leistungen aufgefallenen Tschechen? Sie organisierten sich in zahlreichen Vereinen, verfolgten die Neuigkeiten in zahlreichen tschechischen Zeitungen, schickten ihre Kinder in tschechische Schulen. Zu den Vereinen zählten über 50 Sokol-Vereine, die die Bedeutung von Sportsvereinen weit überschritten und zu die ethnische Identität transportierenden Kommuni-

Zapečetěná česká škola ve Vídni III., Schützengasse 31.

In der Schützengasse 31 in Wien-Erdberg führt der tschechische Schulverein Komenský auch heute noch ein Realgymnasium.

kationsstätten wurden. Damit verbunden war die Nutzung des Spielplatzes von »České srdce«, in der Übersetzung: des »Tschechisch-Herz-Platzes«. Dort war auch die Heimstätte des tschechischen Fußballvereines »SK Slovan«. Nach dessen Übersiedlung gegen Ende des Zweiten Weltkriegs gehörte der Sportplatz längere Zeit dem ASKÖ, und ab 1973 trug in einem neuen an dieser Stätte errichteten Stadion niemand anderer als die Austria Wien ihre Heimspiele aus. Freilich schlug dort kein tschechisches Herz mehr, das Stadion hieß jetzt »Franz-Horr-Stadion«.

Und zu den Zeitungen gehörte die linken *Dělnické Listy,* also die »Arbeiterblätter«, mit einer Auflage – Stichjahr 1914 – von 13.700. Ihnen gegenüber stand der eher bürgerliche *Vídeňský denik* (»Wiener Tagblatt«) mit Höchstauflagen bis zu 24.000.

Und nun zu den Schulen. In der Monarchie wurde der Betrieb vieler tschechischer Privatschulen von der tschechischen Minderheit organisiert, sie erhielten jedoch kein Öffentlichkeitsrecht. Wir lesen in der *Badener Zeitung* vom 26. Oktober 1904: »Den Tschechen in Niederösterreich und Wien kann keineswegs der Charakter eines Volksstammes zugesprochen werden und infolgedessen ist auch die tschechische Sprache in Wien und Niederösterreich nicht landesüblich. Es fehlen daher die Voraussetzungen, unter welchen nach Artikel 19 des Staatsgrundgesetzes den Mitgliedern eines Volksstammes das politische Recht auf derartige Einrichtungen, wie es öffentliche Volksschulen sind, eingeräumt werden kann. Anlangend die Frage, ob die Tschechen in Niederösterreich einen Volksstamm bilden, ist zwar durch die Volkszählung nachgewiesen, daß in manchen Gemeinden Niederösterreichs, besonders an der Grenze von Mähren und Böhmen, die Tschechen in großer Anzahl wohnen und auch in Wien eine nicht unbeträchtliche Zahl von Angehörigen der tschechischen Nation wohnhaft ist. Daraus ist jedoch noch nicht zu schließen, daß hier diese Einwohnerschaft als nationale Individualität besteht. Wenn gesagt wird, daß die Tschechen in Wien Blätter, Theater, Vereine etc. erhalten, so ist das ein Charakteristikum, welches neben den Tschechen noch Angehörigen zahlreicher anderer Nationalitäten zukommt.«

Übrig geblieben ist heute der Schulverein Komenský: Er betreibt seit 1872 unter dem Motto »Zweisprachig vom Kindergarten bis zur Matura« in der Nähe des Rennwegs im 3. Wiener Gemeindebezirk, genauer in der Schützengasse 31, einen Kindergarten sowie eine Volksschule und ein Gymnasium. Seit 2004 wird hier auch Unterricht in slowakischer Sprache angeboten.

So. Und was ist jetzt passiert mit den vielen Tschechen? Grüßt man am Victor-Adler-Markt mit »Dobrý den!«? Ist Favoriten an die Tschechische Republik angeschlossen worden? Ist das Deutschtum am Keplerplatz ausgestorben? – Nein und abermals nein. Zurzeit leben in den betreffenden Gebieten türkische Einwanderer in zweiter und dritter Generation. Wir sind gespannt, wie man in hundert Jahren über dieses Phänomen schreiben wird.

Keineswegs neu sind die Ängste der deutschsprechenden Wiener vor einer Überfremdung, vor einer Slawisierung und vor dem damit verbundenen vermeintlichen Verlust ihrer Identität. Doch was ist tatsächlich passiert? Viele der Tschechen remigrierten ab 1920 in die neue Tschechoslowakische Republik. Staatspräsident Masaryk forderte die Wiener Tschechen sogar zur Rückkehr auf, um beim Aufbau des neuen Staates tatkräftig mitzuhelfen. Das war natürlich Thema in den Medien und bot Stoff für die damals noch zahlreichen satirischen Gazetten. *Der Floh, Die Bombe* oder der *Humorist* sind heute leider längst Geschichte.

Viel ist von ihnen nicht geblieben, in erster Linie sind es die kulinarischen Schmankerln: von den Palatschinken und Powidltatscherkerln bis zu den Znaimer Gurken. Die Verbliebenen integrierten sich, ja man könnte sogar die These aufstellen, sie assimilierten sich. Von einer Generation zur nächsten schwand der Bezug zur tschechischen Identität und die Beherrschung der tschechischen Sprache. Als Trennung zwischen Wien und den tschechischen Ländern spielte nach dem Zweiten Weltkrieg der »Eiserne Vorhang« eine weitere vertiefende Rolle, ehe am 17. Dezember 1989 in Laa an der Thaya Außenminister Alois Mock und Jiří Dienstbier demonstrativ für die Presse aller Länder gemeinsam Hand anlegten und ihn mit einer großen Zange durchzwickten.

Zurück zu den Fakten der Gegenwart. Wir halten uns wieder an offizielle Zahlen, die wir dem *Statistischen Jahrbuch der Stadt Wien* für 2017 entnehmen. Mit dem Stichtag 1. Jänner 2017 gab es insgesamt 14.544 Personen, die in der Spalte »Bevölkerung nach Geburtsland« Tschechische Republik ankreuzten. Ähnliche Dimensionen erreichen im Übrigen die Kroaten: 14.157. Beide verschwindende Minderheiten, denn in ganz Wien zählte man 2017 1.867.582 Einwohner.

» Der tschechische Charakter Wiens bedroht!!!

Der tschechische Nationalrat forderte
die Tschechen auf, Wien zu meiden.

Die Wiener zittern und bangen und beben.
O bože, was werden sie noch erleben,
Woferne am Ende ihr Versprechen
Zur Wahrheit machen die p. t. Tschechen
Und über Wien den Boykott verhängen –
Das wäre einfach nicht auszudenken!
Man lege sich einmal nur vor die Frage:
Was wär' ohne Tschechen Wien heutzutage?
Wo nähmen wir Köchinnen her und Ammen?
Wo Mädchen für alles und weise Damen?
Wo Musikanten, Briefträger, Schneider,
Amtsdiener und Kondukteure bei der
Elektrischen? Wo ferner Polizisten?
Wo Deutsch-Professoren und Militaristen?
Mit wenigen Ausnahmen die gesamten
Privat-, sowohl als auch Staatsbeamten?
Wo Sektionschefs (an erster Stelle
natürlich handelsministerielle)?
Wo wären plötzlich die Millionen,
Die Vindobonen heute bewohnen?
Die Reichshaupt- und Residenzstadt wäre
mit einem Wort eine menschenleere.
Und Stillstand herrschte in allen Betrieben,
Wenn weg die tschechischen »Zirkel« blieben.
Bewahr' uns der Himmel, dem ich es klage,
Vor diesem schrecklichen (Menschen)-Schlage!«

Der Floh, 1. August 1909

«

Vor dem einstigen Hauptquartier der Kommunistischen Partei Österreichs (KPÖ) am Höchstädtplatz erinnert ein Denkmal an ihren langjährigen Vorsitzenden Johann Koplenig (1891–1968).

Rote Reminiszenzen

Verblichene Monumente von Kommunisten und Sozialisten

Ich stand am Höchstädtplatz, in der Mitte des 20. Bezirkes, der Brigittenau. Hier, an der staubigen Kreuzung von Dresdner und Stromstraße, war einst das Hauptquartier der Kommunistischen Partei: das Haus des Zentralkomitees. Wir sagten einfach Haus. Die Telefonistin hatte sich aber nicht mit KPÖ gemeldet, sondern mit Höchstädtplatz, dem Synonym. Eine Vorsichtsmaßnahme, dachten wir. Jetzt starre ich von gegenüber auf den weitausladenden Bürobau mit seinen sieben Stockwerken. Aber er dominierte nicht mehr seine Umgebung, sah blass aus, in seiner weißlichen Farbe. Früher war er kräftiger: in Ocker und Braun. Gab es noch andere Plätze in Wien, die sich so verändert hatten?« So weit Susanne Sohn, KPÖ-Vorsitzende im Jahre 1990, in ihrem Buch *Als der Kommunismus stürzte und mir nichts mehr heilig war.* Und ihre Einschätzung betreffs der Veränderung des Platzes ist nachvollziehbar.

Früher dominierte das Hauptquartier der KPÖ tatsächlich den Höchstädtplatz. Es wurde von Margarete Schütte-Lihotzky gemeinsam mit dem damals bereits von ihr geschiedenem Mann Wilhelm Schütte von 1954 bis 1956 errichtet und gilt – nebst einem Kindergarten in der Favoritner Rinnböckstraße – als bekanntester Bau der Architektin in Wien.

Schon in der Zwischenkriegszeit war die sozial engagierte Architektin in Wien bei der Gestaltung der Werkbundsiedlung – als einzige Frau – eingebunden; in Frankfurt entwickelte sie die »Frankfurter Küche«, also den Platz schonenden Einbau von Elektroherd, Abwasch (Spüle) und Kühlschrank, der ergonomisch sinnvolle Arbeitsabläufe in der kleinräumigen

Arbeiterküche garantieren sollte. Während der Nazizeit war Margarete Schütte-Lihotzky im kommunistischen Widerstand tätig. Nach dem Auffliegen ihrer Tarnung internierten sie die Behörden der Nazis fast drei Jahre lang im Frauenzuchthaus Aichach in Bayern.

In Wien der Nachkriegszeit wurde sie wegen ihrer kommunistischen Vergangenheit weitgehend gemieden, erst in den Neunzigerjahren erhielt sie Preise und Ehrungen. Der oben erwähnte Kindergarten und das Haus am Höchstädtplatz stehen nunmehr unter Denkmalschutz. Margarete Schütte-Lihotzky starb im sagenhaften Alter von 103 Jahren am 18. Jänner 2000 in Wien.

Zurück zu unserem Haus auf dem Höchstädtplatz. Es trägt die Hausnummer 3 und wurde auch als »Globus-Haus« bezeichnet, da es auch den Globus-Verlag samt angeschlossener Druckerei beherbergte. Im kommunistischen Globus-Verlag wurden nicht nur Autoren aus der Sowjetunion veröffentlicht, auch Bücher etwa von Jack London, Theodor Kramer und Adalbert Stifter waren im Verlagsprogramm zu finden.

In diesem nüchternen und durch die unendlich langen Fensterreihen auch ein wenig bürokratisch wirkenden funktionalen Gebäude im Stil des frühen 1950er-Jahre verfügte der aufgeblähte Funktionärsapparat der KPÖ über genügend Räume, um die vielfältigen Strukturen der Partei in einem einzigen Haus gebündelt unterzubringen. Die da wären: die *Stimme der Frau* (Magazin des Bundes der demokratischen Frauen), die *Roten Perspektiven* (Magazin der kommunistischen Studenten), *Unsere Zeitung* (die Kinderpostille) und natürlich die *Volksstimme.* Dazu benötigte man noch viele Sitzungszimmer, für das »ZK«, für das »Polbüro«, und für überhaupt. Und eine Vielzahl von Büros, in denen die zahlreichen hauptamtlichen Funktionäre fraktionierten, taktierten und mit Bestimmtheit und Korrektheit den Kurs der Partei auf der Basis der wissenschaftlichen Grundlagen des Marxismus-Leninismus festlegten. Abweichler wurden als Revisionisten aus der Partei, der »Vorhut der Arbeiterklasse«, wie verfemte Sünder ausgeschlossen.

Vor dem Parteigebäude, das in seiner schlichten Nüchternheit nicht ganz zum enthusiastischen Kampf der Arbeiterklasse und seiner Partei passen will, wurde am 11. März 1988 das Koplenig-Denkmal eingeweiht: Auf einer einfachen Stele steht die Büste des langjährigen Parteivorsitzenden Johann Koplenig (1891–1968), der in den parteiinternen Debatten den moskautreuen Kurs gegenüber den Revisionisten durchsetzte. Seine Tochter Elisabeth Markstein – gestorben 2013 – sollte als Übersetzerin der Werke von Solschenizyn und Dostojewski bekannt werden.

Ein paar Schritte weiter wurde am 9. Mai 1989 anlässlich der Siegesfeiern über das Nazi-Regime vom Bildhauer Alfred Hrdlicka, vom Architekten Fritz Weber und vom langjährigen Parteivorsitzenden Franz Muhri die Skulptur »Marsyas II« eingeweiht. Die Figur des Halbgottes Marsyas hatte der bekannte Bildhauer bereits 1964 geschaffen. Wie der antike Mythos erzählt, wagte es der Halbgott Marsyas, den großen Apollo zu einem musikalischen Wettkampf aufzufordern, er selbst spielte dabei auf der Flöte. Doch im Kampf gegen einen Gott kann man nur verlieren, und als Strafe für sein despektierliches Ansinnen wurde dem Marsyas bei lebendigem Leibe die Haut abgezogen. Hrdlicka: »Marsyas war für mich immer, obgleich in der antiken Sage Halbgott, ein Mann des Volkes, der die Obrigkeit, in der Sage also die Gottheit, nicht akzeptiert, sondern herausfordert.«

An besagtem 9. Mai 1989 – 44 Jahre nach dem Sieg über die Nazis – wurde ein Bronzeguss dieses Marsyas verkehrt, also mit dem Kopf nach unten, an eine Ziegelwand aufgehängt, die jedoch nicht an das Schicksal irgendwelcher KZ-Häftlinge,

Am 9. Mai 1989 wurde im Gedenken des Sieges über das Nazi-Regime am Höchstädtplatz die Skulptur »Marsyas II« von Alfred Hrdlicka enthüllt.

sondern laut Architekten Fritz Weber an die tschechischen Wiener Ziegelarbeiter erinnern soll.

Als im Folgejahr die KPÖ das »Globus-Haus« verkaufen wollte, wurde das Denkmal kurzerhand abgetragen. Auf Grund zahlreicher Proteste erfolgte ein zweites Mal die Aufstellung am Höchstädtplatz. Diesmal im Jahr 1995 und zum 50. Jahrestag der Befreiung Österreichs von der Diktatur der Nazis sowie unter der Patronanz der Wiener Stadtregierung. Folgenden Text kann man auf einem Schild an der Ziegelwand lesen: »Den Opfern und Kämpfern gegen faschistische Gewaltherrschaft, Rassenhass und Krieg. Gewidmet von der KPÖ.«

Wir besichtigen heute den Höchstädtplatz – und wollen eingedenk des Musilzitates »Das Auffallendste an Denkmälern ist nämlich, daß man sie nicht bemerkt. Es gibt nichts auf der Welt, was so unsichtbar wäre wie Denkmäler« (aus: *Nachlaß zu Lebzeiten,* Zürich 1936) erst einmal des Namens des

Platzes gedenken. Zu Höchstädt hat weder Karl Marx sein Manifest an das Kirchentor genagelt noch Lenin eine seiner aufwiegelnden Reden gehalten. Nein, an diesem Ort – er liegt etwa 30 Kilometer nordöstlich, also donauabwärts von Ulm – wurde eine Schlacht ausgetragen. Am 13. April 1704 siegten die kaiserlichen Truppen unter Prinz Eugen von Savoyen über die Truppen der Franzosen unter Marschall Tallard. Grund für das Gemetzel war die nicht geklärte spanische Erbfolge. Die *Süddeutsche Zeitung* vom 22. August 2017 berichtete: »32.000 Tote und Verwundete in nur acht Stunden – trotz dieser Brutalität weiß kaum noch jemand von der Schlacht von Höchstädt an der Donau.«

Wir schon, könnten wir zynisch hinzufügen.

Allerdings erfüllt es uns weder mit Stolz noch mit Freude, dieser Schlacht zu gedenken. Zumal die kaiserlichen Truppen genau an diesem Ort, also in oder um Höchstädt, auch gleich zweimal eine Schlacht – oder ein Gemetzel oder ein Massaker – verloren. Einmal am 20. September 1703. An diesem Tag siegten die französisch-bayrischen Truppen über die der kaiserlichen. Und dann am 19. Juni 1800. Die »Österreicher« verloren an diesem Tag die »Dritte Schlacht in Höchstädt« gegen Napoleons Rheinarmee unter dem französischen General Jean-Victor Moreau. Warum also Höchstädtplatz? Das fragt sich auch die KPÖ-Brigittenau. Sie hat bereits einen neuen Namen vorgeschlagen: »Johann-Koplenig-Platz«. Ob der Namenswunsch Realität wird?

Noch halten wir also auf dem Höchstädtplatz. Das buchstäblich alte Gebäude des »Globus-Verlages« ist an die Wand gedrängt, auch das »Koplenig-Denkmal« scheint sich verstecken zu wollen. Dominiert wird der Platz von der riesigen »Fachhochschule Technikum Wien«. Die FH Technikum Wien ist die größte technische Fachhochschule in Österreich und mit 31 Studiengängen die größte Fachhochschule in Wien. Das FH-Gebäude wird von der Stromstraße und der Dresdner Straße bis über die Marchfeldstraße fortgeführt, die so entstandene Straßenöffnung könnte man als modernes Stadttor interpretieren. Vorher stand an der Adresse Höchstädtplatz 6 das alte Gebäude des im Jahr 1900 errichteten Genossenschaftsbetriebes der NÖM (Niederösterreichische Molkerei).

Wir sichten auf dem Höchstädtplatz noch den gigantischen Wohnturm mit insgesamt 26 Etagen, doch wir wechseln zur Marchfeldstraße, die übrigens zum Friedrich-Engels-Platz führt, und besichtigen das nunmehr weiße und vielfenstrige ehemalige »Globus-Haus«. Ein paar Abteilungen des TÜV halten sich noch in den unteren Etagen, weiter oben sind Sozialeinrichtungen untergebracht. Doch alle Mieter müssen weichen: Das Haus befindet sich im Privatbesitz, es wird in den nächsten Jahren generalsaniert und nach der abgeschlossenen Sanierung – ein Abriss kommt ja nicht in Frage – als Wohnhaus weiterverwendet.

So weit, so gut. Das Haus des Kommunismus gibt es nicht mehr, es ist implodiert, zerfallen, an seinen eigenen Widersprüchen zerborsten. Ums Eck wohnte einer, der schon 80 Jahre vorher den Kommunismus ausrotten, vertilgen, zerstören wollte. Am 9. Februar 1910 übersiedelte er mehr oder weniger mittellos in das Männerwohnheim in der Meldemannstraße 27. Dort wohnte er mehr als drei Jahre, bis in den Mai 1913. Die durchschnittliche Aufenthaltsdauer betrug damals übrigens 37 Tage.

Über die Einrichtungen des damals wahrscheinlich modernsten »Männerheims« in Europa lesen wir in der Zeitschrift *Der Bautechniker*, Nr. 46, Jahrgang 1905: »Man war schon von dem eleganten Aussehen dieses Gebäudes angenehm überrascht; dasselbe ist in Ziegelrohbau und Putz gehalten. Der Hauseingang in der Mitte an der Hauptfront führt in ein elegantes Vestibül, mit

Das am 15. Oktober 1905 eröffnete sechsstöckige Männerheim in der Meldemannstraße gehörte zu den modernsten Einrichtungen dieser Art in Europa, es sollte die Zahl der sogenannten »Bettgeher« reduzieren.

Am 7. November 1905 besuchte der Kaiser das Männerheim, das mit Mitteln aus der »Kaiser Franz Joseph I.-Jubiläums-Stiftung für Volkswohnungen und Wohlfahrtseinrichtungen« errichtet worden war.

der Büste unseres Kaisers geschmückt. Links vor diesem befindet sich die Kartenausgabe. Außerdem enthält das Hochparterre die Kanzlei und Wohnung des Verwalters und des Aufsehers, einen eleganten Speisesaal für 180 Gäste, in dem nur an die Hausbewohner zum Selbstkostenpreise einfache Speisen verabreicht werden, ebenso Kaffee, Tee, Wein und Bier, aber keine sonstigen Spirituosen. Die Bezahlung erfolgt nur mit Marken, die man von 3 Automaten zu 2, 10 und 20 Heller kauft. Neben dem Speisesaal befindet sich an dessen Enden die grosse Kochküche und eine Küche zum Selbstkochen mitgebrachter Speisen. Das Heizgas zum Kochen wird hier gratis beigestellt. Ferner ist 1 Lesesaal für Raucher und 1 Lesezimmer für Nichtraucher vorhanden, sodann ein Kleider- und Schuhputzraum mit Waschtischen, ein Kastenraum mit 200 Kleiderkästen, welche gegen Einlage von 1 K für den Schlüssel und 10 Heller Benützungsgebühr (bis zum Wegzuge)

abgegeben werden; daneben befindet sich 1 Umkleidezimmer.

In einer abgesonderten ärztlichen Abteilung ordinirt in den Abendstunden ein Hausarzt; hierzu gehören 2 Krankenräume mit 4 Betten. Endlich ist neben dem Vestibüle eine Fahrradremise angelegt.

Im Tiefparterre befinden sich die Bäder, das Kesselhaus für die Dampfheizung, eine elektrisch betriebene Pumpe zur Beschaffung des Nutzwassers aus dem Hausbrunnen für die Waschräume, Aborte und Bäder, ein Desinfektionsofen für die Haus-, Bett- und Leibwäsche. Dann ein Gepäckmagazin für die Bewohner, mit Aufzug nach dem Hochparterre, und Lagerräume für die Verwaltung. Die Bäder bestehen aus 18 Bademulden zum unentgeltlichen Fusswaschen, aus 16 Brausebädern mit Auskleideraum und verschliessbaren Schranken; ein Bad mit Wäsche kostet 10; ferner aus 4 Wannenbädern, à 25 h mit Wäsche; dabei sind auch Arbeitsstuben für Friseure, Schneider und Schuhmacher vorhanden, wo die Bewohner Reparaturen machen lassen können. [...] Von dem Gesehenen waren alle Teilnehmer der Exkursion höchst befriedigt. Alles ist so nett, ja elegant eingerichtet, dass es einen sehr anheimelnden und behaglichen Eindruck macht.«

In welchem der zahlreichen Zimmer unser Obdachloser hauste, das wissen wir nicht. Sehr wohl sind wir über seinen Tagesablauf informiert. Adolf Hitler, um ihn beim Namen zu nennen, stand sehr spät auf, spätestens um 9 Uhr, da mussten die Zimmer geräumt werden. War er in halbwegs ausgeglichener psychischer Konstitution, dann malte er nach einer Vorlage zumeist eines der historistischen Gebäude an der Ringstraße. Sein Mitbewohner – laut Brigitte Hamann, der Biografin des damaligen Männerheimbewohners, erst sein Pritschennachbar – Reinhold Hanisch, eine überaus zwielichtige Figur, verkaufte die Bilder an Sammler und Liebhaber, der Erlös wurde zu gleichen Hälften geteilt. Später traten andere Verkäufer, manche von ihnen mit jüdischer Herkunft, wie etwa Siegfried Löffler, an seine Stelle.

Untertags las er Zeitungen; am Abend hielt er gerne im Nichtraucherraum pathetische Reden, denen aber kaum jemand zuhörte, die viele der Mitbewohner mit einem »Kusch!« – oder so ähnlich – quittierten. Hatte er etwas Geld, dann kaufte er sich in der Staatsoper eine Stehplatzkarte, um sich bevorzugt Wagner-Opern anzusehen. Als seine Lieblingsoper bezeichnete er später *Rienzi*.

Das Gebäude des Vorwärts-Verlages auf der Rechten Wienzeile bei der Pilgrambrücke. Rechts unten im Bild eine Garnitur der einstigen Stadtbahn, der heutigen U 4.

Im Mai 1913 konnte Hitler das Erbe seines Vaters antreten. Er erhielt etwa 820 Kronen, zog nach München, um dem Militärdienst in der k. u. k. Armee zu entgehen, und mietete sich in der dortigen Schleißheimer Straße ein Zimmer. Was seinen weiteren Lebensweg betrifft, der ein breite Blutspur in der Geschichte hinterließ, wäre es zweifelsfrei besser gewesen, er hätte die Karriere eines Malers weiterverfolgt.

Abschließend zum Gebäude Meldemannstraße 27. Das »Männerheim« wurde 1922 von der Gemeinde Wien übernommen und von dieser als Obdachlosenasyl bis zum 28. November 2003 geführt. Nunmehr dient es – stilgerecht restauriert – als »Seniorenschlössl Brigittenau«. Und keine Tafel, kein Hinweis, kein Infopoint erinnert an den eigenartigen Bewohner, der von 1910 bis 1913 hier hauste.

In Wien verkörperte ein zweites Gebäude den Aufstieg und den zeitweiligen Fall, den Glanz und das gelegentliche Elend des Sozialismus oder in unserem zweiten Fall der Sozialdemokratie: das »Vorwärts-Gebäude« auf der Rechten Wienzeile, eröffnet im Juni 1910.

Als Mastermind der damaligen Stadtplanung hatte Otto Wagner eine repräsentative Einfahrt Wien-West konzipiert, einen den Wienfluss überdeckenden Prachtboulevard, der von Schönbrunn bis zum Karlsplatz im Zentrum der Stadt hätte reichen sollen. Wir verwenden den Konjunktiv, weil für die Umsetzung dieses grandiosen Prachtboulevards schlussendlich die finanziellen Mittel fehlten.

Otto Wagner selbst gestaltete an der Linken Wienzeile seine beiden bekannten Mietshäuser Ecke Köstlergasse, auch seine Schüler sollten nicht leer ausgehen. Die politisch engagierten Brüder Franz und Hubert Gessner erhielten von der Sozialdemokratischen Partei den Auftrag, an der Rechten Wienzeile 97 das »Vorwärts-Gebäude« zu errichten. (Auf der anderen Seite des Wienflusses, auf der Linken Wienzeile 48–52, sollte Hubert Gessner kurz darauf das Gebäude der Eisenbahnerversicherung fertigstellen, mit einer Figurengruppe von Anton Hanak).

Im Vorwärts-Gebäude untergebracht waren das Büro der Parteileitung, damit auch der Schreibtisch des Parteivorsitzenden Victor Adler, weiters residierten hier mehrere sozialdemokratische Vorfeldorganisationen, so der Republikanische Schutzbund, ehe er 1933 verboten wurde. Infolge der baulichen Expansionen wurde auch das Nebenhaus mit der Nummer Rechte Wienzeile 93–95 in den Baukomplex integriert, dafür musste das alte dort bereits stehende Haus abgerissen werden. In diesem Hause war der Volksschauspieler Hans Moser als Johann Julier am 6. August 1880 geboren worden.

Auch eine im Hinterhof bereits existierende Druckerei wurde in das sozialdemokratische Wirtschaftsimperium eingegliedert, im Haupthaus waren die Redaktion der *Arbeiter-Zeitung* sowie die Leitung des »Vorwärts-Verlages« untergebracht, in der modernisierten Druckerei lief die *Arbeiter-Zeitung* bis zum 31. Oktober 1991 über die Walzen der Druckmaschinen.

Wer die letzte Ausgabe der *Arbeiter-Zeitung* vom 31. Oktober 1991 – sie kostete neun Schilling – besichtigen möchte, der möge dem tschechischen Beisl »Powidl« in der nahen Margaretenstraße einen Besuch abstatten und im Hinterzimmer auf die Vitrine an der Wand blicken. Die Überschrift auf Seite eins lautet übrigens »AZ adieu«. Immerhin ist Sie online weiter verfügbar: *www.arbeiter-zeitung.at*

Zurück zum Vorwärts-Gebäude. In der Zwischenzeit waren Druckerei und Verlag zu einem sozialdemokratischen Großunternehmen angewachsen, das in seiner Blütezeit zu Beginn der 1930er-Jahre an die 700 Menschen beschäftigte. Als markant und bemerkenswert gelten die beiden in den Himmel ragenden Skulpturen des schon erwähnten Bildhauers Anton Hanak: »Arbeiter« und »Arbeiterin«. Weiters die beiden Fahnenstangen, die seit längerer Zeit fahnenlos in den Himmel ragen, und eine dekorative Uhr unter der Gitterbekrönung.

Auf der symbolischen Ebene sollte die mächtige Uhr zusammen mit dem Verlagsnamen »Vorwärts« auf ein sozialdemokratisches »Morgen« hinweisen.

Heute gehört ein Teil des einstigen Gesamtkomplexes zum »Austria Trend Hotel Ananas«. Übrig geblieben ist das Hauptgebäude, in dem die Bruno-Kreisky-Stiftung, das Johanna-Dohnal-Archiv sowie der Verein für die Geschichte der Arbeiterbewegung untergebracht sind. Ebenerdig befindet sich zudem der Victor-Adler-Gedenkraum. Dort entdecken wir seinen Parteiausweis. Kurioserweise wurde dieser am 1. Mai 1910 ausgestellt.

Literaturauswahl

Beyerl, B.: 26 Verschwindungen. Von Arbeiter-Zeitung bis Ziegelbehm. Wien 2014
Brandl, H.: Die »Reichsbrücke« über die Donau in Wien. In: Mitteilungen für Grundbau, Bodenmechanik und Felsbau, Heft 3, TU Wien, Wien 1985
Feuerstein, M. & Milchram, G.: Jüdisches Wien – Stadtspaziergänge. Wien 2001
Genée, P.: Wiener Synagogen. Wien 2014
Grieser, D.: Wien. Wahlheimat der Genies. Wien 2002 (6. Auflage)
Himpele, K.: Statistisches Jahrbuch der Stadt Wien 2017. Wien 2017
Hofmann, T.: Das Ende eines Prachtbaus. In: Wiener Zeitung/Extra, 9./10. September 2017
Hufnagel, W. (Hg.): Querungen Brücken – Stadt – Wien. Kufstein 2002
Konrath, St.: Der Blechhaufen von Wien. Unveröffentlichte Diplomarbeit, Universität Wien. Wien 2008
Maerkel-Krumhaar, C.: Europäische Reisen rings um Deutschland. Leipzig 1920
Mlejnek, E.: Unser Himmelhof einst und jetzt. – www.1133.at/document/view/id/74 (1994, abgefragt 2018. 05. 11)
Pauser, A.: Brücken in Wien. Ein Führer durch die Baugeschichte. Wien-New York 2005
Payer, P.: Die Reichsbrücke: Zur Geschichte eines Mythos. In: Walter Hufnagel (Hg.): Querungen. Brücken – Stadt – Wien. Kufstein 2002, S. 111–122.
Payer, P.: Quer durch Wien. Kulturhistorische Streifzüge. Wien 2017
Rachmanova, A.: Milchfrau in Ottakring. Tagebuch aus den dreißiger Jahren. Wien 2003
Remmer, U.: Die Wiener Buchhandlung Franz Leo & Comp. in der ersten Hälfte des 20. Jahrhunderts. In: Mitteilungen der Gesellschaft für Buchforschung in Österreich, 2017-2, S. 23–49, Wien 2017
Schnitzler, A. (1968): Jugend in Wien. Eine Autobiographie. Wien 1968
Sohn, S.: Als der Kommunismus stürzte und mir nichts mehr heilig war. Wien 2017
Springer, Ch.-M., Ladenbauer W. & Paleczny, A.: Wiener Bier-Geschichte. Wien 2016
Trinker, B & Strand, M. [Red.] (2002): Wiener Bezirkshandbücher 23. Bezirk Liesing. Wien: Pichler Verlag 2002
Winterer, M.: Skisprung inmitten der Stadt. In: Wiener Zeitung, 28. November 2015

Onlinequellen:
http://anno.onb.ac.at
http://www.arbeiter-zeitung.at
http://www.skisprungschanzen.com

Danksagung

Für Hilfestellungen bedanken wir uns bei Christian Cermak (Wien), Barbara Hafok (Technisches Museum Wien), Daniela Pscheiden (Jüdisches Museum Wien) und Ulla Remmer (Buchhandlung Leo).

Bildnachweis

© Thomas Hofmann: 22, 25, 34, 37, 88, 89,112, 115, 132, 142, 148, 150, 161, 167, 178, 201, 204, 205, 215, 223, 228, 231
© Österreichische Nationalbibliothek/AKON: 56, 138/139, 140/141, 157, 213
© Österreichische Nationalbibliothek / ANNO: 54, 6/77, 126,145 (oben), 233
Austrian Archives/Imagno/picturedesk.com: Umschlag vorne (Bild oben) und hinten, 4 (links), 6/7, 21, 62, 69, 151, 208/209, 224 (rechtes Bild)
ÖNB-Bildarchiv/picturedesk.com: 8/9, 14/15, 234
histopics/Ullstein Bild/picturedesk.com: 42/43
Imagno/picturedesk.com: 80/81, 112/113
Anonym/Imagno/picturedesk.com: 5 (Mitte), 118/119, 196/197, 210/211
Votava/Imagno/picturedesk.com: 131/131
Alt, Rudolf von/ÖNB-Bildarchiv/picturedesk.com: 98/99
Bridgeman Art Library/picturedesk.com: 5 (oben), 106/107, 116/117
Gebrüder Schuhmann/ÖNB-Bildarchiv/picturedesk.com: 186
Sammlung Hubmann/Imagno/picturedesk.com: 10/11
Österr. Volkshochschularchiv/Imagno/picturedesk.com: 5 (unten), 146/147, 170/171
Erich Lessing/picturedesk.com: 187
ullstein bild/Ullstein Bild/picturedesk.com: 221
Weltbild/ÖNB-Bildarchiv/picturedesk.com: 235
© Archiv Thomas Hofmann: 4 (rechts), 5 (oben) 10, 12/13, 17, 18/19, 20, 26/27, 30/31, 32/33, 40/41, 45, 46, 49, 52, 55, 57, 60, 61, 64, 68, 74/75, 84/85, 90/91, 93, 94, 96, 108/109, 111, 116/117, 121, 122, 125, 127, 129, 144, 145 (unten), 152/153, 154/155, 156, 159, 162, 164, 168/169, 172, 173, 174, 176/177, 180/181, 182/183, 188/189, 190/191, 191, 192, 195, 198, 200, 206/207, 218/219, 225, 236
© Archiv Beppo Beyerl: 86, 166, 175, 216
© Beppo Beyerl: 135, 217, 224
© Österreichische Nationalbibliothek/Bildarchiv: 67, 78, 186
Jüdisches Museum Wien/Archiv: 100, 101, 105,
Wikimedia Commons: Vor- und Nachsatz (National Library of Norway, Foto: Dominik Biller), 58, 72/73, 82/83 (Foto: Mathias Weingartshofer), 102, 212 (Archiv des Militärgeographischen Instituts)
Geologische Bundesanstalt, Wien: 179
Die österreichisch-ungarische Monarchie in Wort und Bild. Wien und Niederösterreich, 1. Abtheilung: Wien (Wien 1886): 79, 202/203

© privat

Thomas Hofmann (Mag. rer. nat.) ist Leiter von Bibliothek, Verlag und Archiv der Geologischen Bundesanstalt in Wien und Autor zahlreicher Publikationen zur Kulturgeschichte Wiens und Niederösterreichs.
www.thomashofmann.at

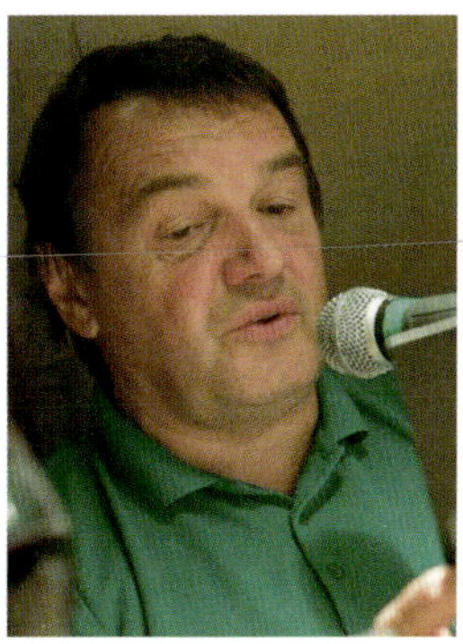
© Alexander Herburger

Beppo Beyerl ist als Zentralmeidlinger seiner Heimatstadt treu geblieben. Er schreibt Bücher und Reportagen über die Insassen Wiens, aber auch über die Bewohner seiner beiden anderen Heimaten Südböhmen und Istrien.
www.beppobeyerl.at

STYRIA
BUCHVERLAGE

ISBN 978-3-222-13610-8

Bücher aus der Verlagsgruppe Styria gibt es
In jeder Buchhandlung und im Online-Shop
www.styriabooks.at

Umschlagfotos: Österreichisches Volkshochschularchiv/Imagno/picturedesk.com (großes Bild);
Austrian Archives/Imagno/picturedesk.com

Umschlaggestaltung und Buchproduktion: Emanuel Mauthe
Lektorat: Johannes Sachslehner
Reproduktion: Pixelstorm, Wien

Druck und Bindung: Finidr
Printed in the EU
7 6 5 4 3

Augarten-Strasse
K.K. Cavallerie Kaserne
Wiener
Donau
Canal
Augarten Brücke
Kaiser Bad
Ketten Brücke
Donau Strasse
Ferdinands Brücke
2.
3.
H.
Waisen haus
Lange Gasse
Schmied-G.
Währinger Gasse
8.
Neues Irren Haus
Glacis
Schotten Thor
Freyung
St. Stephan
Graben
I
II
III
IV
Volksgarten
Burg Thor
Glacis Exercier Platz
9
10.
11
G
12.
13.
K.K. Cavallerie Kaserne
Stallungen
Getreide Markt
K.K. Infanterie Kaserne
17.
16.
19.
20.
18.
F.
15
21
E.
Fürst. Esterhazy Pall.
Inf. Kaserne
14.
Exercier-Platz
Neu-Lerchenfeld
Auf der Schmelz